“十三五”国家重点出版物出版规划项目

中国经济治略丛书

现代农业竞争力

——辽宁农产品出口产业竞争优势和企业成长

The Competitiveness of Modern Agriculture

-Industry Competitive Advantage and Enterprise growth of Liaoning Agricultural Exports

刘平青　宋玉智　陈广鹏　著

中国财经出版传媒集团

经济科学出版社

Economic Science Press

图书在版编目（CIP）数据

现代农业竞争力：辽宁农产品出口产业竞争优势和企业成长/刘平青，宋玉智，陈广鹏著．—北京：经济科学出版社，2017.12

ISBN 978-7-5141-8677-2

Ⅰ.①现… Ⅱ.①刘…②宋…③陈… Ⅲ.①农产品-出口-竞争力-研究-辽宁 Ⅳ.①F752.652

中国版本图书馆 CIP 数据核字（2017）第281641号

责任编辑：申先菊　王新宇
责任校对：隗立娜
版式设计：齐　杰
责任印制：李　鹏

现代农业竞争力

——辽宁农产品出口产业竞争优势和企业成长

刘平青　宋玉智　陈广鹏　著

经济科学出版社出版、发行　新华书店经销

社址：北京市海淀区阜成路甲28号　邮编：100142

总编部电话：010-88191217　发行部电话：010-88191522

网址：www.esp.com.cn

电子邮件：esp@esp.com.cn

天猫网店：经济科学出版社旗舰店

网址：http://jjkxcbs.tmall.com

北京季蜂印刷有限公司印装

710×1000　16开　16.75印张　280000字

2017年12月第1版　2017年12月第1次印刷

ISBN 978-7-5141-8677-2　定价：68.00元

（图书出现印装问题，本社负责调换。电话：010-88191510）

编 委 会

前 言

行走在田间地头，思考“产业链上核心能力”

中国是一个农业大国，但从竞争力角度看并不是一个农业强国。今天的农业，已绝非传统意义上春耕秋收的形式，日渐发展为以市场为导向、以企业为载体、以产业链为纽带、一二三产业跨界协作的现代农业形式。提升现代农业竞争力既是一个国际前沿理论命题，也是每个农业企业和地方政府在实践中面对的具体问题。

传统意义上的农业竞争力更多地强调资源优势、比较优势，而现代农业竞争力越来越重视“产业链上核心能力”。所谓核心能力，就是创业者及团队凭借个人眼光、能力和独特资源优势，通过内外协作，形成的企业赖以生存和发展的关键能力，包括硬能力和软能力。其中，硬能力包括产品能力、加工能力、研发能力、资本能力、配送能力；软能力包括服务能力、组织能力、信息能力、品牌能力、文化能力。

比较而言，辽宁并不是农业大省，也不是具有农业资源禀赋优势的省份，而辽宁农产品出口却能取得稳居国内第五名的好成绩。笔者在持续20年研究中国企业成长的基础上，与辽宁农业对外经济技术合作中心、辽宁农产品出口服务中心长期合作，连续3年深入跟踪辽宁农产品出口主要产业，走进田间地头对主要农产品出口企业调研之后，在历年数据收集整理分析的基础上形成了有价值的研究成果。

本书分为四篇，第一篇介绍了辽宁农产品出口格局及优势。从细分农产品产业、农产品出口市场及出口企业现状三个方面深入展开分析，梳理了辽宁农产品在国际市场现存的优势和面临的挑战。

第二篇为产业与企业。本篇选取了辽宁有特色的四个行业，即杂粮、果蔬、花生及食用菌行业，在整个中国的背景下看这四个行业的生产状况、出口地位，以及面对的风险挑战，为出口企业和政府提供了提高竞争力的可行性建议。

第三篇为品牌建设与目标市场。本篇介绍了辽宁农产品品牌建设的现状，农产品品牌建设的优势和挑战，建议政府、企业和协会共同联动，建设辽宁农产品自己的品牌。还介绍了欧盟市场和美国市场，分析了这两个市场的需求，以及辽宁农产品在这两个市场面临的机遇和挑战，以国际化的眼光为提升农产品出口提供建议。

第四篇为企业成长策略。本篇以“产业链上核心能力”为立足点，建议辽宁农产品出口企业从满足客户需求、尊重企业成长规律、关注国内外市场等方面出发，全面提升其在国际市场的竞争力。

本书是团队合作的结果。感谢在辽宁调研过程中，众多农产品企业负责人及管理者、市县农业部门与检疫检验部门领导和工作人员、沈阳海关、行业协会负责人及沈阳农业大学等机构专家的大力支持！感谢辽宁农业对外经济技术合作中心、辽宁农产品出口服务中心的领导和每一位同事的悉心帮助！感谢农业部贸促中心多位领导的指导和帮助！但愿我们的初步思考和研究工作，能够对读者有一点点启示。也欢迎大家多批评指正！

作　者

2017年10月

CONTENTS 目录

第一篇

农产品连接辽宁与世界

第一章

辽宁农产品出口的格局与优势

中国是全球最大的农产品生产和消费国，也是世界主要农产品出口国之一。作为我国现代农业发展的重要省份，辽宁农产品出口贸易在我国农产品出口中占据着非常大的比重，农产品连接了辽宁与世界。系统研究辽宁农产品出口的关键问题，厘清重点产业竞争力和农业成长规律，探讨品牌建设，以及分析国际关键目标市场，对于辽宁农产品贸易及现代农业竞争力提升，具有重要的价值和意义。

本章将从农产品出口产业特色、市场状况和出口企业状况三方面入手，层层深入，全方位分析辽宁农产品出口的现状，总结农产品出口的优势与问题，旨在为该省农产品整体出口能力的提升找准突破口。

第一节　辽宁细分农产品产业特色

一、主要农产品出口行业状况

从 2014 ~ 2016 年的数据来看，辽宁农产品出口额由高到低的三个品类依次为水产品、种植业与林果产品、畜产品。整体上各类农产品的出口额均呈下降走势，种植业与林果产品、水产品下降幅度较大，畜产品下降幅度较小（见图 1 – 1）。

由图 1 – 2 可以看出，在水产品的细分品类中，以鱼类、贝类的出口额较高，蟹、虾和藻类的出口额则较低。2014 ~ 2015 年，鱼类的出口额从 19.17 亿美元下降到 18.02 亿美元，2015 ~ 2016 年鱼类的出口额则增加到

18.53 亿美元；同样地，虾类和藻类也呈现出 2014 ~ 2015 年出口额下降、2015 ~ 2016 年出口额增加的走势。三年来，贝类与蟹类的出口额均略微有所下降。

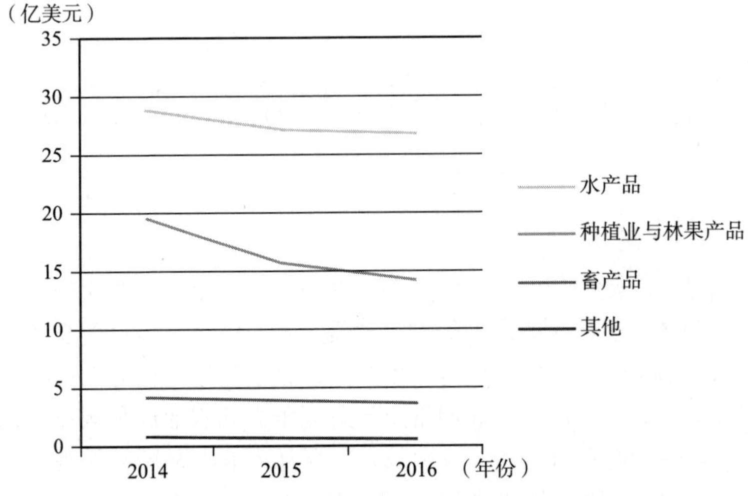

图 1 - 1　2014 ~ 2016 年辽宁农产品出口总额

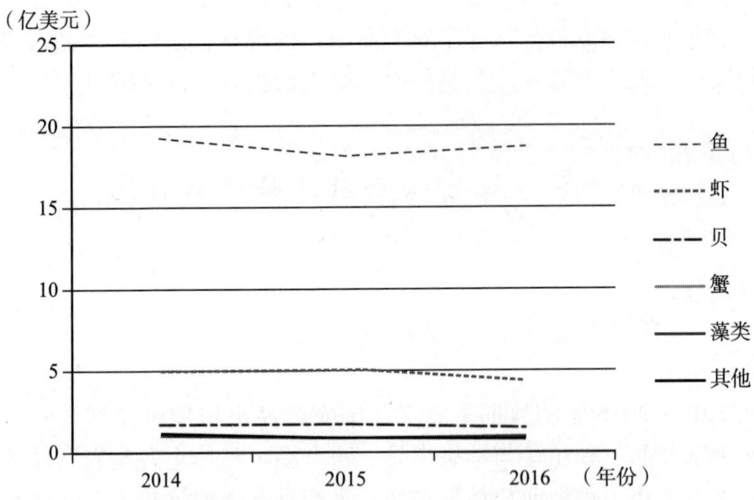

图 1 - 2　2014 ~ 2016 年细分水产品出口总额

资料来源：沈阳海关。

如图 1 - 3 所示，在种植业与林果产业中出口额排在前三位的分别为粮油类、水果及干坚果类、蔬菜类。该产业出口额从 2014 ~ 2016 年大幅下降，从2014年的19.51亿美元下降到2016年的14.19亿美元。

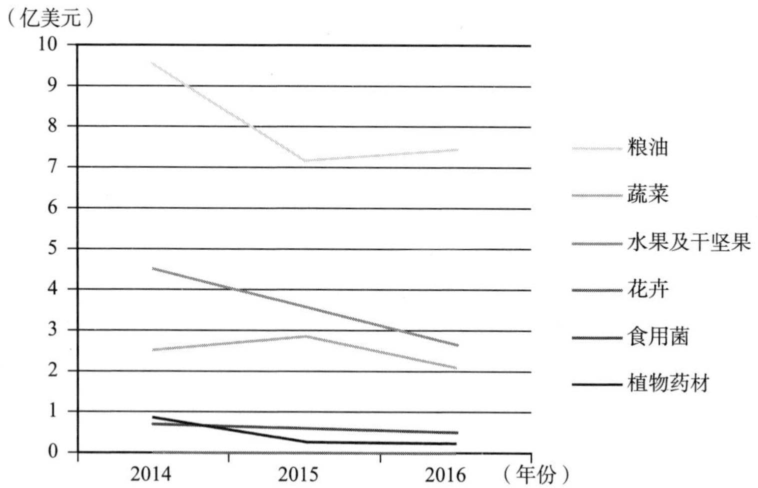

图1-3　2014~2016年细分种植业与林果产品出口总额

资料来源：沈阳海关。

如图1-4所示，畜产品的细分品类中，禽产品、蛋产品和蜂产品分列前三位，其中，蛋产品和蜂产品的出口贸易额连续三年呈下降趋势。从2014~2016年，畜产品的出口贸易金额从4.33亿美元下降到3.8亿美元。

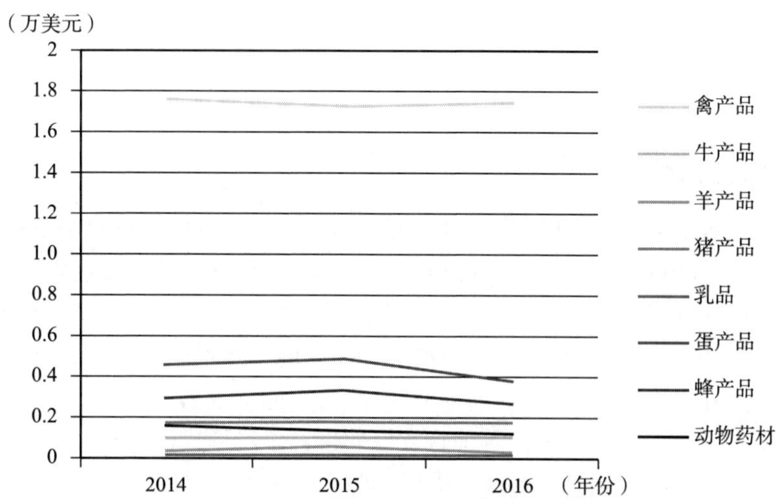

图1-4　2014~2016年细分畜产品出口总额

资料来源：沈阳海关。

二、细分农产品产业特色

（一）水产品行业产业特色

1. 生物资源丰富

辽宁近海生物有 3 大类 520 多种。第一类浮游生物 107 种；第二类底栖生物 280 多种，主要有蛤、蚶、鲍鱼、海胆、牡蛎、海参、扇贝等；第三类游泳生物 137 种，包括头足类和哺乳类动物。全省沿海捕捞业直接利用的底栖生物和游泳生物有鱼类 117 种，其中，有经济价值的 70 多种，如小黄鱼、大黄鱼、带鱼、鲅鱼、鳕鱼、鲳鱼等；虾类 20 多种，主要是对虾、毛虾、青虾等；蟹类 10 多种，主要是梭子蟹和中华绒螯蟹等；贝类 20 多种，主要有蚶、蛤、蛏等。上述种类通过合理开发均适合出口。

此外，全省内陆水域有淡水类资源 119 种，其中，典型淡水鱼类 97 种，河口洄游鱼类 15 种，咸淡水鱼类 7 种。丰富的水产生物资源，是实现水产品出口倍增的物质基础。

2. 产业基础明显

辽宁 14 个城市中有 6 个在海边，水产品出口是当地的重要产业。2011 年辽宁水产养殖面积达 952986 公顷，列全国第一位。其中，海水养殖面积 751387 公顷，鱼类养殖 6493 公顷，甲壳类养殖 15426 公顷，贝类养殖（扇贝、蛤、蛏）443095 公顷，藻类养殖 13324 公顷，海参等其他海产品养殖 103060 公顷。海水养殖的品种大多数为优质产品，是水产品出口的优质原料。

辽宁现有水产品加工企业 867 家，加工能力 2489425 吨/年；冷库数量 828 座。2011 年加工产量 1969610 吨，其中，淡水加工 37257 吨，海水加工 1932353 吨；水产冷冻品加工 1300078 吨，鱼糜及干腌加工 138554 吨，藻类加工 276734 吨，罐制品加工 18439 吨，水产饲料加工 69578 吨，鱼油制品加工 1960 吨，其他加工 164267 吨。全省水产品出口的基础产业如养殖、增殖、捕捞、加工等综合发展的格局已经形成。

目前，辽宁的扇贝、贻贝、海带、裙带菜的单位产量居全国第一，虾夷扇贝、裙带菜规模和产量均占全国 95% 以上，鲍鱼、刺参产量占全国 50% 以上，均是出口的重要产品。

（二）杂粮行业产业特色

1. 自然条件适合种植优质杂粮

辽宁小杂粮在辽西北地区种植面积最大，占全省播种面积的85%，约有90万公顷。该地区属于干旱半干旱地区，大部分为山地、岗地，远离城市工业污染；同时，长期以来，小杂粮在生产中管理粗放，不施肥，不打药，典型的自然“雨养”农业，为绿色杂粮生产基地的建设创造了有利条件。

2. 小杂粮营养丰富、适应性强

小杂粮具有丰富的营养并含有特殊成分，对人体有特殊的食疗和保健作用。例如，小米富含微量元素硒，硒具有防癌抗癌的作用；荞麦含有芦丁，芦丁具有软化血管、降低血脂和胆固醇的功能，对高血压、心血管疾病有较好的治疗和预防作用，并能控制和治疗糖尿病；绿豆具有清热消暑的作用。现如今，小杂粮已被人们普遍认识并接受；另外，小杂粮作物适应性广，抗性强，耐旱，耐瘠薄，对土壤要求不严，可在山地、岗地、沙荒地上种植；生育期短，耐阴性强，有利于搞两茬复种提高经济效益；高抗病虫害，植株生有茸毛，受病虫害侵袭轻，可降低用药量，有利于绿色食品生产。

3. 国内外需求高

从国际上看，小杂粮是中国传统的出口创汇作物，每年外销量约1.3万吨，占总商品量的18.8%，主要出口国家为韩国、日本、欧美等国。随着日本、欧美各国对绿色食品的追求日益增加，中国的小杂粮将成为世界绿色食品的主要来源。

从国内来看，人民不再以吃饱、穿暖为生活目标，而是追求怎样吃好，而小杂粮以其独特的营养价值，以及保健功能，备受人们的青睐。因此，小杂粮市场潜力逐年加大，价格也不断上涨，说明其在国内市场是很有发展潜力的。

4. 市场网络优势

辽宁杂粮出口市场以日本为主，随之扩展到韩国、俄罗斯、欧盟、北美等地。日韩市场是辽宁农产品出口的主要亚洲市场。而日本因历史原因，与东北地区的联系尤为密切，辽宁的一些杂粮出口企业是在日本客户的带动下逐渐发展起来的，如辽宁白桦粮谷有限公司，其前身就是由日本三菱公司为提升日本食品安全而专门成立的。而日本对于东北大豆等粮谷的口感也已经非常熟悉。这些条件对辽宁杂粮的主要出口市场日本有着重要的作用。此外，辽宁拥有大连、丹东、锦州、营口、盘锦、葫芦岛六大港口，在海路运输上也有着十分便利的条件。

5. 种植结构调整推动了小杂粮的生产

由于小杂粮生育期短、适应性强、耐旱、耐瘠薄的特点，可作为抗旱救灾和填闲作物，适宜于生产条件较差的冷凉地区、丘陵山地、新开垦荒地、坡耕地、砂薄地上种植。不仅能单作，也可与禾谷类、棉花、甘薯、烟草等作物间套种，或种植于林、果、树的行间，实现了时间、空间、光、热、水、土等自然资源的充分利用，不仅提高了土地利用率，还可优化粮食产量结构。

（三）果蔬行业产业特色

1. 地理位置优势

辽宁与俄罗斯沿海又沿边，为贸易合作提供了便利条件，在农产品领域，尤其是苹果和蔬菜的生产，与俄罗斯相比具有明显的比较优势。

辽宁交通物流业较为发达，同时拥有港口、机场、高铁等多种交通模式，实现了海陆空立体型交通网络，为辽宁农产品出口企业提供了出口便利。

2. 一定的自然条件优势

辽宁处于温带大陆性季风气候区，四季分明，雨热同季，日照充足，昼夜温差大，降水较少，气候较为干燥。特殊的自然气候条件十分适合某些农产品的生产和加工。种植出来的农产品多口感丰满醇厚。在土壤方面，辽宁大部分地区未受污染，土壤肥沃，适合农产品种植。

3. 多样的收购途径

辽宁果蔬类企业大多有多样的收购途径。对于采用直接收购方式的企业，企业往往有许多途径以最低的成本进行收购，以获取市场差价。

4. 对产品品种的专注

果蔬类大部分企业多专注于某一样或几样品种，尤其是发展不成熟的企业，品类基本限定在一种，这种对产品的专注程度有利于企业做好这一产品的细分市场。

5. 经营多年的市场

辽宁大部分果蔬类企业的现有市场都是以往多年来形成的单一市场，市场较为稳定。

（四）畜产品行业产业特色

1. 地理位置优势

辽宁与朝鲜一江之隔，与日本、韩国隔海相望，是东北地区唯一的既沿海又沿边的省份，也是东北及内蒙古自治区东部地区对外开放的门户。且拥有港口、机场、高铁等多种交通模式，为出口提供便利。

2. 一定的自然条件优势

辽宁处于温带大陆性季风气候区，北部蒙古高原的干燥冷空气经常侵入，形成了半干燥半湿润易干燥地区，四季分明，雨热同季，日照充足，日温差较大，降水偏少，适合鸡禽的生长，不易染病。且西部靠近内蒙古畜牧区，适合草场生长。

3. 产品多样化优势

多数集团公司集种鸡饲养、繁育、推广、饲料加工、商品蛋鸡饲养、商品肉鸡饲养、绿色蛋品生产、肉鸡屠宰和肉类熟食深加工于一体，产业链较全。

4. 注重产品品质

行业内的龙头企业大都已通过国际认证标准，且依照国家食品行业标准和国外最新标准制定了生产管理标准体系和产品质量标准体系，逐步形成了国际标准、国家标准、行业标准、技术规范完整配套的企业自身标准体系，并以无懈可击的安全检验检测系统保证产品的质量。

三、主要农产品出口产业面临的挑战

（一）水产品行业面临的挑战

1. 深加工技术开发滞后

辽宁水产加工企业大多数为中小企业，其技术水平较低，研发能力较差，缺乏产品自主开发能力；加工产品多数以原料和半成品等形式为主，产品附加值低，获利空间小；大宗低值水产品及加工废弃物的综合利用程度低，加工过程中产生的大量下脚料中很有价值的成分没有被充分提取和利用。

从总体上看，一些水产品的精深加工技术尚未取得重大突破，至今制约着整个水产加工行业进一步的拓展和竞争力的提升。

2. 加工产品同构化、同质化严重

随着渔业产业化水平的提升和水产品市场的扩大，辽宁水产加工业的产业同构化有一定的缓解，但尚未从根本上克服；加工产品同构化、同质化问题仍然较为突出。在水产加工企业中，不论是中小企业还是大型企业，其加工产品几乎集中在鱼糜制品、干腌制品、罐制品、藻类加工品、鱼粉等方面。产品同构无疑成为辽宁水产加工业一体化发展的一大阻碍，使各水产加工企业之间的竞争紊乱无序，丧失企业各自的亮点。其结果既削弱了水产加工产业群的核心竞争力，也造成水产加工企业间的重复建设、重复生产和资源浪费。

3. 国内外水产加工业的冲击

辽宁本土水产加工业面临“内、外”双重压力。

（1）外埠水产加工业的冲击。我国各沿海省份都非常重视水产加工业的发展。能够与辽宁竞争的外埠水产加工业有山东、浙江、福建、广东和江苏省水产加工业。这些省份的水产加工企业在数量上均多于辽宁，在加工能力上，山东具有明显的优势，其余省份相当。在加工产品销售、新产品研发、市场开拓等方面，加工产地之间的竞争更加激烈，处在依然未减弱之状态。

（2）海外水产加工业的冲击。中国入世后，日本、韩国等周边水产先进国家的水产加工业（含向海外转移的加工企业）对辽宁乃至中国水产加工业的冲击日益显现。日本、韩国是辽宁的主要水产贸易国家，水产加工技术精湛、设备先进、管理科学，而且这些国家近几年都采取了水产品出口战略，把中国列为其重点出口国家之一。伴随近年来辽宁市场与国际市场的大范围接轨，辽宁乃至中国巨大的水产品消费市场正成为跨国水产加工巨头争夺的中心。优质且廉价的加工水产品大量涌进，对国内加工水产品的市场价格起到强劲牵制作用。

4. 水产品质量安全存在隐患

水产品质量安全问题事关国计民生，水产品质量安全存在隐患，势必影响水产品的内需和出口。我国近年频发的水产品质量安全事件，一直困扰着水产品出口，辽宁当然不会例外。

2008 年 2 月 19 日，日本媒体报道，中国输日的烤鲐鱼片敌敌畏超标（日民间检验机构 BML 进行了 295 项农药残留检测，294 项合格）。

2010 年，庄河共检出两批次不合格水产品，即冻煮贻贝检出贝毒超标及冻鳕鱼片检出金黄色葡萄球菌超标。

2011 年度大连地区出口的水产品有 30 批被国外通报（含国外错误通

报 11 批次)，微生物问题 5 批、药残问题 6 批、添加剂问题 1 批、重量问题 1 批次、感官问题 14 批、其他问题 3 批；通报涉及国家主要为美国（21 批）、加拿大（4 批）、俄罗斯（4 批）、乌克兰（1 批）。

近年来，欧盟、韩国等主要出口市场纷纷提高水产品进口门槛。韩国自 2010 年起加强水产品进口安全检查，抽验比例从全部进口水产品的 28% 提高到 30%；纳入超标监控范围的抗生素种类从 32 种增加到 44 种。欧盟从 2010 年起对进入欧盟市场的大部分海洋捕捞产品实行合法性认证。我国出口欧盟的大部分海洋捕捞产品除需出具原产地证明、卫生证书外，还需附加合法捕捞证明文件。

5. 出口市场狭窄集中

虽然我国水产品出口的国家和地区遍及五大洲，多达 240 多个，但辽宁水产品出口主要集中在日本、韩国、美国和欧盟市场，对其出口量占总出口量的 90% 以上。市场集中度过高，一旦遭遇出口国和地区的技术性壁垒，出口企业将蒙受巨大损失。这种结构上的不合理，也会导致辽宁水产品出口企业增加内耗，相互降价。况且这几个国家和地区对水产品的检验最苛刻，最严厉，门槛最高。水产品出口市场的狭窄集中，加大了水产品出口的风险性，影响了辽宁水产品出口的发展。

即使对相对狭窄集中的国际市场，辽宁水产品出口企业对其法律法规的条文研究得也不够。例如，在 2011 年的通报中，有一批因不了解国外法律法规而被通报的情况，大连的一家公司因缺乏对美国关于产品标签法规的了解，出口美国的鳕鱼片标签不合格。

6. 忽视品牌建设

大多数中小水产品加工企业走了一条量大、质低、价廉的发展道路。多年来，辽宁水产品出口规模虽然在不断扩大，但却很少有自己的品牌，大多数企业是“贴牌”生产，以赚取加工费为主，大量的利润被国外进口商拿走。企业品牌近年来有所增加，但称得上名牌的没有几个，企业由于自身意识问题或出于投资成本的考虑，不乐于、不善于，甚至不敢于创建自己的国际品牌。有些以来料加工和进料加工为主的企业也都有比较固定的客户和市场，极易满足现状，忽略培育自己的品牌，导致自己的产品在国际上没有竞争力，受外商牵制过多，经营风险较大。

（二）杂粮行业面临的挑战

1. 品种混杂、退化严重

辽宁小杂粮主要以农民自由种植为主，由于分散不集中，品种杂、乱，无统一的主栽品种，产量低，品质差，商业价值不高，无市场竞争力。另一方面，由于没有专门的杂粮育种科研机构（目前全国只有一两家科研院所研究杂粮），我国杂粮种植主要是靠农户留种或轮作种植，所以退化现象比较严重。拿绿豆来说，绿豆的很大一部分都用来生产绿豆芽，但目前我国的部分绿豆在生成绿豆芽的过程中存在烂根现象，这就是农户在种植时轮作不充分造成的。又如“天津红”红小豆原先在日本市场比较走俏，但现在影响力没有那么大了，除了管理不善、掺假原因外，另一个原因就是品种退化。

2. 没有形成规模化的小杂粮深加工企业

由于目前没有形成规模化的小杂粮加工企业，所以难以实现大规模乃至集约化生产，大多数只能停留在初级加工上，形成生产点分散、规模小、工艺落后、产品质量差的特点，严重影响和制约了小杂粮产业的发展。

3. 产业环境有待优化

目前，我国的杂粮发展在产业政策、种植品种、技术及研发方面都还不够完善。国际上，加拿大、美国、澳大利亚等国家的杂粮产业都发展得比较好，消费也都比较成熟，豆类的杂粮，每个月人均消费量超过 1000 克，尤其是印度有不少素食主义者，每个月人均食用杂粮的数量能达十几千克；他们有专门的杂粮协会来组织和带动杂粮的产业化发展。而目前我国对杂粮的发展还不是特别重视，对杂粮没有任何的种植补贴和保护价，使农民的种植积极性受挫。

4. 行业发展畸形，信用危机加重

农产品出口的很多行业都存在这样的问题。一方面，同行之间协作的信用度低，行业协会松散，没有约束力，同行之间难以协作共赢，反而容易竞相压价导致市场秩序混乱；另一方面，企业进行土地周转主要需要通过农场主，会对农场主或农户的信誉有一定依赖。例如，农户可能在市场价格高于契约价格时，私自将农产品出售给第三方，或通过加入合作关系享受到各项优惠政策，而从市场上购进劣质农用物资进行生产，以次充好，或是农户在签订了订单后忽视栽培技术和田间管理，这些行为都会对企业造成威胁。

（三）果蔬行业面临的挑战

1. 种植/收购挑战

很多农产品出口企业采用“基地 + 农户”果蔬种植收购模式，很多苹果企业基本全靠收购来组织出口货源，无法保证果、菜的品质，基于此的质量追溯体系也变得“无能为力”，进而影响产品向较高端市场发展。

作为农产品行业，受自然环境影响较大，一年的气候异常很可能造成产量的骤降，直接影响到企业的产品来源。

2. 市场挑战

（1）没有平等的话语权。产品品质，包括果蔬形状、色泽、口感在国际市场上并不出众，可替代品较多，且产品附加值很低，甚至基本没有。这种处于价值链底端的产品没有足够的优势能让其在国际市场上拥有平等的话语权。

（2）汇率风险。作为农产品出口企业，外汇汇率波动直接关系到企业的出口量和利润空间，因此，企业对于外汇波动更为敏感。

（3）行业内的恶性竞争。由于出口产品多为一般农产品，在国内产量大，品质类似，而市场差价仍然持续存在，这就造成企业在市场交易中持续陷入国内供应商恶意竞价等恶性竞争，使整个行业利润空间降低，行业无序发展。

（4）市场单一。基于产品的品质局限和企业主对已有市场的依赖，企业往往无力开拓新市场。

3. 企业家的挑战

很多小型农产品出口企业对于技术引进、人才引进及产品发展方向没有具体的规划。而在这些企业中，企业决策都以企业家决定为准。企业家的“迷茫”让整个企业停滞不前，成为行业内典型的“小老树”。

4. 人才挑战

无论是初创期的果蔬企业还是成长期的果蔬企业，人才风险由于行业的特殊性和企业的地理位置被无限放大。很多企业连年轻的种植农户都稀缺，更不用说懂技术、肯吃苦的高端人才了。

除此之外，一些家族企业面临着接班人的问题，子女的培养多与企业发展相左，很少有家族企业的子女通过几年的基层培养成为接管企业的合适人才。

（四）畜产品行业面临的挑战

1. 汇率变动的挑战

近年来，随着人民币保值增值及外汇的普遍贬值，受汇率影响，畜禽出口企业的出口额有较大幅度缩水。

2. 资金挑战

企业未来发展受资金制约。例如，新洁安公司企业总投资已达4000多万元，维持公司日常运营平均每天需要1.5万元左右，企业面临资金周转不充分的窘境。新洁安公司的主营业务仅为生鸡蛋的加工，属于农产品初级加工。面对鸡蛋加工的上下游链条不完整，拓展业务领域成为必要。然而，无论是蛋鸡养殖、损耗鸡蛋或鸡粪的处理都需要土地、设备和人力的辅助。在未来发展的蓝图建设中，资金或成为制约企业成长的主要因素。

3. 突发事件带来的挑战

突发事件包括突发性政治事件以及突发性疾病等。例如，华美畜禽有限公司的产品主要出口亚洲国家，其中，日本是该公司的重要出口国之一。2014年以来，由于受钓鱼岛事件的影响，中日关系一波三折，这在一定程度上影响了华美公司的日本出口生意。

肉鸡养殖在所谓的“速生鸡”“药残鸡”“禽流感”事件中被屡屡拖入低谷，整个行业和产业难以为继、损失惨重。从业者也如霜打的茄子，失去了方向和信心，找不到准确的定位，也没有很好的方法来改善和提升目前陷入低谷的肉鸡规模化养殖，停产和寻求转包的鸡场到处都是。未来仍有可能出现诸如此类的突发事件，企业仍需应对由此带来的巨大风险。

4. 饲料资源短缺的挑战

目前我国养殖业转化粮食约占粮食总产量的近四成，饲料粮以3%左右的速度递增，供应压力较大。主要蛋白质饲料原料大部分依靠进口，饲用鱼粉、大豆、合成氨基酸进口依存度分别为70%、70%和60%以上。我国拥有天然草原近4亿公顷，但90%的可利用草原不同程度地退化，天然草原产草量与20世纪60年代初相比，下降了30%~50%。

5. 其他生产国的冲击

美国仍然是最大的鸡肉生产国，中国、巴西紧跟其后，为1100万吨左右，欧盟为800万吨，与以往持平。巴西有大量的可耕地资源和适宜的气候条件，使巴西很少受到饲料价格上涨的冲击，这样就提高了巴西禽肉的国际竞争力。世界禽肉出口国主要有巴西、美国、法国、荷兰、中国、泰国等，其中，巴西和美国年出口量均在200万吨以上，遥遥领先于其他各出口国。

辽宁农产品产业的竞争力既保留了传统农业模式强调的资源和地缘优势，又注重培养“产业链上核心能力”，初见成效的主要体现在产品能力、配送能力、组织能力和品牌能力等方面，但总体上并不算成熟，还需进一步加强硬能力，提升软能力，全方位壮大辽宁农产品出口产业。

第二节　辽宁农产品出口市场状况

一、辽宁农产品出口市场分布

从出口市场来看，亚洲、欧洲、北美洲是辽宁主要的出口市场（见图1－5）。其中，亚洲占比最大，2016年亚洲出口总额占全部出口总额的65%。在亚洲市场上，日本、韩国、朝鲜市场较大，出口总额位列前三。

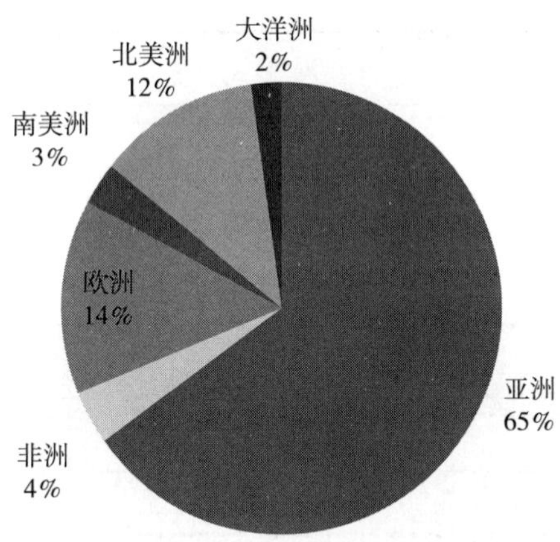

图1－5　2016年辽宁农产品出口市场情况

资料来源：沈阳海关。

辽宁的农产品已远销100多个国家和地区，但由于受地缘、品质要求等因素的影响，亚洲市场一直都是辽宁最大的农产品出口目标市场，而日本、美国、韩国和欧盟4个主要市场则是辽宁农产品出口的主要消费地区。

由于出口目标市场相对过于集中，不仅使辽宁的农产品出口容易受到贸易伙伴国经济发展所带来的经济传递的影响，而且过于狭窄的农产品出口目标市场也严重制约着辽宁农产品出口贸易的进一步发展，一旦国际经济发展受阻，将会对辽宁的农产品出口产生极大的消极影响。

二、辽宁农产品出口市场发展趋势

三年来，辽宁农产品出口各大洲市场的贸易金额有所下降，只有大洋洲连续几年呈增长趋势。在辽宁农产品出口量最大的亚洲市场，日本市场和印度市场均有显著下降；韩国市场和中国香港市场 2013 ~2014 年上升，2014 ~2015 年又下降到 2013 年的水平；新加坡、泰国、马来西亚和中国台湾市场均呈增长趋势。欧洲市场整体面临出口额下滑的趋势，其中，俄罗斯市场下滑最为严重（见图 1 -6、图 1 -7、图 1 -8）。

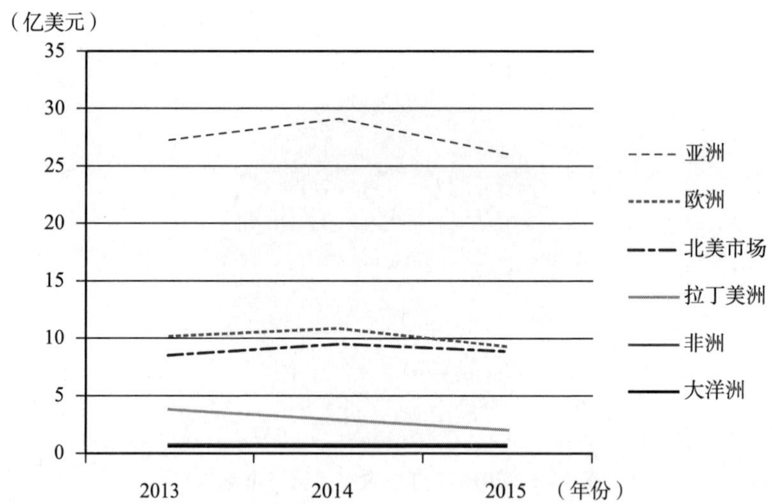

图 1 -6　2013 ~2015 年辽宁分市场农产品出口情况

资料来源：沈阳海关。

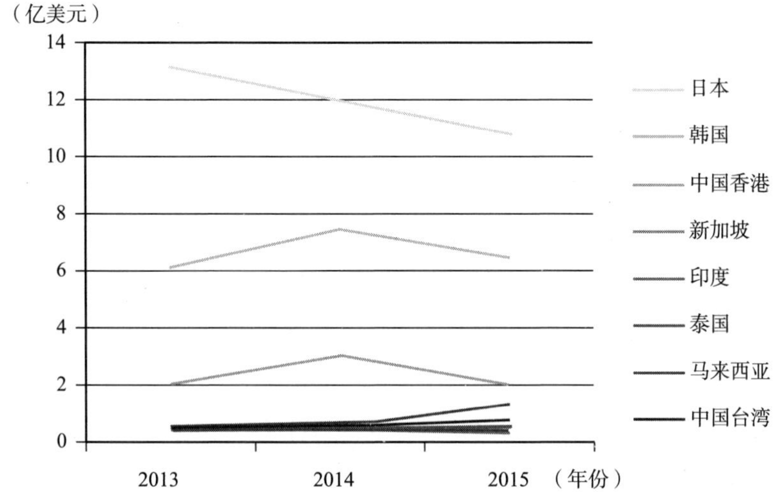

图 1－7　2013～2015 年辽宁亚洲市场农产品出口情况

资料来源：沈阳海关。

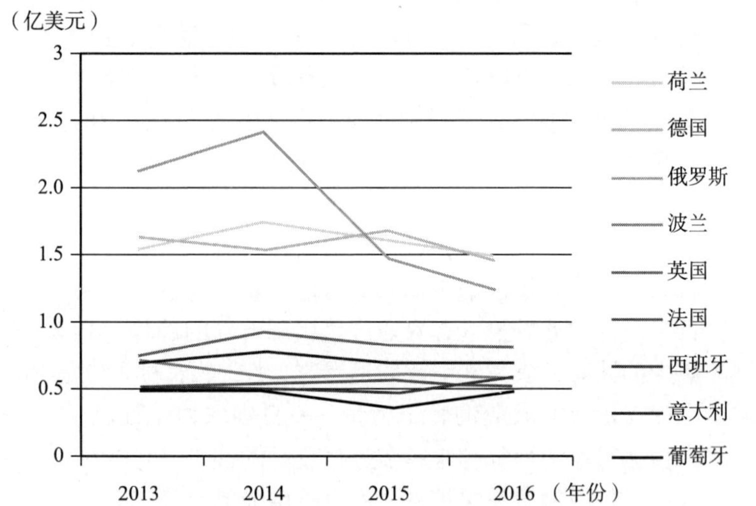

图 1－8　2013～2016 年辽宁欧洲市场农产品出口情况

资料来源：沈阳海关。

三、辽宁农产品出口市场的特点及挑战

（一）日本市场

从2013～2015年，辽宁对日本出口农产品金额逐年减少。2015年，辽宁对日本出口农产品金额为10.8亿美元，同2013年相比减少17.35%。日本虽仍是辽宁农产品出口的第一大市场，但辽宁对日农产品出口占农产品出口总额的比重从2013年的24.6%降低到2015年的22.6%，降低了2个百分点。

1. 日本食品市场的特点

（1）中国出口食品结构与日本食品进口结构比较吻合。日本食品市场进口需求大。日本进口最多的农产品是猪肉、烟草和玉米，此外，也大量进口牛肉、大豆、小麦、酒、新鲜和冷冻蔬菜、水产品，中国食品出口结构与日本食品进口结构比较吻合。以2013年为例，日本进口农产品以水产品、畜产品和谷物为主，进口额分别为21.1%、19.2%和11.1%；此外，日本还进口饮品、蔬菜、水果、烟草、食用油籽等。但2013年，日本农产品进口除食用油籽略有增长外，大部分产品进口下降。

（2）日本经济不景气，进口食品压力可能引发日本国内的贸易保护主义。日本是受金融危机影响较大的发达国家之一。日本的出口商品结构以汽车等耐用消费品为主，金融危机使得国外消费者不再频繁更换耐用消费品，对日本出口打击很大。由于日本政府实行税制改革，居民现金收入总额和可支配收入下降。个人消费的相对低迷也影响了食品价格的上涨，进而影响到日本国内农业的投入，农业产值出现下降的趋势。日本农业劳动力在逐年减少的同时，农业老龄化问题严重，1/3的农村人口是65岁以上的高龄者，而支撑日本农业的骨干力量——日本农协也面临一系列问题。同时，日本食品行业正面临越来越多进口食品的冲击，作为国内行业的自然反应，其食品领域的贸易保护主义有日益增强的趋势。

（3）日本的食品消费市场是一个需求快速变化的市场。日本的食品消费市场是一个需求多样且需求快速变化的市场，如保健食品和饮料、方便快捷的食品和半加工食品、适合老龄人口的罐装食品和有机食品的需求正在不断增加。

（4）日本政府不遗余力地推广先进食品安全管理体系。近年来，日本

食品管理观念发生较大转变：食品从业者被推到管理的前台，目的是发挥其主观能动性，使之成为食品安全管理的主角，政府主要负责制定规则，并进行引导和监督。HACCP、GAP、ISO9000、ISO22000、食品溯源制度等都是政府从这一角度出发，积极从欧美国家引进的食品安全管理新制度。HACCP、GAP、ISO9000、ISO22000 等制度各有所长，在农产品食品的生产、加工、销售等各个环节都建立了一套完整的管理体系。食品溯源制度也是日本政府目前正在大力推广的另一项食品安全管理新制度，目的是利用当今发达的信息技术，对每一件产品建立生产、加工、流通所有环节的"履历"，将其产地、农药使用情况、生产者、加工者、销售者等通过电子信息进行记录，一旦出现问题，通过记录就能够迅速找到原因。这些食品安全体系的标准未来势必成为进口市场准入的标准，从而提高食品进口门槛。

2. 我国对日本农产品出口中面临的挑战

（1）日本农产品进口的关税壁垒。一方面体现为日本的关税高峰。日本对农产品征收的关税较高，如牛肉 38.5%，部分奶及奶制品 35%，麦粉、大麦粉、米粉、淀粉 25%，咖啡 25%，葡萄糖及果糖 29.8%，海藻类40%，牛、羊、猪皮 12% ~16%，香蕉 20% ~25%，柑橘 16% ~32%，冷冻菠萝 23.8%。另一方面体现为日本的关税升级。日本对部分农产品依据加工深度按关税升级原则设定了相应的关税，但部分产品的原材料与半成品或制成品的税率差过大，削弱了中国相关半成品或制成品在日本市场的竞争力。例如，生猪肉关税 4.3%，加工猪肉关税 8.5%；对咖啡免税，对咖啡加工品征收 25% 的关税；针叶木免税，针叶木木棒关税 5%。

（2）日本农产品进口的非关税壁垒。一是命令检查制度。日本对中国实施的由监控检查转向命令检查的项目有鸡肉中的呋喃它酮、呋喃唑酮；胡萝卜中的乙酰甲胺磷；乳、乳制品及以这些为原材料的加工食品中的三聚氰胺。日本对中国实施的命令检查的项目有鸡肉、虾、鳗鱼、鲐鱼、蜂蜜、蛤仔等中的硝基呋喃类、四环素类抗生素、孔雀石绿、氯霉素等；葱、香菇、胡萝卜、青椒等中的虫酰肼、甲氰菊酯、甲胺磷、二甲嘧菌胺等；双壳贝中的麻痹性贝毒、腹泻性贝毒；鳗鱼加工品等中的细菌数、大肠菌群；全部加工食品中的甜蜜素。

中国每批输日农产品的通关费用平均为 15 万 ~17 万日元，通关时间在 4 天左右，而被实施命令检查的农产品通关时间则需 10 ~20 天，且仓储、检验等通关费用成倍增加，加大了进口商的负担。由于通关时间过长，影响了新鲜蔬菜的产品质量，极大地削弱了中国输日农产品的竞争力。

现行命令检查制度存在下列不合理之处：一是不论货物进口量多少，出现二次超标，即实施命令检查；二是不管哪家企业超标，即对所有出口该产品的中国企业实施命令检查。此外，在执行命令检查时存在不合理的扩大化现象，具体表现为扩大命令检查范围。如彩椒出问题，对甜椒也实施命令检查；甜豆出问题，对荷兰豆也实施命令检查等。三是在命令检查中仍存在很大的自由裁量权，使企业面临很大的出口不确定性。

二是“肯定列表制度”。

日本自“肯定列表制度”实施以来，给中国农产品对日出口带来巨大影响。日方在设定标准和具体执行当中存在明显的不合理与歧视性，使得“肯定列表制度”成为事实上的贸易壁垒。

首先，农兽药残留标准设定不合理、不科学，存在歧视性标准。日本“肯定列表制度”设定的5万多项药物残留标准中，只有1万多项是通过科学实验得到验证的正式标准（日本称“现行标准”），剩余的4万多项还需通过评估后才能转化为正式标准（日方称“暂行标准”）。日方曾承诺在5年内完成对所有暂定标准的审核工作，将其转为正式标准。但从目前的情况看，日方此项工作进展非常缓慢，该制度实施后三年，调整过的标准仅几百项，今后即使按照每年修改1000项标准的进度计算，也要40年的时间才能完成所有暂定标准的审核，这与其承诺的时限相距甚远。

其次，日本还设定了所谓的“一律标准”，即对没有设定具体标准的药物残留，一律执行0.01ppm的标准。而国际通行的做法是依据毒理学评价结果，并考虑“每日允许摄入量（ADI）”和“良好农业规范（GAP）”。不同农药的ADI不同，不同食品对ADI的贡献不同，农药暴露量和安全风险也不一样。日本对不同食品种类制定“一律标准”的做法，既不符合国际规则，也不符合SPS协定的科学原则。

再次，日本的检查措施内外有别，阻碍公平贸易。尽管日方一再声称对内对外一视同仁，但实际上对进口食品和国内食品采取“外紧内松”的差别待遇，主要表现为：一是抽查比例不同。进口食品抽查比例平均为10%，有些甚至为50%、100%；而国内食品，以东京为例，抽查比例不足1%。二是检查项目不同。2006年度日本对进口食品检查农药448项，兽药105项，饲料添加剂3项，合计556项；而对国内食品的检查项目则很少，如东京在2006年只对50项农药和49项兽药进行检查，且对孔雀石绿和硝基呋喃这些重要项目缺少检查。三是监管模式不同。对国内食品查出超标后，只对该批食品进行处理，对同类食品并不采取强化检查措施；而对进口食品则采取两批超标即对同类食品实施命令检查做法。四是超标信息披露形式不同。各地方政府对查出的超标食品信息往往没有公开，或者拖后很长时间才公开，这与进口食品一旦被查出超标，立即进行大张旗鼓宣传的做法大相径庭。

（二）韩国市场

从 2013 ~2015 年，辽宁对韩国出口农产品金额呈先上升后下降的趋势。2014 年，辽宁对韩国出口农产品金额为 7.4 亿美元，同比增长 20.8%；2015 年，辽宁对韩国的农产品出口贸易额为 6.4 亿美元，同比下降 13.2%。

韩国是辽宁农产品出口第三大市场。2012 ~2014 年是辽宁对韩国出口农产品的高速增长期，出口金额年均增速为 7.0%，高于中国对全球出口农产品贸易额年均增速 3 个百分点。中国是韩国农产品进口第二大市场，韩国自中国进口的农产品金额占韩国农产品进口总额约 15%。

1. 韩国农产品市场的特点

韩国农产品的价格属全世界最高水平档次，因此，韩国一直注重对农业的保护，市场开放程度低。受农业生产条件等多种因素制约，韩国农产品自给量不足，近年来进口呈上升趋势。中国农产品的生产成本低，价格只有韩国的 20% ~30%，农产品的种类和质量与韩国差距不大，在中韩农产品贸易上中国具有明显的比较优势。但是，中国大部分具有竞争力的农产品被韩国纳入关税配额及调节关税制度管理，较高的配额外关税和调节关税严重阻碍了中国相关农产品对韩出口。韩国对农业实施高额补贴，农民收入的63%来自政府支持，这使中国农产品与韩国农产品在竞争中处于不平等的地位。

2. 我国对韩国农产品出口中面临的挑战

（1）韩国农产品进口的关税壁垒。2014 年，韩国对半导体制造装备、医药用品等 6000 多项货品取消关税；然而，大米、辣椒、白菜、人参、苹果、梨子、柑橘等农产品被排除在撤销关税对象之外。韩国农林水产部表示，以进口额为基准的 30%、共 614 个品类的农水产品不在撤销关税之列，也将不负任何对外开放的义务。在韩国与 12 国签署的自贸协定中，针对中国的这一比例最高。韩国贸易部称，这一比例乃“前所未有之高”，这将有力昭显其保护本地农渔业之决心。

从2015年1月1日起，韩国开始实施大米关税化措施，对超过现有义务进口配额（40.87万吨）的进口大米征收513%的关税。对此，中国、美国、澳大利亚、泰国和越南5国都普遍认为此关税率过高，而关税造成的价格差距妨碍了自由贸易秩序，已向世贸组织正式提出异议。

韩国农产品关税水平远高于中国。2011年韩国关税水平在50%以上的农产品税目数比例为农产品总税目数的10.4%，最高为887%；而中国只有2.6%的农产品的关税高于50%，最高为65%。从大类产品看，韩国除棉花外，其他大类农产品的关税均明显高于中国。

（2）韩国农产品进口的非关税壁垒。一是韩国对中国农产品进行歧视性检测。韩国进口检疫制度取样和检测程序烦琐，一些标准比国际标准更严格。韩国对部分中国出口农产品的检验项目达100多项，并且在货物到岸后往往不顾合同约定，临时增加韩国强制性检验和合同检验之外的检验项目，并依据该检验结果对未能达标的产品征收附加关税。例如，针对中国出口的冷冻红辣椒，在没有任何征兆的情况下，突然提出水分需达80%的要求，对于未达水分要求的辣椒加征进口关税，给进出口商带来很大损失。韩国对中国出口的产品事实上采用了最严格的检验标准。韩国的检验方式主要包括感官检验、抽检和全检三种，一般对美国、巴西、泰国等主要进口来源地的产品实施感官检验，而对中国进口农产品一律实施全检，这显然是对中国进口农产品的歧视性做法。

二是韩国农产品进口招标中存在的问题。近年来，韩国对大蒜、生姜、洋葱、辣椒干、红小豆、芝麻、花生、大豆、荞麦9种商品的进口实行关税配额制度，配额分配由政府委托韩国农水产物流通公社负责统一实施进口招标；配额外的民间贸易部分则采取征收高关税的方法，以此限制进口。目前韩国采用的进口招标办法中存在一些不合理之处，对我国农产品参加进口招标造成一定影响。①招标代理制度设置不合理，退还履约保证金不及时。韩方对进口招标实行代理制，中国企业不能直接参加韩国政府进口采购投标，必须委托其韩国代理公司方可参加。同时，韩国规定投标前企业需交纳5%的投标保证金，中标后交纳10%的中标保证金。根据国际惯例，卖方履约后，买方应及时将履约保证金全额退还对方，但韩国规定履约保证金要在6个月（大蒜为4个月）以后才能退还。如卖方货物在6个月内出现质量问题，韩方仍有权要求索赔。②招标方法不科学，缺乏公平性，对投标方明显不利。韩国进口招标采取价低者中标的方法，企业为了中标竞相压价，使得对韩出口商品的价格一降再降，出口利润极低，甚至出现亏损。由于招标部分的价格直接导致相关产品价格降低，过低的出口价格又可能遭到韩方的反倾销或其他限制措施，使中国企业左右为难。另外，韩国单方面制定了一些较为苛刻的招标条件，我国企业为中标不得不全盘接受，毫无谈判余地。如流通公社规定：如果大蒜投标价格超出流通公社的目标价格，招标结果将作废。也就是说，如果投标价格偏高，流通公社可以随时单方面宣布招标作废。投标方承担全部的风险和损失，极不公平。③检验条款不符合国际惯例，检验标准过于苛刻。按照国际惯例，检验一般为出口国检验，进口国复验，以出口国检验作为议付的依据。但韩国招标合同条款却规定卖方装船前，流通公司派人来产地检验，只有经过韩方人员检验确认后才可以装船，否则到货后韩方将予以退货。此外，到货还要通过其官方检验合格才付货款，如官方检验不合格还要从企业交纳的10%的履约保证金中扣款。在实际操作中，中方企业还经常遇到流通公社验货合格，货物运到韩国港口后，韩方又以货物混装率高、质量出现问题等为由扣款的情况。

（三）欧盟市场

中欧农产品贸易取得较快发展，辽宁对欧洲的出口贸易额已从2013年的7.77亿美元提高到2014年的8.01亿美元。2015年，全国对欧洲的农产品贸易额达7.75亿美元，辽宁占全国对欧洲农产品贸易额的9%左右。

1. 欧盟市场的特点

（1）中欧农产品贸易往来中方逆差较大。据统计，欧盟是中国第四大农产品进口来源地，也是中国第三大农产品出口市场。在2011年中欧农产品贸易中方首次出现逆差后，2013年逆差扩大到21.4亿美元，同比增长16.8%。2016年中国农产品贸易逆差虽有所下降，但进口额仍远高于出口额。

（2）欧盟GDP结束负增长缓慢。2013年和2014年欧盟GDP连续两年增长仅0.1%，危机造成了欧盟经济衰退，欧债危机对欧盟经济增长的影响虽有所减弱，但并未完全消除；再加上全球经济增长有所放缓，欧盟复苏力度并不强劲。2015年，欧元区和欧盟经济保持温和增长态势，经济增长率分别为1.9%和1.5%，但相比金融危机前3%以上的增速仍有不小距离。2016年，欧元区经济增长率为1.7%，欧盟经济增长率为1.8%，增长缓慢。

（3）我国农产品在欧盟的出口市场较为集中。我国农产品在欧洲出口市场主要集中在德国、荷兰、英国、西班牙、意大利、比利时和法国7国。辽宁在欧洲出口市场主要集中在荷兰、德国、英国、意大利、波兰、法国、西班牙、葡萄牙，2016年辽宁对这8个国家的出口额分别为1.48亿美元、1.46亿美元、0.81亿美元、0.69亿美元、0.57亿美元、0.51亿美元、0.57亿美元和0.47亿美元。

2. 我国对欧盟市场出口面临的挑战

（1）关税管理措施。一是存在关税高峰，变相阻碍部分竞争产品进口。中国农产品进口平均关税水平为15.2%，不足世界平均水平的1/4；关税形式单一，几乎是清一色的从价税；关税结构平坦，没有太高的关税高峰，实施税率与约束税率统一。而欧盟农产品进口平均关税水平为22.8%，大米、猪肉、乳制品等进口关税均超过90%。二是部分产品关税配额数量很少。①蘑菇罐头。尽管欧盟对中国蘑菇罐头的需求量很大，但给中国的配额却明显不足。目前，欧盟进口我国的蘑菇罐头大部分属于关税配额外进口。按照欧盟相关规定，关税配额以外的进口蘑菇罐头需支付高额附加关税。需缴纳附加关税的中国产蘑菇罐头有盐水小白蘑菇、小白蘑菇罐头和其他小白蘑菇罐头等。盐水小白蘑菇在支付6.1%关税的同时，每100公斤必须再加191欧元的附加关税；小白蘑菇罐头需支付14.9%的关税，每100公斤另加191欧元的附加关税；其他小白蘑菇罐头缴纳14.9%的关税后，每100公斤还须再加222欧元的附加关税。②禽肉制品。虽然欧委会批准欧盟成员国恢复进口中国熟制禽肉制品，然而，欧盟禽肉配额大部分给予了巴西和泰国；而中国同是世界禽肉的生产和出口大国，却没有单独的国别配额。中国只能与其他国家共享每年仅11443吨的熟制鸡肉配额，配额外关税为1024欧元/吨，这对我国极为不公平。如欧盟放开配额限制，预计我国每年出口欧盟10万~15万吨的禽肉熟制品，品种以油炸鸡胸肉为主，平均价格大概为4000美元/吨，出口总额预计为4亿~6亿美元，可以解决15万~23万养殖农民的生计，带动屠宰、加工、包装、运输、销售及相关产业工人5万~8万人就业。

（2）欧盟茶叶农残标准限量的“零容忍”涉及项目增多。目前，欧盟在一些农产品设定农残标准限量的时候，无视《WTO/SPS协议》所规定的风险分析原则，大量采用“零容忍”的农残标准。例如，欧盟大幅度增加进口茶叶农药检验的项目，同时提高了标准的严格度。其中，93.6%农药的最大残留限量为0.01毫克/千克，为检测仪器的最低检出限，严重影响了我国茶叶对欧盟正常出口。我国对欧盟茶叶出口从2004年最高的

36.1 万吨降至 2010 年的 21.2 万吨，下降 41.2%。

（四）美国市场

美国控制了全球 1/4 的粮食出口贸易市场份额，玉米和大豆的出口份额占全球出口量的 40%。2015 ~ 2016 年，美国主要传统农产品（大豆、粗粮等）出口量达 1.3 亿吨，占全球出口总量的 25.7%。其中，大豆出口量 5280 万吨，占全球大豆出口总量的 40%；玉米出口量 1.19 亿吨，占全球玉米出口总量的 41%。从区域格局来看，美国农产品出口地集中于亚洲、美洲等太平洋沿岸国家，中国是美国最大的出口国。2015 年，美国农产品对中国出口 246.5 亿美元，同比减少 14%；中国农产品对美国出口 73.5 亿美元，中美农产贸易逆差 173 亿美元。

就辽宁对美国市场农产品出口来看，从 2010 ~ 2015 年呈现出先上升后下降的趋势。2010 年出口农产品贸易额达 4.25 亿美元；2015 年出口农产品贸易额为 5.02 亿美元。美国一直是位于日本之后辽宁农产品出口的第二大市场。美国进口农产品以饮品、水产品、水果蔬菜和畜产品等为主。

1. 美国市场的特点

（1）中美互为农产品重要贸易伙伴。中国是美国农产品出口第一大市场，美国成为中国农产品进口第一大来源国和第四大出口市场。自 2001 ~ 2012 年，中美农产品贸易额从 40 亿美元发展到 360 亿美元，年均增长 22%。

（2）中国农产品在世界范围内的逆差趋势和中美之间农产品贸易趋势具有趋向性。特别是在 2009 年以后，中美之间的逆差额迅速扩大，目前中美农产品逆差额在中国农产品世界逆差额中所占的比例已达 40%。贸易总额持续增长，贸易逆差持续扩大，会导致中国在两国贸易中的地位进一步降低，宏观形势不利于我国对美国的出口。

2. 我国对美国市场出口面临的挑战

（1）美国技术性措施对我国农产品出口的影响。2012 年美国食品和药品管理局扣留我国出口不合格农食产品 756 批次，较 2011 年的 620 批次增加了 21.94%。其中，位列前三位的产品为水产及制品 181 批次，蔬菜及制品 123 批次，糕点饼干类 99 批次。扣留原因位列前三的是：品质不合格 207 批次，非食用添加物不合格 177 批次，标签不合格 147 批次。

从我国输美农产品出口贸易的发展趋势来看，由于受非食用添加物超标和标签不合格的影响，我国因不符合美国所定标准与合格评定程序，以及包装和标签要求而导致出口受阻的农产品数量在经历三年的下降之后，均在2012年出现显著回升；因产品检验检疫而受阻的数量呈不断下降趋势；因遭遇绿色壁垒的数量则在经历三年的增长后在2012年出现下降。

（2）美国发布《强制性原产地标签》法规。2009年1月15日，美国农业部发布了《强制性原产地标签》（COOL）最终法规，要求相关食品外包装必须加贴原产地标签。该法规涉及的需实施强制性加贴原产地标签规定的农产品如下：牛（包括小牛）、羊（山羊）、鸡和猪肉；牛、羊、鸡和猪肉糜；野生及人工养殖的鱼和贝类；易腐农产品（新鲜和速冻果蔬）；澳洲坚果、美国山核桃、人参和花生。有关产品必须在零售时加贴标签标明其原产国。野生及人工养殖的鱼和贝类需标示生产方式、野生或人工养殖等内容。但加工食品中的上述成分（包括经过物理或化学变化，如烹饪、固化、烟熏等）不受该规则限制。饭店、咖啡馆、酒吧和食品销售点等也不受此规定限制。此外，法规对零售商及供应商提出产品记录保存要求，违规的零售商和供应商每次违规处罚最高可达1000美元。美国农业部已联合42个州合作开展产品零售的检测。该法规于2009年3月16日生效。

随着食品生产的全球化，食品的质量安全水平与在什么产地生产没有根本性的联系，而取决于食品生产者是否系统地采取了食品安全管理手段。原产地标签并不能给消费者更准确的食品安全信息，而有可能诱导消费者对进口食品采取不信任的态度，造成对进口食品的歧视。

（3）美国《2009年食品安全加强法案》提高了美国食品进口门槛。美国的《2009年食品安全加强法案》（以下简称《法案》）（H. R. 2749 RFS）对现行美国《联邦食品、药品、化妆品法》食品安全相关内容做出70年来最为重大的修正，共分两卷、39节，变更的内容多达12个方面的若干条细则，其立法之严也是前所未有的。

该法案涉及进出口食品领域主要有六个方面：一是强化企业登记，要求企业缴纳数额不等的税费；二是强化企业检查，凡拖延、限制、拒绝FDA检查的企业产品将被视为“掺杂食品”；三是强化第三方检验和认证，FDA有权对实验室认证机构和第三方实验室进行检查；四是强化风险控制，所有登记的食品企业必须制定实施食品防护计划；五是强化食品召回，授权FDA无须提供任何证据即可对进口食品实施单方面扣检；六是强化原产地标注，加工食品未标注最后加工地、非加工食品未标注原产地均被视为“错误标签”食品。

美国《法案》在以下一些方面可能对全球食品贸易构成不利的影响：一是增加中小型企业的运营成本，这将削弱全球食品的供应能力，不利于保障食品安全。在全球食品供应链中存在大量中小企业和农户，如果强制性地要求他们制定实施食品防护计划、通过食品安全认证、建立食品召回制度等，将大大增加这些企业的经营成本，甚至迫使其退出市场。二是《法案》赋予 FDA 很大的自由裁量权，为实施贸易保护提供了便利。对于从事食品生产、加工的企业，至少每 6 ~ 12 个月检查 1 次。同时规定，在一个财政年度之内，当企业首次被 FDA 检查认为不合格、需要跟踪复查时，企业需要支付复查产生的费用。对不合格食品实施命令召回所产生的费用由企业承担。在加强企业监管和加大惩罚力度的同时，《法案》赋予 FDA 过度的自由裁量权。三是发展中国家没有足够的合格的第三方认证机构，可能影响到正常贸易。《法案》规定，食品进口时，在三种情况下，FDA 可以要求提供由认证机构出具的证书。四是原产地标签规定并不科学。《法案》规定，加工食品应标注最后加工地（国家）；非加工食品应标注其来源地（国家）；未按要求标注视为“错误标签”食品。目前，没有科学证据表明，产品质量和原产地有必然的联系。

（五）俄罗斯市场

近年来，俄罗斯农产品产量迅速增长，2015 年，俄罗斯自国外进口农产品减少了 1/3，进口额为 270 亿美元，肉、禽肉进口减少了约 2/3。2016 年，俄罗斯的粮食、油料、糖和土豆已完全保障了国内市场需求，并且俄肉类生产首次达到和超过食品安全理论门槛，国产化率达 89%，而食品安全理论的门槛是 85%，2014 年这一指标为 82%。2016 年上半年，俄罗斯向中国出口食品和农产品的总额从 2015 年同期的 7.07 亿美元增至 7.53 亿美元，中国成为从俄罗斯进口农产品的最大市场。

2013 ~ 2014 年，辽宁对俄罗斯市场农产品出口贸易额从 2.14 亿美元增加到 2.40 亿美元，同比增长 12.1%。从 2014 年开始，辽宁对俄农产品出口额持续走低，2016 年年贸易额下降至 1.24 亿美元，较 2014 年相比，下降了近一半。

1. 俄罗斯市场特点

（1）中俄两国农业要素互补性强。俄罗斯幅员辽阔，人均耕地面积

0.83 公顷，是我国的 8 倍，但是其可耕地利用率不高，多数地区土壤肥沃，而我国可耕地基本开垦完毕，地力下降严重；俄罗斯劳动力缺乏，人口数量长期下降，而我国具有丰富的劳动力资源；俄罗斯还具有丰富的海洋资源和林业资源，尽管目前双方农业合作层次还很低，但未来存在着较大的合作潜力。

（2）俄罗斯对农产品的需求性强。俄罗斯农业和食品工业发展相对缓慢，存在气候条件使农业生产不稳定、农作物品种退化、不施农家肥、农副产品价格昂贵，肉类、蔬菜、水果供需矛盾突出等问题，这为中国农产品出口企业提供了市场机遇。从俄罗斯农产品进口商品结构看，食糖、甜料、大米、水果、水产品、肉类和蔬菜是其进口的主要农产品，我国农产品出口商品结构与其农产品进口商品结构相似度高，茶叶、罐头、食用菌等商品存在良好的市场开发前景。同时，中国对俄罗斯的乳制品、水产品、原木有着长期而稳定的需求。

（3）俄罗斯由逆差国变为顺差国。自 2010 年开始，中国对俄罗斯农产品出口增长要快于进口增长，中国成为顺差国，且顺差数额逐年增长，至 2013 年顺差数额达 4.14 亿美元。从 2016 年上半年起，俄罗斯农产品对中国出口达 9.68 亿美元，转为顺差。这也是十几年来俄罗斯首次出现对中国农产品贸易的顺差。

俄罗斯对中国出口的农产品以“无添加”“高营养”的特点，正在受到中国消费者青睐。目前，中国大型网店和超市进口食品柜台，都可以买到从俄罗斯进口的蛋糕、饼干、巧克力、面粉、食用油等。俄罗斯农业部的数据显示，目前俄罗斯对中国出口，主要产品为粮食、食品及海产品。2016 年俄对中国的粮食出口达 100 万吨，是 2015 年的 2 倍。

2. 我国对俄罗斯出口面临的挑战

（1）农产品品种较少。通过对中俄农产品出口种类的对比计算发现，2013 年俄罗斯农产品出口中国市场的品种为 109 种，占所有农产品种类的 14.3%；中国农产品出口俄罗斯市场的品种为 264 种，占所有农产品种类的 34.6%，为俄罗斯出口中国市场的两倍之多。另外，2002 ~ 2013 年，中国农产品出口俄罗斯市场的品种仅增加了 38 种，增长率为 16.8%。由此可以看出，尽管我国对俄农产品出口品种相对俄罗斯对我国农产品出口品种要多，但是近 12 年来增长却非常缓慢，表明中国农产品出口贸易额的增加主要源于既有产品出口额的逐年上升。然而，仅依靠数量上的增长，会加大农产品出口贸易的不稳定性，不利于我国对俄农产品出口结构的优化，也不利于中俄双边农产品贸易的可持续发展。

（2）俄对中国的贸易壁垒影响较大。中国对俄罗斯出口面临一系列高关税与非关税壁垒，如饮料烟草的最高关税达474%，谷物的最高关税约为268%，部分动物制品的最高关税达118%，糖及咖啡的最高关税约为117%，水产品的最高关税达101%，部分蔬菜和水果的最高关税为68%，茶叶的最高关税为66%，奶制品的最高关税约为60%。俄罗斯对禽肉、猪肉和牛肉等实施进口配额管理，但大部分配额分配给美国、欧盟和泰国等国家和地区，仅给予中国极少的配额数量。

（3）面临其他对俄农产品出口大国的竞争激烈。除我国之外，其余欧洲国家及美国等农业大国也不断利用各种政策以及技术来支持本国企业对俄农产品出口。据收集的数据显示，2002～2013年，中国对俄农产品贸易额从4.4亿美元增长至19.9亿美元，增长近五倍。其中，2002年俄罗斯农产品进口国家中，排名前三的国家分别是欧盟、巴西以及美国，中国位列第四。2013年中国上升一位，超过美国，成为欧盟和巴西之后，俄罗斯第三大进口市场。但是2013年俄罗斯第二大农产品进口市场巴西对俄农产品出口额达27.1亿美元，同中国对俄农产品出口额相比，高出36.2%，可见差距依然很大。此外，欧盟农产品在价格上虽然往往并不具有多大的竞争优势，但是通过良好的质量、较高的附加值，以及品牌的宣传，欧盟对俄农产品出口额实现连年增长。美国主要以大豆及其制成品、肉类产品等农产品为主，依靠先进的农业技术并结合本国资源禀赋，不断提高对俄农产品出口额。巴西更是利用外交手段，通过向俄罗斯驻外使馆派出农业参赞，推销巴西农产品。

第三节 辽宁农产品出口企业现状

一、辽宁农产品出口企业情况

（一）中小企业数量众多

从辽宁农产品出口企业的规模来看，中小企业为数众多（见表1－1）。正确辨识、强化农产品出口企业核心能力，建立农产品出口企业风险防范指标体系，对农产品出口企业规避风险、提升竞争优势是至关重要的。

表 1－1　　2012～2014 年辽宁规模企业数量变化情况

企业出口规模	出口企业数量（家）		
	2012 年	2013 年	2014 年
100 万美元及以下	720	818	761
100 万～200 万美元	159	179	188
200 万～500 万美元	189	209	197
500 万～1000 万美元	121	108	149
1000 万～3000 万美元	76	93	93
3000 万～5000 万美元	14	15	17
5000 万～1 亿美元	9	12	9
1 亿美元以上	2	3	3
小计	1290	1437	1417

资料来源：辽宁省农委。

（二）龙头企业引领发展

辽宁迄今有 49 家企业获评农业产业化国家重点龙头企业（见表 1－2），这批龙头企业在农业领域勇于创新，锐意进取，开拓出一片天地。在他们的带领下，辽宁农产品出口产业不断成长壮大。

表 1－2　　辽宁农业产业化国家重点龙头企业名单（共计 49 家）

辽宁禾丰牧业股份有限公司	大连仁禾集团有限公司
沈阳华美畜禽有限公司	大连盖世食品有限公司
沈阳蒲兴禽业集团有限公司	辽宁绿源肉业有限公司
辽宁东亚种业有限公司	沈阳方正农牧科技有限公司
础明集团有限公司	辽宁新大地实业发展集团有限公司
三寰集团有限公司	辽宁奕农畜牧集团有限公司
韩伟集团有限公司	大连富谷水产有限公司
大连天宝绿色食品股份有限公司	辽宁津大肥业有限公司
大连善岛食品有限公司	辽宁盛德集团牧业有限公司
大成食品（大连）有限公司	辽宁申博生物技术有限公司

续表

大连棒棰岛海产股份有限公司	辽宁丹玉种业科技股份有限公司
獐子岛集团股份有限公司	佐源集团有限公司
大连理想食品有限公司	锦州百通食品集团有限公司
大连龙城食品集团有限公司	辽宁唐人神曙光农牧集团有限公司
大连壹桥海洋苗业股份有限公司	大连成达食品集团有限公司
东港黄海大市场有限公司	雪龙黑牛股份有限公司
辽宁金实集团有限公司	辽宁鑫枫牧业股份有限公司
辽宁五峰农业科技股份有限公司	大连上品堂海洋生物有限公司
营口富达果菜保鲜有限公司	大连海洋岛水产集团股份有限公司
营口未来食品有限公司	海城市三星生态农业有限公司
阜新市美中鹅业工贸有限责任公司	龙宝参茸股份有限公司
辽宁太阳谷庄园葡萄酒业有限公司	辽宁振隆特产股份有限公司
辽宁赢德食品集团有限公司	盘锦鼎翔米业有限公司
北方绿色食品股份有限公司	辽宁宏达牛业发展有限公司
北票市宏发食品有限公司	

资料来源：辽宁省农委。

（三）上市企业以水产品行业为主

辽宁农产品出口企业中的上市企业包括獐子岛、天宝股份、壹桥苗业，均为水产品行业企业。

1. 獐子岛集团股份有限公司（獐子岛 002069）

以海洋水产业为主，集海珍品育苗、增养殖、加工、贸易、冻鲜品冷藏物流、客运、休闲渔业于一体的大型综合性海洋食品企业。集团公司位于中国大连市，注册资本 7.1 亿元，资产总额 49 亿元，员工 4000 余人，下设 19 家分公司、20 家子公司、2 家参股公司。在黄海北部拥有 2000 余平方公里远离大陆的国家一类清洁海域——亚洲最大的现代海洋牧场，其生态价值与实践成果广泛赢得世界关注和认可。在国内最大的海珍品增养殖基地、国家级虾夷扇贝原良种场的基础上，形成以虾夷扇贝、海参、皱纹盘鲍、海胆、海螺等海珍品为主要产品的完整产业链。

公司在大连、山东荣成等地建有 6 座水产精深加工基地，采用全程质量管控可追溯体系，整合全球水产资源，拓展“活品、冻品、海参、海外、电子商务”五张销售网络，在美国、加拿大、中国香港、中国台湾设立分支机构。国内经销商500余家，产品进入30个省、自治区、直辖市，遍布60多个重点城市，冻品及调理食品远销美国、加拿大、澳大利亚、韩国、日本等全球20多个国家和地区，2010年与世界零售巨头沃尔玛公司成功实现农超对接。目前，公司已获得海洋管理理事会MSC的审核认证，成为全国第一家通过此项认证的贝类供应商。

2. 大连天宝绿色食品股份有限公司（天宝股份002220）

大连天宝绿色食品股份有限公司是一家以出口为主的加工型企业，主营业务为以水产品加工出口为主的农副产品加工、销售，是全国农业产业化优秀龙头企业、全国农产品加工示范企业、全国农产品加工业出口示范企业。截至在深圳上市，公司拥有水产品加工车间1.5万多平方米，（冻）鱼片年生产能力可达1.5万吨；农产品加工车间2000多平方米，年综合生产能力可达1万吨。

3. 大连壹桥海洋苗业股份有限公司（壹桥苗业002447）

大连壹桥海洋苗业股份有限公司成立于2001年，公司主要从事虾夷贝苗、海湾贝苗及海参苗等海珍品苗的繁育业务，现有海珍品苗种繁育水体6万立方米，2009年公司虾夷贝苗产量达163亿枚，海湾贝苗产量达61亿枚，海参苗产量达6200万头，国内市场占有率分别为18.11%、8.71%和0.78%，均列全国第一。自2001年设立以来，一直致力于各类海珍品苗的繁育及科研，先后掌握了虾、蟹、扇贝、海参、鲍鱼、海胆等海珍品苗的工厂化培育技术并积累了丰富的规模化繁育的经验，目前已发展成为一家集水产科研和海珍品苗种繁育及养殖为一体的专业化企业。

二、辽宁农产品出口示范区建设情况

辽宁农产品出口示范区以县（市、区）行政区域为基本单元，企业为龙头，基地为后盾，标准为核心，出口为目的，政府为主导并实施统一管理的农产品生产、加工示范区域。截至2014年底，全省已建立省级示范区36个，国家级示范区14个（见表1－3），涉及杂粮、花生、蔬果、食用菌、鱼、贝、蟹、裙带菜、禽产品及鹿产品等多个辽宁出口优势品种，年出口额近8亿美元。

表 1-3　　辽宁国家级出口食品农产品质量安全示范区

示范区名称	产品品种
大连市旅顺口区国家级出口水产品质量安全示范区	裙带菜、水产品（鱼类、贝类、藻类、棘皮类等）
大连市国家级出口粮食加工质量安全示范区	粮谷产品
西丰县国家级出口鹿产品质量安全示范区	鹿产品
瓦房店市国家级出口食品农产品质量安全示范区	水果、禽肉、辣根（辣根油、辣根膏、辣根粉、辣根片）
法库县国家级出口果蔬质量安全示范区	水果、蔬菜及其制品
喀左县国家级出口蔬菜质量安全示范区	蔬菜及其制品
宽甸满族自治县国家级出口板栗质量安全示范区	板栗
沈阳市沈北新区国家级出口禽肉产品质量安全示范区	禽肉产品
岫岩满族自治县国家级出口食用菌质量安全示范区	食用菌鲜品、干品、盐渍、深加工罐头等
辽中县国家级出口果蔬质量安全示范区	蔬菜、水果
东港市国家级出口食品农产品质量安全示范区	草莓、贝类
新民市国家级出口食品农产品质量安全示范区	农产品
长海县国家级出口海产品质量安全示范区	海产品（活品、冻品、即食品）
凌海市国家级出口蔬菜质量安全示范区	黄瓜、西兰花、萝卜、茄子

资料来源：国家质量监督检验检疫总局门户网站。

结合当地的特色资源优势，辽宁先后建立了宽甸板栗、西丰鹿产品、大连粮食产品加工等多个出口农产品质量安全示范区。经过几年的稳步推进，全省出口食品农产品示范区逐年扩大，已覆盖花生、蔬菜、水果、食用菌、水产品、禽肉、牛肉、鹿肉等几十种食品农产品，全面带动食品农产品产业发展。2013 年，有两个国家级示范区成功由单品种升级为综合性农产品出口示范区，大连出口粮食加工质量安全示范区成为国内首个粮谷加工示范区。

2013 年，辽宁出口食品农产品示范区直接出口总额 5.2 亿美元，增幅 12.6%，其中，瓦房店禽肉、凌海蔬菜、开原禽肉、兴城花生、绥中贝类示范区的产品出口增幅均超过 40%。裙带菜产品出口规模占全国 90% 的大连市旅顺口区裙带菜质量安全示范区，出口裙带菜 8300 多吨，创汇

2500 万美元。

目前，辽宁出口食品农产品示范区内的企业共获得国际认证 54 个，企业自检自控能力和产品可追溯能力大幅提升，示范区新增国内外品牌 15 个。2013 年辽宁示范区农产品出口额增长 13%，国外通报率保持为零。

三、辽宁农产品出口特色企业

对于同在辽宁内的农产品出口企业而言，产业优势不同于企业竞争优势，企业唯有立足于地方产业优势，发展自身核心能力，结合辽宁地理和资源优势，才能铸造企业的竞争优势。

（一）有机食品认证企业

目前，国内根据土壤标准划分了食品的 4 个等级：普通食品、无公害食品、绿色食品、有机食品。作为农产品中的“顶尖食品”——有机食品，在生产中绝对禁止使用农药、化肥、激素等物质以及基因工程技术。大力发展有机农业可以打破中国农产品出口的“绿色壁垒”，实现顺利出口。

1. 朝阳本色有机食品有限公司

朝阳本色有机食品有限公司，成立于 2009 年 5 月，总投资 1.2 亿元，占地面积 100 亩，是一家集有机蔬菜种植、加工、销售为一体的综合性食品加工出口企业，是辽宁级农业产业化重点龙头企业。企业主要生产加工有机蔬菜，有机食品现已广销美国、加拿大。其中，美国市场占企业出口总市场约 2/3 的份额，是企业的主要出口市场。年可实现出口创汇 2000 万美元，销售收入 106 亿元，实现利税 4000 万元。

为配合有机食品的生产加工，企业通过土地流转建设自有基地 15000 亩，并配套先进的灌溉设施、各种飞虫诱捕设备以及气象监控系统。同时，企业购置了清洗设备、风选设备、速冻设备等加工有机食品所需的专业机器设备，并建设了产品所需的低温冷库、恒温库，还自建了检测中心，对产品从种植到储运各个环节实现有效监管。

现在，朝阳本色自有基地中有 12400 亩已通过法国 ECOCERT 认证机构的美国 NOP、欧盟 EU 有机认证；加工厂获得 NOP 证书和欧盟 EU 证书；产品获得 HACCP 证书、英国零售商 BRC 证书和犹太认证（Kosher）证书。

2. 大连华恩有限公司

1992 年，在国家环保总局的倡议下，公司开始探索、试验有机食品。

1998 年公司开始自己加工，先后在黑龙江、吉林、辽宁、内蒙古等地区建立了有机农场和加工厂。为进一步提高产品的质量，引进日本的先进质量理念，与日本 MUSO 公司在 1998 年共同合资建立了大连日华有机食品精选有限公司，占地 35000 平方米，专门完成来自华恩有机农场产品的加工和仓储任务。日加工清选能力达 400 吨以上。公司拥有四个储存仓库，仓储能力达 12000 吨；配有冷藏库；室外垛区可存储 20000 吨货物。现有员工 100 多人，主体岗位流动性不大。

公司现经营有机谷类、有机豆类、有机籽仁类、有机坚果类、有机饲料类、有机油类等 30 多个品种的产品。公司产品已远销德国、丹麦、美国、荷兰、比利时、加拿大、日本、韩国等全球 20 多个国家和地区。每年销售总量为 8 万 ~10 万吨，其中，大豆 3 万 ~4 万吨。2014 年出口额为 6 亿美元左右。

（二）高技术创新企业

1. 辽宁今日农业有限公司

公司成立于 2000 年，位于抚顺经济开发区高湾经济区。是一家以红树莓种植、速冻、出口、树莓产品精深加工为产业链条的企业，主要产品有红树莓单体速冻果、原浆、红树莓饮料、果茶、红树莓酒、红树莓果酱等产品。公司下设红树莓种苗繁育中心，红树莓产品研发中心，红树莓速冻加工车间，红树莓系列产品深加工车间，红树莓种植基地。

公司与省农科院、省农业职业技术学院、沈阳农业大学、沈阳药科大学、大连工业学院进行了良好的合作，对红树莓品种的改良与培育，应用有机肥的开发，树莓果、叶、茎、根系列深加工产品的开发，应用于药物及化妆品有效成分的提取等方面获得了丰硕的科研成果，公司研发中心已申报国家发明专利 10 项，6 项已获得专利证书（包括具有自主知识产权的红树莓秋红新品种）。

公司的主要产品是树莓，是农业行业的“新兵”。1998 年，国家立项提出要引进树莓，增加农业小品种，当年年末，国家林科院成立树莓攻关小组，分为种植、繁育、加工等攻关团队。2000 年树莓种植进入产业化、规模化，公司亦成立于 2000 年，是国内最早进入树莓行业的企业，当时国内树莓产业处于探索阶段，没有什么经验教训可供学习借鉴，种植、加工和生产的部分环节目前仍在探索。最早基地只有 400 亩左右，每年以 200 亩左右的规模扩张，2010 年起大规模扩张，目前在不同地区征地 4000

多亩（包括省外牡丹江地区）。由于其产量高（亩产1吨~1.7吨）、糖度高、酸度高、口味浓、抗贫瘠、省劳力等特点，深受广大种植户和欧美客户欢迎。

2. 沈阳科纳提克生物科技有限公司

成立于2011年，总部位于瑞士，是由瑞士、新加坡（占39%的股份）和中国三方共同投资建立的。2012年，沈阳科纳提克生物科技有限公司正式建成投产。

科纳提克集团主要给顾客提供天然原料的研发和生产。公司的主要产品分为食品应用和动物应用两大方向。其中，食品应用提供与面粉和面包相关的所有天然烘焙原料，如酶制剂、麦芽粉、酸麦粉、防腐剂及预拌粉；动物应用包括乳化剂、防腐剂、酸化剂、防霉剂、酶制剂及微生态制剂。

3. 禾丰牧业股份有限公司

禾丰牧业股份有限公司是国家级农业产业化重点龙头企业，是中国最早通过ISO9001国际质量管理体系和HACCP食品安全管理体系双认证的饲料企业之一，“禾丰”商标是中国驰名商标。

禾丰集团在国内外已拥有80家全资或控股分（子）公司，产品覆盖25个省区市，并远销朝鲜、尼泊尔、越南、韩国、伊朗、俄罗斯等国家。禾丰是“民营企业博士后科研基地”，集团现拥有百余名博士、硕士、教授、专家组成的技术队伍，这相当于一所大学一个学院的科研力量。公司立项开发的新产品50%以上能够在两年内进入市场，科技成果转化率三年内达90%以上。在开发新产品和推动科技成果转化的同时，注重科技成果的保护。目前已申请专利33项，已授权24项。

2008年禾丰牧业被辽宁科技厅认定为“高新技术企业”，被农业部认定为“国家饲料加工分中心”；2009年禾丰牧业被辽宁经信委认定为“省企业技术中心”；2012年被辽宁发改委认定为“省工程技术研究中心”；2012年被认定为“国家火炬高新技术企业”；2013年被认定为“国家企业技术中心”。

禾丰牧业从成立之初就推行全面质量管理，2000年通过了ISO9001（1994版）国际质量管理体系认证；2004年通过了HACCP食品安全管理体系认证（目前已经更新为ISO22000-2005认证）。目前，禾丰牧业已有多家饲料企业通过了ISO9001（2000）国际质量管理体系和ISO22000-2005食品安全管理体系双认证，企业的质量管理体制和质量管理水平迈上了一个新的台阶。2014年，公司研发检测中心通过中国合格评定国家认可委员会（CNAS）认可评审，实验室环境建设、设备、人员素养和检测及校准能力等各个方面得到国家认可。公司检测中心顺利通过 CNAS ISO17025 国家实验室认可，禾丰检测中心出具的检测报告可得到全球 57 个国家和地区以及 16 个国际合作组织的互认。

（三）海外注册品牌企业

如今，国际市场竞争战略已经由以价格竞争为主逐渐转向以非价格竞争为主，国外消费者很重视名牌。发展农产品品牌，一方面可以提高出口农产品的质量，使国外消费者了解辽宁的农产品，拓展销售渠道，提高农产品的营销能力；另一方面，有利于处理农产品贸易纠纷，避免一些国家对农产品出口的全面封杀。

1. 善岛食品有限责任公司

善岛食品有限责任公司，下设筑岛食品有限公司（注册资金 400 万元）和大连海珍珠食品有限公司（注册资金 1200 万元）。1992 年成立，最初为镇属企业，后与日本合资，水产品以鱼为主，2008 年日本撤资。

筑岛食品有限公司以加工水产品为主，如面包粉鳕鱼排、冻煮虾蛄肉、章鱼烧、寿司甜虾、寿司海螺肉等，也加工蔬菜饼和肉制品。海珍珠食品有限公司以扇贝养殖为主，核心产品是大连主产的虾夷贝。

“海珍珠”商标在美国注册已有 7 年，已经在国外市场具有一定知名度，相比于其他水产品加工企业，公司在品牌上具有核心竞争力。

2. 沈阳旺旺食品有限公司

旺旺集团是一个以食品产销为主的集团，由蔡衍明创立。1962 年，位于中国台湾的宜兰食品工业股份有限公司成立，该公司于 1992 年进入大陆市场，并在 1994 年，于湖南设立第一家工厂。除了台湾及大陆市场，现在该集团也在日本和新加坡等海外市场有所发展。

旺旺集团于 1995 年在沈阳市于洪区建厂，注册资本 1000 万美元，主要产品是雪饼、仙贝、小馒头、鲜冰等以大米为原料的膨化食品，在沈阳建立了四个厂，出口国主要是韩国和日本。

世界权威的品牌价值研究机构——世界品牌价值实验室举办的“2008 世界品牌价值实验室年度大奖”评选活动中，旺旺凭借良好的品牌印象和品牌活力，荣获“中国最具竞争力品牌榜单”大奖。

（四）种子资源企业

辽宁是农作物品种大省，在科研育种上具有明显的优势。全省从事各类农作物品种选育的单位有100多家，其中，以辽宁农业科学院、丹东市农业科学院、沈阳市农业科学院、铁岭市农业科学院和盘锦盐碱地所、本溪马铃薯所等为代表的科研院所，以及以辽宁东亚、海禾种业、抚顺北方农科所等为代表。

辽宁东亚种业有限公司成立于1993年，是集科研、生产、经营为一体的大型种业公司。以种子产业经营为主，兼营肥业、牧业（饲料）、参股金融、粮食贸易、房地产等产业。

公司现拥有资产总额约10亿元，各类科技人员1000名，直属20余个部门。在16个省拥有多个分公司和控股子公司，在省内设立了百余家分公司和物流中心，在全国建立了近万家富友种子直销保真店，成立了20余个玉米、水稻、大豆、高粱、园艺、饲料、肥料、生物技术研究所，已建成的辽宁东亚富友农业科学研究院总建筑面积5800余平方米，科研用地约2000余亩，研究推广的各类种子获得的社会经济效益累计达100亿元以上。

公司在国家工商局注册有富友、富禾、富春、东单、美锋、沈农、东亚富友、东利佳、富友园艺、辽盐、辽粳、开粳、沈单、辽玉、本玉、安玉、锦单、富友金芝、东黑、东亚富家家、富友水晶、富友农乐、留老根、东豆、辽豆、开育等180余个商标，其中“富友”被评为中国驰名商标。公司现年销售总收入超过10亿元，年经营玉米种子亿斤以上，水稻种子1000万斤以上，大豆、高粱种子300万斤以上，蔬菜种子销售收入1300万元以上，农药、化肥销售收入约3亿元。

四、辽宁农产品出口企业面临的挑战

（一）“买进卖出”并非企业优势

受辽宁的地理区位条件影响，多数农产品出口企业最初依靠交通和市场便利以贸易起家，而企业主从经商到做企业的转变过程中，企业经历了“野蛮成长”的阶段，在企业发展的过程中，企业主以重业务、促发展为主，难以顾及企业管理的方方面面。故而，很多中小企业是在企业主经商的思维下成长的而非企业家的企业思维下成长。这是中小企业在发展过程中面临的重要挑战，如何由经商转为做企业是企业主面临的重要议题。

（二）技术优势尚不明显

辽宁出口的农产品绝大多数都是初级产品，精深加工产品出口份额所占比例较低，全省农产品加工业产值与农业产值之比不足1:1。由于产品质量和加工技术水平不高，出口农产品的品质与国际同类产品相比优势并不明显，基本上是依靠低廉的价格来争取国际市场份额。一方面，农产品附加值偏低，产品的利润空间难以提升，不利于出口企业培育核心竞争力；另一方面，也未能充分发挥辽宁劳动力资源丰富的优势，而且容易引发进口国对辽宁出口的农产品进行反倾销或采取保障措施。

（三）原料供应地位尴尬

辽宁农产品生产加工资源虽然丰富，但是出口的产品大多是对出口地的原料供应，作为原料，农产品既难以创出自己的品牌，同时也极其容易被其他国家的产品所代替。随着我国劳动力成本日益增长，与机械化程度高的发达国家及劳动力成本低的欠发达地区相比，优势减弱；而且，原料简单加工出口的产品附加值低，利润空间小，多靠销量制胜，而产品一旦滞压，资金流动不畅就会给企业带来损失。例如，对苹果出口企业而言，一斤苹果每存放一年，所占用的资金就需要支付0.1元的利息，这对价格原本就不高的苹果来说利润就被进一步压缩了。

（四）日俄市场双重压力

辽宁农产品出口相对集中，出口市场的风险对农产品出口企业而言是系统风险。其中，日本和俄罗斯是辽宁极为重要的两个出口国。近两年随着日俄两大市场情况的变动，给不少出口市场集中的企业带来了巨大压力。

长期以来，中国出口产品多以价格取胜，日元大幅贬值后，中国企业对日出口产品的竞争优势将会消失。中国企业拥有自主品牌和技术的不多，大多是通过代工方式获取收益，原本利润空间就比较狭小，日元贬值会令其生存状况更加恶化。

2014年以来，由于受到俄乌冲突、西方制裁、油价下跌以及资本外逃等因素影响，俄罗斯经济衰退，卢布贬值，融资成本提高，这都会严重影响俄罗斯买方的付款意愿和付款能力，加大企业出口俄罗斯的风险。

（五）人力成本不断攀升，企业家人才缺乏

农业企业的发展不仅需要具有创造性的科技人才，而且也需要优秀的

管理人才。企业家越来越成为提升企业竞争力、决定企业成功与否的限制因素和稀缺资源。辽宁农产品出口行业在发展过程中，已经孕育出一部分优秀的企业家人才；然而，随着企业的发展壮大以及下一任企业家的继任等问题的呈现，优秀企业家人才缺乏的问题将逐渐突显。企业的高层管理人才中，从实践中成长起来的较多，而经过严格的系统培训、具备现代经营管理理念的人才却不多。农产品出口企业的改革发展需要优秀的企业家推动，需要他们的共同努力和协作，更需要激发他们创造性的机制和环境来为企业服务。

在朝阳本色有机食品有限公司的调研中，笔者亲历公司严格的安全卫生标准和操作流程，职工均需要进行严格的培训和考核，而能够坚持下来的员工并不在多数；且企业地处较偏僻的县区，在中国高速发展的大环境下，大多数人都向往大城市的生活，县区潜在高端人才较少，能够吃苦耐劳又具有前瞻性的人才更是少之又少。这让企业在管理层扩充优化过程中面领着巨大挑战。

（六）政策优势有待转化为企业优势

地方政府出于“税源保护”，采取限制措施，不利于龙头企业构建完整的产业链条。由于中国现行的财税体制是“分税制”和转移支付制度相结合，在企业兼并重组中，常常出现税源的再次分配，部分地方政府担心被重组后的企业不再为地方财政作出贡献。在实践中，地方税务部门的工作导向不是推动农业企业产业化发展，而是千方百计扩大税源。当涉及跨区域、跨行业兼并重组时，上述问题更为突出。

粮食直补政策资金难以落实到农民身上。目前，虽然政府有一定的直补政策，但政策资金难以落实到农民身上，使原本降低农民生产成本、激励农民生产积极性的作用没有实现；而且，农民由于对市场总体情况的不了解，在价格和卖出时机上常导致企业受损。大粮补贴、杂粮不补贴的政策也降低了农民种豆的积极性，豆产量偏少。

第二篇

产业与企业

第二章

杂粮产业竞争力与企业成长

辽宁作为杂粮的生产和出口大省，在国际和国内市场具有举足轻重的地位。第一节从全国乃至全世界的格局出发，摸清杂粮行业发展形势，有助于辽宁在价值链的角度了解自身定位、调配全国资源、了解行业对手、弥补自身短板。第二节描述辽宁杂粮生产与出口总体状况，概括出杂粮出口的突出特征，分析行业竞争优势，最后得出辽宁杂粮行业存在的潜在风险。第三节针对性地对辽宁杂粮出口行业上中下游提出了发展的意见和建议。第四节提出未来辽宁杂粮产业应逐步实施四大发展战略，构筑生产、流通、深加工和高附加值出口产业链的发展趋势，建议政府从几个方面加强政策支持力度。

第一节　全国杂粮出口格局

中国素有“杂粮王国”之称，杂粮生产种植历史悠久，是世界杂粮的主要产区和杂粮的主要出口区。在我国，杂粮种植主要分布在高原、山地地区，由于地形等条件的限制，导致杂粮生产产量有限。近年来，随着人们生活水平和健康意识的提高，杂粮开始日益受到国际和国内市场的重视，杂粮出口呈现出“产销两旺”的态势。

如今，杂粮通常是指水稻、小麦、玉米、大豆和薯类五大作物以外的粮豆作物。如表 2 – 1 所示，杂粮主要分为谷物类、杂豆类和块茎类三大类别。其特点是生长期短、种植面积少、种植地区特殊、产量较低，一般都含有丰富的营养成分。

表 2 – 1 杂粮类别

类别	杂粮名称
谷物类	玉米、小米、红米、黑米、紫米、高粱、大麦、燕麦、荞麦
杂豆类	黄豆、绿豆、红豆、黑豆、青豆、芸豆、蚕豆、豌豆
块茎类	红薯、山药、马铃薯

近年来，国外开始强调食疗保健的重要性，“把药方变成厨房”成为人们养生的共识。如图2 – 1 和图2 – 2 所示，根据联合国粮食及农业组织

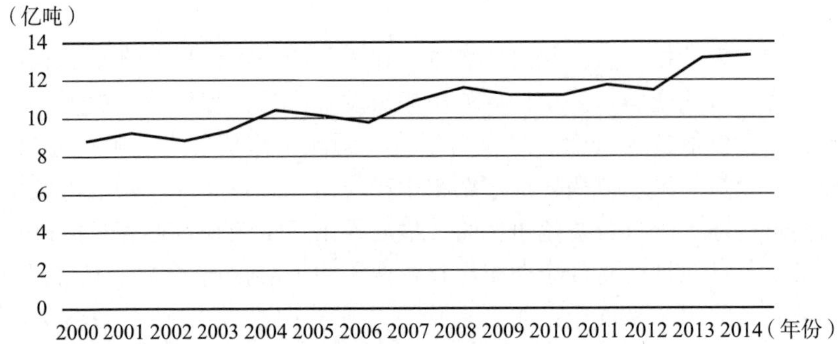

图 2 – 1 2000 ~ 2014 年全球杂粮产量

资料来源：联合国粮食及农业组织 FAO。

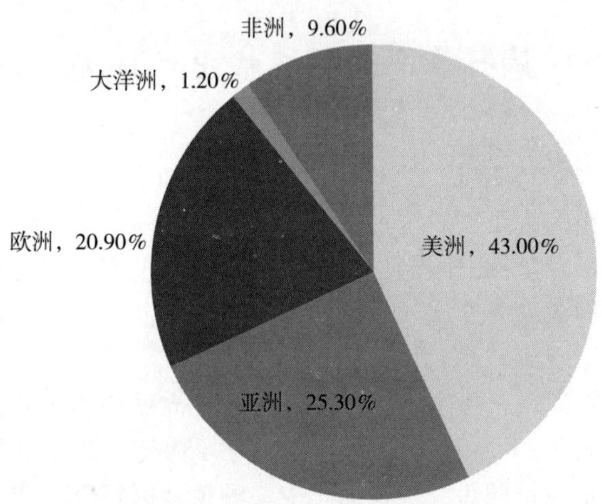

图 2 – 2 2000 ~ 2014 年全球粗粮生产区域分布

资料来源：联合国粮食及农业组织 FAO。

数据显示，截至 2014 年，全球杂粮产量达 13.3 亿吨。美洲和亚洲是全球杂粮的主要产区，其中，美洲产量占全球总产量的 43%，亚洲产量占全球总产量的 25.3%。美国是全球最大的杂粮产区，2014 年美国杂粮产量占全球的 29.1%，其次是中国，约占 17.1%。

一、全国杂粮生产状况分析

我国杂粮主要分布在中西部地区。从地理位置看，主要分布于我国的高原地区，地处我国生态条件相对较差的高寒山区、干旱半干旱地，即黄土高原、内蒙古高原、云贵高原、青藏高原等，属于我国经济欠发达地区。

如表 2－2 所示，我国杂粮产区主要集中在我国的山西、陕西、内蒙古、黑龙江、西藏、青海、四川、云南、广西等多个省份。辽宁属于谷子、高粱和豇豆的主产区。

表 2－2　　中国小杂粮主产区分布情况一览

作物	主产区
谷子	冀、晋、蒙、黑、吉、辽、陕、甘、鲁、豫
蚕豆	滇、川、鄂、苏、浙、青、甘、蒙、冀
高粱	黑、吉、辽、蒙、冀、晋
豌豆	川、鄂、苏、浙、甘、陕、宁、青、冀、晋、蒙
糜子	陕、甘、宁、蒙、晋、黑、吉
甜荞	蒙、陕、甘、宁、晋
绿豆	吉、蒙、冀、陕、晋、豫、鲁
燕麦	蒙、冀、晋、甘
芸豆	黑、蒙、新、滇、川、黔、陕、晋、甘
青稞	藏、青、川、滇、甘
黑豆	陕、甘、宁、晋、蒙
苦荞	滇、川、黔
小豆	黑、吉、冀、蒙、陕、晋
薏苡	黔、桂、滇
豇豆	晋、蒙、陕、辽、豫、冀
小扁豆	陕、甘、宁、晋、蒙、滇
饭豆	渝、川、黔、桂、陕、甘、晋、鄂

续表

作物	主产区
籽粒苋	全国各地均有种植
草豌豆	陕、甘、宁
鹰嘴豆	新、甘、青

我国地处温带和亚热带地区，多元的地理环境使得杂粮生产呈现出面积大、种类多、品种全的特征。其中，荞麦产量占世界产量的34%；蚕豆产量占世界产量的50%；绿豆、小豆产量占世界产量的30%以上。此外，我国也是燕麦、豇豆、小扁豆的主产国。

二、全国杂粮出口状况分析

在农产品国际贸易中，杂粮是中国传统的出口商品，具有明显的价格优势和资源优势。据统计，中国杂粮年出口量为80万~150万吨，占中国粮食出口量的10%左右，年创汇3亿~5亿美元，占中国粮食出口创汇总额的20%~30%。出口创汇额比例远超出口量占比，说明了杂粮及杂粮产品出口的巨大潜力。

（一）杂豆类杂粮出口额较大

如表2-3所示，芸豆、豌豆、蚕豆等杂豆类杂粮是我国的主要出口杂粮，其中，芸豆的出口量最多，2013年世界芸豆出口额为621260.3万美元，约占世界杂豆类产品出口总额的一半。

如图2-3所示，从2000年开始，中国芸豆出口额基本呈上升趋势，2007年前后涨幅较大。2008年之后，中国芸豆出口额平稳上升，截至2013年，中国芸豆出口额占世界出口总额的15.53%，芸豆出口仍然有巨大的增长空间。

如图2-4所示，2000年之后，豌豆、蚕豆、小扁豆出口额变化方向趋于一致。三者当中，小扁豆出口额最高，蚕豆次之，豌豆较少。在2011年之前，三类杂粮出口额基本处于上升状态，2011~2012年间，三类杂粮出口额均大幅下降。然而，豌豆、蚕豆和小扁豆的世界出口总额均逐年升高，这说明辽宁可通过调配全国资源，注重这三种杂粮的出口。

表 2-3 2000~2013年中国和世界主要杂豆类杂粮产品的出口额 单位：万美元

年份	芸豆		豌豆		蚕豆		鹰嘴豆		小扁豆	
	世界	中国	世界	中国	世界	中国	世界	中国	世界	中国
2000	132025.5	19917.4	64133.4	552.1	17553.3	3233.7	34054.3	6.7	44561.8	410.8
2001	144739.7	26233.8	70826.7	902.7	15043.5	1823.9	33533.8	87.5	43141.5	359.6
2002	156634.1	30008.0	64646.0	854.7	16100.7	1184.3	33312.2	201.0	35564.4	546.3
2003	165009.3	33562.9	61724.2	1281.1	17188.1	1312.8	35302.7	24.3	43468.8	827.7
2004	165722.6	30718.4	79254.1	1357.9	19747.7	1387.5	33327.2	1.4	49731.4	1014.1
2005	178429.2	35924.3	92700.6	1277.2	20566.2	1527.5	44170.9	0	63183.1	1088.3
2006	231585.6	38271.6	100062.7	1125.4	23369.3	1647.4	57892.1	84.6	62945.2	529.8
2007	290068.0	51645.7	127098.0	1256.0	27358.7	2546.3	54718.2	50.5	84733.7	573.2
2008	390261.7	77979.0	164598.5	2011.6	34663.1	3552.6	68998.8	6.5	131618.0	1341.7
2009	382743.1	78426.1	158544.7	2825.8	32311.7	2486.5	72091.8	0.4	150041.7	1233.0
2010	377323.8	79491.8	169107.9	4270.6	34368.4	2783.0	82214.7	0	172567.5	1771.1
2011	359502.8	89814.1	225815.5	4921.9	45468.4	3263.7	96370.5	0.3	154855.7	1781.5
2012	334219.2	96638.9	407254.9	3043.1	36874.8	1697.4	146518.9	11	127824.7	1127.6
2013	621260.3	96486.8	474492.2	3561.5	39114.4	1427.5	110756.4	7	170082.3	1249.5

资料来源：联合国粮食及农业组织FAO。

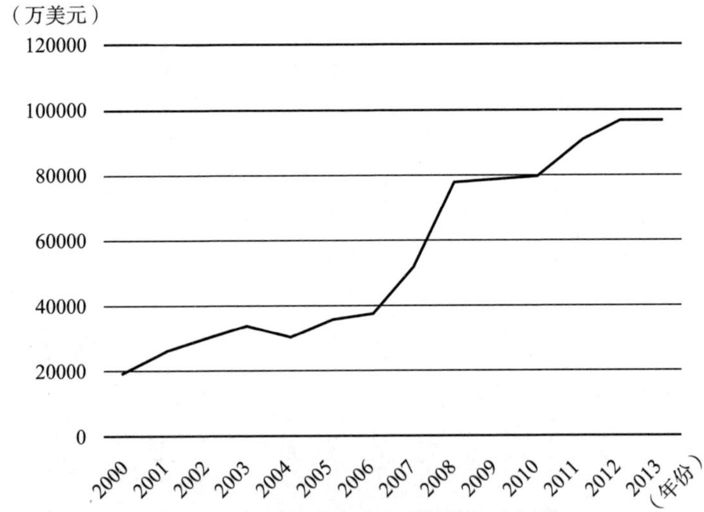

图2－3　2000～2013年中国芸豆出口额

资料来源：联合国粮食及农业组织FAO。

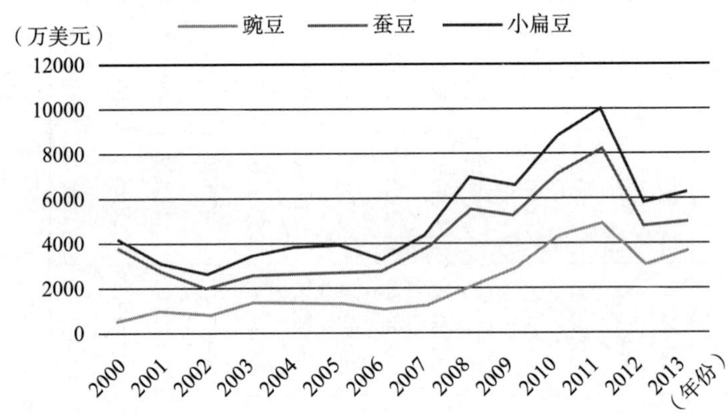

图2－4　2000～2013年中国豌豆、蚕豆、小扁豆出口额

资料来源：联合国粮食及农业组织FAO。

（二）禾谷类和块茎类杂粮出口仍处于初级阶段

如表2－4所示，禾谷类和块茎类仍然属于杂粮中的小众产品，在这两类杂粮产品出口方面，中国荞麦出口额较大，2013年约占世界的27.34%。除荞麦之外，我国甘薯、小米、高粱和燕麦出口额较小，2013年分别占全世界出口总额的5.77%、7.5%、0.59%、0.1%。

表 2-4　　2000~2013 年中国和世界主要禾谷、块茎类杂粮产品的出口额　　单位：万美元

年份	荞麦		燕麦		高粱		甘薯		小米	
	世界	中国	世界	中国	世界	中国	世界	中国	世界	中国
2000	3964.4	2129.0	27925.8	0.3	72864.8	215.1	3832.2	709.6	4343.4	328.8
2001	3882.3	2028.8	31312.6	0.7	70726.0	268.0	4074.5	607.5	4640.1	411.6
2002	2887.0	1787.5	32170.3	0.5	66917.9	310.0	4605.3	502.9	4864.3	498.3
2003	3935.0	2612.4	32964.7	6.8	72094.5	1339.0	5597.2	688.4	5788.7	753.1
2004	4190.9	2481.8	31913.0	4.3	66020.4	2123.6	6973.1	1181.6	6392.8	666.9
2005	4384.3	2628.5	36802.1	2.7	60329.3	561.9	7794.1	1128.8	7901.6	765.8
2006	5091.1	2698.6	47352.9	5.3	68565.4	654.5	8843.0	667.9	8240.5	682.9
2007	5003.8	2585.8	62968.4	37.6	143585.8	4913.2	10346.7	540.7	9435.1	817.4
2008	5865.4	2628.7	91059.7	23.9	171181.4	3127.9	11764.9	924.8	13191.6	783.3
2009	5300.7	2433.3	55643.0	9.6	90686.3	1147.0	13231.9	1055.1	11858.9	794.5
2010	8025.7	4726.3	57973.4	4.8	111237.0	1647.6	14980.0	1020.7	12097.3	727.8
2011	11019.1	6423.1	80588.5	5.3	155097.2	2640.0	18517.6	1258.4	14612.2	866.1
2012	6704.2	2562.3	80676.3	15.0	127312.0	1648.5	15985.1	1056.5	12921.9	799.0
2013	7050.5	1927.7	74466.1	79.0	155956.4	922.0	20675.4	1192.4	11652.4	874.2

资料来源：联合国粮食及农业组织 FAO。

三、全国杂粮出口风险与挑战

（一）种植面积缩减

纵向来看，我国杂粮的种植面积缩减明显（见图2-5）。其中，大麦和绿豆的种植面积大幅减少，谷子、高粱和荞麦的种植面积波动不大，红豆基本稳定在200万亩。近年来杂粮的生产条件和生产水平有所提升，然而，受种植面积的影响，我国大部分杂粮的产量均无较大幅度的变动，基本仍然处于“自给自足”的状态（见图2-6）。

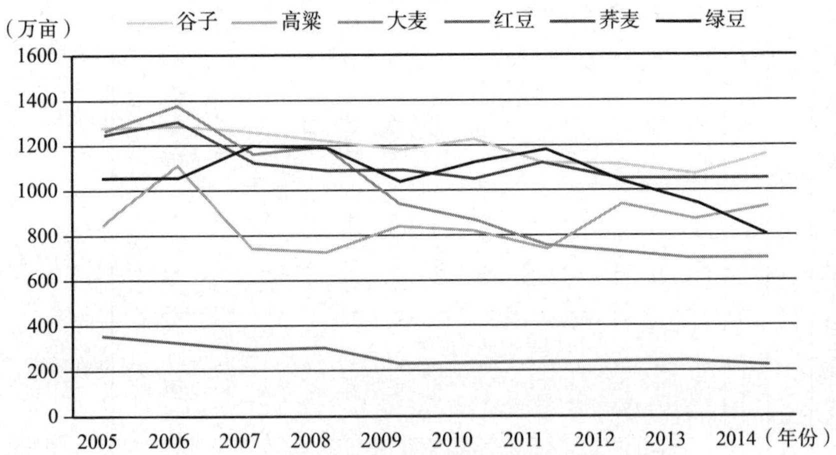

图2-5 2005~2014年部分中国杂粮种植面积趋势

资料来源：联合国粮食及农业组织FAO。

（二）产品质量不齐

杂粮一般种植于北方、中西部地区半湿润半干旱的旱作地区、高寒山地，耕地高低不平，土壤养分贫瘠，主要依靠自然降水，没有水肥投入或很少施用农药化肥，耕作粗放，生产条件差。因此，杂粮生产发展不稳定，单产年度间起伏较大，难以保证产品的数量和质量，这就凸显了耕地基本条件在杂粮生产中的重要性。

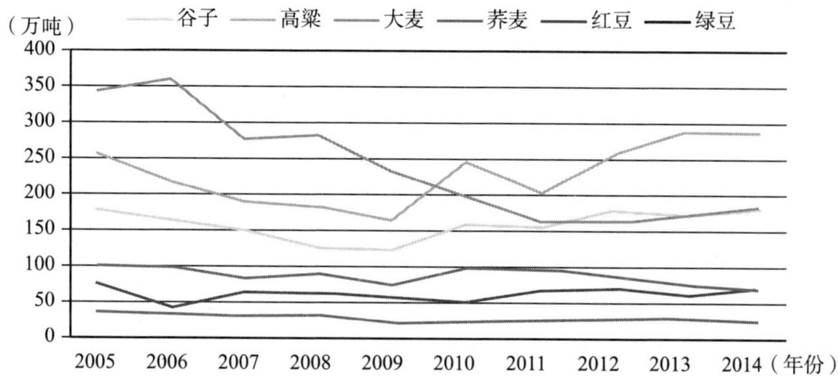

图 2－6　2005～2014 年部分中国杂粮产量趋势

资料来源：联合国粮食及农业组织 FAO。

在我国，杂粮生产采取的是以户为单位进行分散化管理和经营的方法，种植的质量是由农户的水平决定的。由于杂粮生产地区的农民科技文化素质较低、缺乏商品意识、管理粗放，长期以来又受重“大”轻“小”思想的影响，使得杂粮种质资源引进较少，栽培品种多以农家品种自选、自留为主。由于缺乏良种繁育体系，农民提纯复种、选育优种意识差，品种混杂退化严重，没能发挥品种特有优势，造成许多名优产品优质率和商品率的下降；再加上杂粮产品标准不完善，缺乏从事杂粮科研和推广技术人员，实用技术得不到及时推广和应用，导致杂粮产品品质不稳定、质量差，削弱了产品竞争力，影响了产品的出口。

就目前来看，杂粮质量安全问题是出口存在的最大问题。发达国家的农产品质量安全标准严格，我国杂粮长期存在杂质过多、食品卫生不达标、农药残留物、防腐剂、色素问题等质量安全问题，以至于杂粮出口难以达到国外标准。

（三）加工水平有限

提升杂粮的附加值主要是通过杂粮的再加工。但是，杂粮绝大部分生产地区为欠发达地区，加工技术和装备处于低水平，而且对加工杂粮的生产技术不够重视、缺乏研究和创新，所谓的加工仅是低层次的重复劳动，产品形式单一，包装技术落后，再加上杂粮制成品的保鲜要求高、难度大，使得简单加工的成品难以满足国际市场的需求，附加值得不到有效提升，进而阻碍了整个产业的发展。

（四）出口产业链低端

总的来说，我国杂粮行业在出口方面仍处于国际价值链的低端。由于欠发达地区信息闭塞，外销渠道不畅，在杂粮杂豆产品流通过程中，生产、加工、外销等环节脱节，信息不畅，缺乏市场预测信息，没有固定的销售渠道，往往是在收获季节根据客商要求组织货源，而不完全是按照市场需求安排和组织生产，经常造成有货无商、有商无货的被动局面。

一直以来，我国杂粮杂豆外销渠道特别是能直接出口的渠道较少，企业对杂粮杂豆自营出口认识不够，加上信息闭塞、资金限制、实力不强等原因，拓展国际市场乏力，没有自己的国际销售市场，使我国大部分杂粮杂豆只销往国内或以供货形式由代理企业出口。例如，芸豆新品种的推广一般是根据出口贸易公司需求进行，大面积推广种植的芸豆品种必须在与出口企业合作的条件下进行。

第二节　辽宁杂粮出口行业分析

一、辽宁粮食生产及出口总体状况

杂粮出口产业是辽宁近年来着力发展的重要产业之一。近年来，杂粮作为健康食品，日益受到大众的认知和喜爱。辽宁杂粮产量略有回落，但杂粮出口量依然稳健。通过调研发现，辽宁杂粮出口行业主要是以全国调配资源为主，辅之以稳定的国际市场需求，处于农产品价值链的中端，即专注于杂粮的收购与销售。然而，杂粮收购产地不同造成杂粮品质不齐，再加上杂粮深加工有限，这些问题依然困扰着辽宁杂粮企业乃至行业的成长。

近年来，辽宁杂粮产量整体呈下降趋势。辽宁杂粮产量较低，出口杂粮主要来源于国内杂粮产区。如图 2－7 所示，1978 年以来到 2015 年，辽宁高粱产量呈下降趋势，谷子和其他杂粮总体产量较少，产量波动较为平稳。

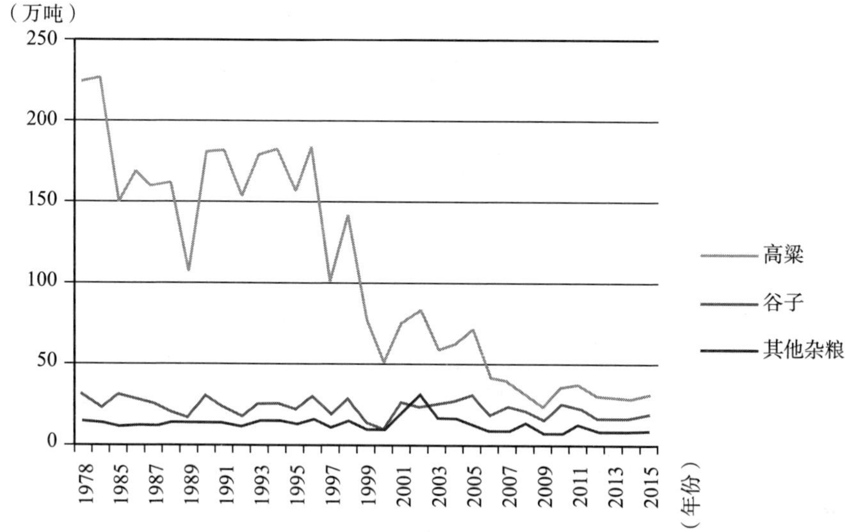

图2－7　1978～2015年辽宁主要杂粮产量

资料来源：辽宁统计年鉴。

除产量外，由图2－8可以看出，2012年以来，辽宁粮食出口额呈现出下降趋势。2015年辽宁粮食出口额为30891.6万美元，同比下降30.4%。这在一定程度上说明，辽宁杂粮出口额近年来也有大幅度下降。

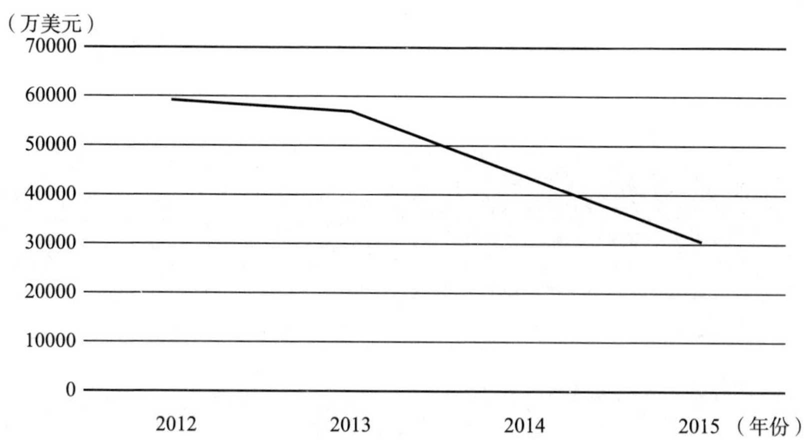

图2－8　2012～2015年辽宁粮食出口额

资料来源：辽宁统计年鉴。

二、辽宁杂粮生产与出口特征

从产业链的角度来看，辽宁杂粮产业上中下游具备以下几点特征：从产业上游来看，生产基地遍布全国；从产业中游来看，深加工有限，产品出口以大包装为主；从产业下游来看，辽宁全省杂粮出口市场范围广，但单个企业市场结构较为单一。

（一）产业上游：生产基地遍布全国

如表2－5所示，辽宁属于我国谷子和高粱的主要产区，其他杂粮产量一般。调研发现，辽宁杂粮行业企业主要通过在国内主要杂粮产区建立生产基地、收购两种方式进行杂粮的生产。在调研的企业当中，薪丰公司的原料采购地主要集中在黑龙江、山西、吉林、内蒙古等地；白桦公司基地位于黑龙江省，基地负责从农户手中收购农产品，最终从白桦公司出口；华恩公司先后在黑龙江、吉林、辽宁、内蒙古等地建立了管理完善的有机农场和加工厂。

表2－5　　杂粮主要产地及出口地一览

主要杂粮	我国主要产地	主要出口国家、地区
芸豆	大白芸豆、大紫花芸豆主要来自云南丽江、大理及四川等地；中小红芸豆、白芸豆、黑芸豆、奶花芸豆多来自内蒙古、黑龙江、山西、河北、新疆、云南、四川等省区	亚洲的印度、日本、土耳其、巴基斯坦、也门，欧洲的意大利、保加利亚、比利时、西班牙、荷兰、葡萄牙，非洲的南非、安哥拉、阿尔及利亚、埃及和美洲的古巴、美国等国
小豆	河北、黑龙江、吉林、陕西、山西等省区，主要名优产品有天津红、宝清红、陕西红、唐山红、东北大红袍等	日本、韩国、马来西亚、菲律宾等国家及中国香港
荞麦	内蒙古、陕西、宁夏、甘肃、山西等省区	日本、韩国、朝鲜、俄罗斯、比利时、荷兰、意大利等国
蚕豆	青海、河北、甘肃、云南等省区	日本、印度尼西亚、也门、泰国、沙特阿拉伯、埃及等国
绿豆	陕西榆林绿豆、吉林白城绿豆、河北张家口绿豆	亚洲的日本、越南、韩国、菲律宾、印度等国家和中国香港，欧洲的荷兰、英国、法国，美洲的美国、加拿大

续表

主要杂粮	我国主要产地	主要出口国家、地区
扁豆	甘肃、宁夏、陕西等省区	印度、巴基斯坦、以色列、朝鲜、比利时、法国、埃及、南非等国
谷子	山西、河北、辽宁等省区	亚洲的日本、韩国、印度尼西亚及中国台湾，欧洲的荷兰、英国、德国、意大利
高粱	山西、内蒙古、辽宁等省区	日本、越南、日本、韩国、菲律宾

（二）产业中游：出口产品以大包装原料为主

辽宁杂粮企业大多以出口大包装杂粮为主，产品深加工有限，这可能会造成企业议价能力弱、产品附加价值较低的状况。长期出口初级农产品会造成经济结构畸形，形成对粮食进口国的高度依赖，进而可能被对方控制或影响，逐步丧失独立自主权。以事实为例，英国作为老牌帝国主义国家，长期以来推行将其遍布全球的殖民地变成其工业原料初级供应来源的政策。如强制印度农民只种植棉花，加勒比岛屿只种植烟草和咖啡，东南亚地区只种植橡胶等。而将高附加值的最终加工环节都收归国内。如此一来，各殖民地对于宗主国形成高度依赖。一旦宗主国拒绝收购农产品，会造成当地巨大动荡，甚至瞬间破产。这种影响至今残留甚深，英国对英联邦国家的影响力仍然巨大。

在调研的企业当中，白桦公司60%的产品为大包装，40%为小包装，并在逐步向小包装产品拓展。总体来说，白桦小包装产品利润高于大包装产品，尤其是对于杂粮而言，国际市场大包装产品的利润几乎透明。

【案例2-1】

小包装杂粮国际化之路难

B公司主要出口的产品是大宗初级农产品，而且是无品牌的。由于大宗农产品面向的不是终端市场，出口之后会进行继续加工之后进入终端市场。再加上初级农产品的差异性小、注册商标有限制等因素，B公司并没有给自己的大包装品牌注册商标。但是，公司的大宗农产品出口在国外客户（经销商）中具有较高的信誉和知名度，客户关系稳定，公司品牌形象优良。

小包装产品有自有品牌，利润可达大包装的三倍，但是难进入欧美终端市场。难进入欧美终端市场主要有三方面的原因：一是中国品牌在国际上的地位低、口碑差，大环境的恶劣是一个企业难以扭转的；二是欧美农产品产业成熟度较高，这些地区自身拥有大量的农产品品牌，品牌历史悠久、知名度高，一个国外的新品牌要想打入市场，和这些成熟的品牌竞争，无异于以卵击石；三是公司直接砍掉中间商进入终端市场，不仅要直接承担巨大的市场风险，还会与现有客户形成竞争关系，给公司树立敌人，得不偿失。

资料来源：笔者根据调研整理。

（三）产业下游：行业市场广，企业市场单一

辽宁杂粮行业下游呈现出总体市场分布广、单个企业市场较为单一的局面。目前辽宁杂粮行业市场主要集中在日韩、东南亚、北美和欧洲。行业内大多数企业属于客户驱动型，即在企业发展初期建立了稳定的客户资源，客户的需求往往决定了企业的发展方向与速度。

这种状况主要由两个原因导致：其一，企业家个人资源和经历，如企业家在创建初期有过相关工作经验，已经形成了较为稳定的客户；其二，客户为了寻求低成本资源，进入国内寻找合作伙伴，通过合资方式创办企业，进而形成了企业的客户资源。

三、辽宁杂粮行业竞争优势

现阶段，辽宁杂粮行业总体已经从国际原材料贸易逐步拓展为国际国内、进口出口“两条腿走路”。在辽宁杂粮行业的发展过程中，已初步具备了杂粮基地、杂粮加工和杂粮销售等方面的优势。

（一）全国调配杂粮基地优势

辽宁杂粮行业发展至今，除辽宁本地以外，已经逐步在全国杂粮主产区积累了一部分自建基地和合作基地。黑龙江、内蒙古、山西、贵州和青海等地都是辽宁的主要生产基地。

广阔的基地资源一方面使辽宁杂粮企业的出口量可以保持稳定，分散了因自然灾害和其他不可控因素而造成的供货不足；另一方面，合作基地的建设也使省内杂粮企业避免了因投入过大而导致的资金周转困难问题。

（二）自然条件适合种植优质杂粮

辽宁杂粮在辽西北地区种植面积最大，占全省播种面积的85%，约有90万公顷。该地区属于干旱半干旱地区，大部分为山地、岗地，远离城市工业污染；同时，长期以来杂粮生产中管理粗放，不施肥，不打药，典型的自然“雨养”农业，为杂粮生产基地的建设创造了有利的条件。

（三）国内外杂粮需求旺盛

从国际上看，杂粮是中国传统的出口创汇作物，每年外销量约1.3万吨，占总商品量的18.8%，主要出口至韩国、日本、欧美等国。随着日本、欧美各国对绿色食品的追求日益增加，中国的杂粮将成为世界绿色食品的主要来源。

从国内来看，人民不再以吃饱、穿暖为生活目标，而是追求怎样吃好，而杂粮以其独特的营养价值及保健功能，备受人们的青睐。因此，杂粮的市场逐年加大，价格也不断上涨，说明在国内市场是很有发展潜力的。

【案例2-2】

高粱的多元化利用

世界上42%的高粱用于人类食用，48%的高粱用于动物饲料。

美国过去主要将高粱用于饲料、宠物食品与乙醇，现在主要研究应用于早餐谷物、休闲食品、烘焙与酿造工业。美国国家高粱生产者协会（NGSP）正在和食品与营养保健专家合作以帮助美国消费者重新认识和发现高粱这种保健的环保型作物。

在非洲与印度，食用高粱已经有数千年的历史，传统食品包括：稀粥、高粱饼、曲奇饼干、糕点、蒸肉丸和高粱芽酒，新型食品包括：早餐谷物、面包、蛋糕、休闲食品、面条等。

日本从美国进口高粱制成高粱粉应用于各种食品中，如休闲食品、烘焙产品、粥、大米替代物与其他食品配料。日本一个最大的休闲食品公司已经利用高粱生产出一种片状高粱食品，并已成功上市。近年来，高粱的综合利用开发在美国引起了高度的关注与兴趣，包括高粱功能性食品添加剂和燃料酒精等。

资料来源：笔者根据相关资料整理。

（四）市场网络较为稳定

辽宁杂粮出口市场以日本为主，随之扩展到韩国、俄罗斯、欧盟、北美等地。日韩市场是辽宁农产品出口的主要亚洲市场。而日本因历史原因，与东北地区的联系尤为密切，辽宁的一些杂粮出口企业是在日本客户的带动下逐渐发展起来的，如辽宁白桦粮谷有限公司，其前身就是由日本三菱公司为提升日本食品安全而专门成立的。而日本对于东北大豆等粮谷的口感也已经非常熟悉。这些条件对辽宁杂粮的主要出口市场日本有着重要的作用。此外，辽宁拥有大连、丹东、锦州、营口、盘锦、葫芦岛六大港口，在海路运输上也有着十分便利的条件。

四、辽宁杂粮行业潜在风险

（一）品种混杂退化严重

辽宁出口杂粮主要来自全国杂粮主要产区。由于长期以来忽视加工业对农产品品质和品种的要求，栽培品种多以农家品种为主，而且长期自己留种，相互串换，失去特性。新品种推广速度缓慢，并不注意进行提纯复壮，品种混杂、退化严重，造成一些名优产品质量下降，优质率和商品率低下，在国内外市场缺乏竞争力。杂粮资源的质量不高、专用性差等问题，导致了适合企业深加工要求的优质专用原材料短缺，直接影响了农产品制成品的质量和知名品牌的开发。同时，由于杂粮生产主要分布在我国中西部地区，农户数量多、规模小、生产分散，农业产业化集中程度低，专业化进程缓慢，原料基地无法形成规模，因此，杂粮加工业的发展受到了很大限制。

（二）杂粮深加工有限

深加工属于硬能力，从总体发展看，我国杂粮加工技术开发工作起步较晚，普遍存在的问题是产品科技含量和附加值低、生产企业设备简陋、缺少新技术支撑。在以家庭作坊为主的加工过程中，只能提供低档次食品，保质期短，市场占有份额少，导致规模较小，整体效益不高。

由于辽宁乃至国内目前没有形成规模的杂粮加工企业，所以难以实现大规模乃至集约化生产，大多数只能停留在初级加工上，形成生产点分散、规模小、工艺落后、产品质量差的特点，硬能力不足严重影响和制约了杂粮产业的发展。

（三）杂粮出口企业规模小，品牌杂

现阶段，辽宁大多数企业处于小规模分散经营状态，品牌杂、小、弱，虽然形成了一定的规模，并取得了较好的经济效益和社会效益，在国际市场也有了一席之地，但杂粮科研、生产、出口尚未形成一体，产销分割，而且缺乏有效的生产组织和管理，生产盲目性大，缺乏市场竞争能力。此外，由于缺乏必要的商品意识，常因质量问题而遭受巨大损失，难以创建知名品牌和形成整体优势，软能力的限制影响了杂粮的产业化发展。

目前我国的杂粮发展在产业政策、种植品种和技术及研发方面都还不够完善。国际上，加拿大、美国、澳大利亚等国的杂粮产业都发展得比较好，消费也都比较成熟，豆类的杂粮，每个月人均消费量超过 1000 克，尤其是印度有不少素食主义者，其一个月食用杂粮的数量能达十几千克。他们有专门的杂粮协会来组织和带动杂粮的产业化发展。而目前我国对杂粮的发展还不是特别重视，对杂粮没有任何的种植补贴和保护价，使农民的种植积极性受挫。

（四）企业用工难度逐年加大

用工问题也是杂粮行业面临的主要风险之一。农业领域以“青壮年短缺、季节性失衡、区域性失衡、总量过剩与结构性短缺并存”为特征的用工荒问题也是辽宁乃至东北地区不得不面对的问题。

受新生代农民工受教育水平高、职业期望高等因素影响，传统的“思乡念土”观念发生转变，思考问题和行为方式逐渐理性化、经济化。与在家务农相比，外出打工工资收入更高、生活环境更好。随着大量青壮年劳

动力的转移，农村中只剩下老人、妇女和儿童，而在农业生产的过程中更需要青壮年劳动力。由于杂粮加工工厂灰尘多，环境较为恶劣，工人难留，尤其是年轻的工人更不倾向于到工厂工作。

（五）融资贷款难度大

根据调查显示，杂粮行业中，企业需要投入大量资金进行杂粮收购和基地建设，然而客户在检验货物无误的状况下，才会将尾款支付给杂粮企业。由于自有资金匮乏，目前大多数杂粮出口企业融资在很大程度上依赖于外源融资，特别是金融机构贷款。由于各家银行的市场定位及过去的专业分工不同，对中小企业提供贷款的状况差异较大。

对于商业银行而言，向中小企业贷款涉及较高的经营成本和交易成本。其贷款频率平均为大中型企业的5倍，贷款额约为大中型企业的5%，而每笔贷款的发放程序、经办环节大致相同，致使银行经营成本大大提高，而贷款利率上浮幅度有限，难以补偿成本上升和风险加大的损失，银行从自身效益考虑，不愿和中小企业打交道。

第三节　辽宁杂粮出口行业优势提升

一、行业上游：注重产品品质，加强基地建设

（一）生产基地建设与管理制度化

制度是单位能够有序运行的强有力保障，一个基地也需要制度，更需要尽可能完善的制度。因为基地工作风吹日晒、繁重辛苦，工作时间灵活多变，工作业绩难以考量等，所以需要更完善的制度进行约束、规范、指导和激励。因此，依据基地具体实际情况，应制定《基地职工日常管理规定》《基地例会制度》《保安管理规定》《基地职工工作考核办法》《财务管理办法》等规章制度。管理制度需完善，更需要人人执行。不应该让管理制度仅飘在墙上、挂在墙上，每个工作人员都要把制度和方案变成行动，把行动变成结果，从而保质保量按时完成任务。

（二）基地建设管理科学化

农业基地建设是联系理论和实际的实用方法，示范推广正确的理论和

技术，提高农民的生产效率和生产水平，不断完善，详细记录其中的缺陷和不足，通过与实践反复验证，最终得出更科学、更可靠的结果，方可更好地指导生产。

管理科学化，要根据职工的工作能力、工作经历、工作特点等安排其负责相应的工作。明确职责分工，有效监督考核，奖罚分明，提升管理水平。

现代农业的发展要依靠先进的科学技术，基地就要起到表率作用，展示科学技术的应用，如新型品种、营养诊断精准施肥技术、科学灌溉及保水技术、病虫害综合防控技术、间作技术、栽培技术等。其次，要保障基地科技展示窗口和科技转化平台的实现，促进农作物新品种、新技术和新药物的推广，改善基地土壤理化性质，提高土壤肥力，将病虫害的药物防控与绿色防控相结合，提高生态效益，促进基地资源的合理有效配置。

基地建设还要依据实际情况，如基地的规模、经费、地域特点、气候条件、种植结构、技术特点等，开展多元化经营。以基地先进科技为依托，可以提供技术咨询、技术服务、技术培训，为其他部门或企业提供技术支撑；根据基地所处的地理位置，有山有水，环境优美，地方特色浓厚，可以考虑休闲、观光、娱乐、度假、养殖等新型农业发展模式。

（三）基地建设与管理人文化

基地管理内部要公平、开放、充满活力，沟通顺畅，决策快速、有效。及时肯定基地人员在基地中的主体地位，按制度及时奖励基地人员在工作中的贡献。走群众路线，想员工所想，急员工所急，充分尊重基地人员的劳动和建议。鼓励职工申请课题，以基地为依托，提高自身的科学水平。事业的发展与个人的发展同步进行，这就激发了基地人员的主人翁精神，真正让员工以基地为家，以基地人员为家人，相互理解，相互支持，形成一个善于团结、敢于担当的团队，这样的团队会发挥个人的积极主动性，发挥自身最大潜力，把工作做得更好。基地人员心往一处想，劲往一处使，势必会提高基地建设和管理水平，这样才能更好地发挥基地功能。

二、行业中游：发掘辽宁优势，促进杂粮深加工

目前，辽宁已经拥有一批杂粮综合加工产品，包括建平的绿珠米业、北票的塔星米业、朝阳的晶帅米业、喀左的阳光米业、凌源的芝麻粮米业等地方品牌，各具特色；朝阳县的“大石坝”小米、龙城区的“燕都丰

源”“皇殿”杂粮、北票市的“龙鸟”“巨龙”“金谷”杂粮等，尤其是建平的“绿珠”“神州”杂粮精品已扩展成7大系列30多个品种，逐步形成了朝阳杂粮的区域特色。

在辽宁杂粮出口行业中游，争取加快杂粮食品加工技术的开发，形成成套的杂粮加工技术，为开发有特色的杂粮工业化食品提供技术保障。开发特色杂粮产品，强化杂粮的保健功能。针对市场需求，利用我国杂粮优势，针对不同的消费群体，开发具有辽宁特色的杂粮工业化食品。其次，提高杂粮食品的品质改良。大多数杂粮都具有口感较差的缺陷，这也是制约杂粮消费的一个重要因素。辽宁需要研究开发有效环保的加工体系，利用农产品原料制造高品质增值产品。

要把杂粮的初、深加工同杂粮生产紧密联系，充分利用现有农产品加工设备和技术，用现代技术改造传统的杂粮食品加工工艺，实现工厂化生产。要因地制宜地开发杂粮系列产品，努力将优质杂粮产品变成集方便、营养、保健于一体的大众产品，进一步扩大杂粮加工产品的出口，以提高杂粮的经济效益和社会效益（见图2-9）。

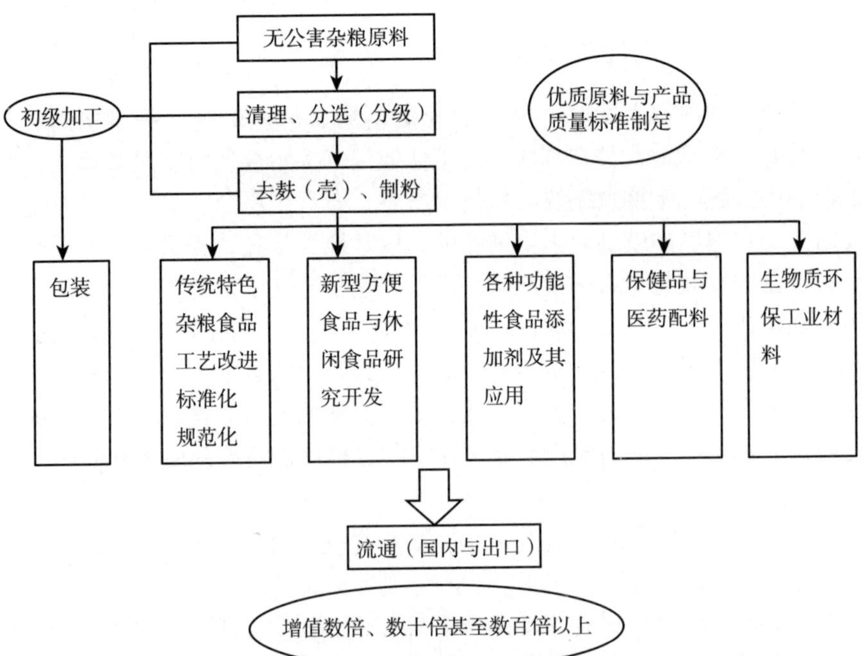

图2-9 杂粮深加工路线

【案例2－3】

国内杂粮深加工范例

我国目前有一批杂粮加工企业与科研机构正致力于深加工产品的开发，并取得了很大进步。如山西寿阳民生粮油有限公司开发的荞麦营养专用粉、苦荞茶与荞苷素，四川凉山彝家山寨绿色食品厂开发的荞麦酱油，贵州赫章县黔丰荞业有限公司开发的苦荞三高谊麦片、苦丁茶，甘肃定西开发的杂粮方便面，等等。四川省开发出的荞麦系列产品，如苦荞营养粉、苦荞疗养粉、苦荞芝麻羹、苦荞面条粉等，深受顾客青睐。至今为止，获得卫生部批准的苦荞保健食品共有十一种，包括苦荞降糖茶、阿尔法苦荞营养面、阿尔法苦荞降糖粉、袋泡茶、速食粉、颗粒粉、阿尔法苦荞降糖饼干、苦荞保健醋、降脂茶与三消灵胶囊等，这些产品主体上也是以初级加工为主。国内一些燕麦加工企业如山西金绿禾生物科技有限公司等已经开发出燕麦益生乳、燕麦纤维、燕麦D—葡聚糖胶囊等产品。我国高粱食品种类很多，做法、食法也很丰富。根据原料和做法，可以把高粱食品分成三大类，即米制食品、面制食品和膨化食品，但这大都是采用红高粱加工而成，由于丹宁酸含量高，口感差，而且工艺简陋，很难实现产业化。杂豆的深加工利用主要是粉丝、油炸豆、豆瓣酱等传统产品。

资料来源：笔者根据相关资料整理。

三、行业下游：稳固国际市场，提升产业优势

稳定的市场资源是促进农产品出口企业成长的要素，也是行业发展的“命门”。辽宁杂粮出口市场主要集中于日本、韩国、东南亚、北美和欧盟等国家和地区。为稳固国际市场，辽宁杂粮出口行业需要注重以下几点：

1. 杂粮生产的规模化和标准化

产品质量是农产品出口的根本，是辽宁杂粮出口的瓶颈，也是机遇。农产品生产的规模化和标准化，是农业现代化的标志。

一方面，传统杂粮生产由于经营规模的狭小和经营方式的落后，杂粮生产所需的资金、技术、资源的短缺，严重地阻碍了杂粮的产业化发展。当前，实践界和理论界提出了不少解决办法，其中，比较有代表性的是规

模收入模式，指不断地扩大农产品生产的规模，以大规模的农产品生产取代小家庭的、个体的和超小规模的农产品生产，使农产品生产由传统形式向现代化过渡，以解决农产品生产的成本高、效益低的问题。而规模收入应以价格收入为前提，即以农产品的市场化为前提。农产品的价格与价值的相符，是在农产品生产规模不断扩大、效益不断提高的基础上实现的。但是，我国杂粮生产还不具备迅速地由传统的自然形式向商品化过渡的能力，也不能迅速地向大规模的集约化经营转变。因此，在杂粮逐步市场化基础上走规模发展的道路，比较符合辽宁的杂粮出口行业的实际情况。

另一方面，杂粮生产的标准化问题。辽宁杂粮的生产与营销应加强标准化管理，实现杂粮生产和营销的规范化、标准化。要考虑杂粮的生产便于运输和储存、要具有可追溯性，可以从零售点追溯到生产的源头，这就需要运用其他各类学科的知识并借鉴工业生产企业的质量管理经验。

2. 杂粮出口的品牌化

消费者对农产品的购买和消费选择需要有容易识别的标志，这一标志只能是品牌，而不能是哪一个国家的质量标准文件号或绿色食品标记。品牌经营是指将品牌视为独立的资源，并以此为主导，来关联、带动、组合其他资源和资本，从而取得最大经济和社会效益的一种经营活动和经营行为。杂粮品牌是杂粮生产者或经营者整合当地经济因素、社会因素和文化因素等要素给自己产品确定的具有个性特色和竞争优势，并能与社会经济发展和市场需求相适应的名称和标志的组合。辽宁杂粮的品牌化尚处在起步阶段。虽然有的产品在国内外享有一定的声誉，但规模不够，市场优势不足，未能产生名牌效应。从世界农产品品牌的成功经验看，“先有规模、后有品牌、规模支撑品牌”的发展形式较多。

由于杂粮生产本身的特点和现实条件的限制，辽宁杂粮的品牌塑造有相当的难度。一是品牌塑造主体的分散性。杂粮品牌开发以规模小、杂、弱且经营分散的农户为主要依托，难以形成品牌合力。二是品牌塑造过程的艰巨性。从生产条件看，杂粮对自然环境的依附性较强，许多品牌产品依赖于独具的地域特征，离开了这些自然条件，杂粮品牌就无从依托，农产品的品质不稳定。现有杂粮基本上停留在粗加工上，精深加工产品、二次增值产品少，高科技产品更少，杂粮品牌科技含量低，需要通过农业生产规模化、标准化来改变。三是品牌塑造的制约性。品牌知名度和美誉度的提高是品牌价值得以实现的必要前提，这一切都离不开各种形式的宣传。由于杂粮单位价值较低，需求价格弹性较低，品牌效益短期内难以显现，品牌认知和识别困难，品牌塑造费用投入大、见效慢，这也是制约辽宁杂粮品牌快速成长的重要原因。

3. 杂粮出口行业主体的组织化

作为辽宁杂粮出口行业，走向完善和成熟的标志是规模化、组织化、企业化，这是节约杂粮出口渠道交易费用、增强竞争优势的必然选择。杂粮出口要实现高效、安全、有序的运行目标，要求辽宁杂粮出口行业必须高度的组织化。

辽宁杂粮出口行业组织化主要包括：第一，农户的组织化。单个农户由于力量的约束不能与市场相抗衡。农户可以通过共同生产、共同销售、技术与服务共享等实现联合；第二，龙头企业的重组合并。当前，辽宁现有的龙头企业一般规模较小，竞争力不强。各地区大企业要重组企业内部相关业务，抓精放弱，使企业经营自己的强项；对小弱的企业应予以合并，扩大企业的覆盖面和业务范围，促进龙头企业竞争力的全面提升。第三，销售商的重组合并。辽宁现有农产品的销售商数量多、规模小并且竞争力低。重组、合并农产品销售机构不仅能提供高质量的产品，更要提供高质量的营销服务。

4. 杂粮出口过程的信息化

杂粮出口过程的信息化是指利用网络信息和电子化技术对杂粮出口内部主体构架和内在联系的渗透。信息化是现代营销特点之一，即在杂粮出口过程中要应用、普及互联网，建立电子信息处理和传递中心，以便将信息准确、及时地传递到需求者手里。

第一，农户和合作组织建立、普及电子信息处理与处理中心，通过合作组织获得市场信息，加强与市场的联系，合作组织可以作为一个信息节点向分散的农户提供准确的市场信息；第二，龙头企业通过信息了解市场对产品的需求状况，还可以通过信息渠道了解农户的生产情况，综合二者就可制定相对准确的企业生产和销售策略；第三，物流中除用信息为自身业务服务外，还可了解企业和销售结构的信息，并能为他们的生产和销售提供指导；第四，销售商及连锁超市与顾客联系最为紧密，更容易掌握市场的动态，并能将相关信息反馈给中间商，进而传递给合作组织和农户。

实现辽宁杂粮出口的信息化必须做到：第一，信息基础设施的建设。信息基础设施包括渠道组织收集、处理及管理信息的计算机、相关的工作人员、工作用具及相关场地等；第二，信息平台及信息网络的构建。信息平台及网络的构建是农产品营销渠道过程信息化的关键。批发市场由于业务的需要，信息最为丰富，可以作为信息平台的中心。以批发商市场为信息枢纽，信息向生产领域和销售领域扩散形成信息网络；第三，信息收集、处理、传递及管理。为使信息准确并能在农产品营销渠道中顺畅流通，渠道组织应尽可能地通过各种手段和方式收集信息，让专业的人员对收集的信息进行处理以提高信息的质量和实用性。并且将整理后的信息在渠道中形成互动，即信息能够双向流通。

5. 杂粮出口结构的合理化

基于营销渠道设计理论，农产品营销渠道结构优化应实现在长度、宽度、广度三个方面的合理化，才能达到优化目标。辽宁杂粮出口结构的优化应该体现在长度的扁平化、宽度的适度化和广度的多元化。长度的扁平化是指随着营销主体组织实力与规模的强大和配套设施的现代化水平的提高，杂粮从生产领域进入消费领域的中间环节应逐步减少。宽度的适度化是指具体杂粮出口会由于产品的特点、生产者的实力、市场分布的不同，以及竞争环境的变化选择不同的营销渠道宽度，以使农产品能够准确覆盖市场，提高市场占有率，真正满足市场对农产品的需求。广度的多元化是指具体的杂粮出口在路径选择上的多元化，根据生产者的实力、销售市场的不同和营销方式的变化形成多样化的选择。

6. 杂粮出口交易的规范化

辽宁杂粮出口需要采用新的交易方式，以提高交易效率。交易方式除传统方式外，还可以采用拍卖交易、仓单交易、远程合约交易、网络交易、期货交易等方式。交易形式优化的前提是规范化，现阶段辽宁杂粮交易呈现出市场秩序混乱、法律法规欠缺、无法可依的特点。由于没有健全的法律法规规范和保障，杂粮的市场交易管理混乱，从产品收购到批发，垄断市场，强买强卖，扰乱正常交易秩序，损害农民和消费者利益。

有序的市场、规范的交易行为，是杂粮出口高效运行的必要保障。要形成有序的市场和规范的交易行为，首先必须建立科学合理的市场准入制度。合理的市场准入制度包括两个方面。一是市场主体的准入，即限定农产品经营者进入市场的资格；二是商品的准入，即统一进入市场的农产品的标准。其次是建立完善的市场监督制度。加强对市场经营主体的监督，规范其交易行为。

7. 批零市场的功能化

需要提升农产品批发、零售市场的功能，使批零市场具备信息导向、需求沟通、交易撮合、价格形成、订单管理、物流组织、计划协调和货款结算八类功能；由单一的对手交易向对手、拍卖等多种交易方式转变，推动订单农业和产销直接见面等方式，推行电子结算机制；拓展市场形态，由单一有形市场向有形和无形市场相结合的综合形态发展。必须对现有的农产品批零市场进行升级改造，推进农产品标准化建设和规范化管理，提高交易效率，提升市场层次。农产品营销渠道优化必须要逐渐建立以超市连锁经营为主体、以农贸市场为辅助形式的农产品零售终端系统。

8. 物流配送的高效化

杂粮物流配送将逐步形成以满足消费者需求为目标，把制造、运输、销售等环节全盘加以考虑的一种战略方向。它涵盖了杂粮从生产到出口的全过程，包括农产品的运输、仓储、装卸、包装、加工整理、配送、信息处理等活动，形成整合的结构，实现规模管理的优势。更重要的是，在计算机网络和信息技术的支撑下，杂粮物流配送能够应用先进的组织方式和管理技术，将原来分离的商流、物流和信息流紧密联系起来，形成一条完整的供应链，从而成为降低产品消耗、提高出口效率的重要保障。实现杂粮出口物流配送系统的高效率，需要政府的积极引导和物流企业的积极配合。

9. 杂粮出口行业关系的合作化

传统的杂粮行业间是松散型渠道关系，杂粮行业内企业之间产权独立、利益独立、风险各担，往往由于某些自身的利益冲突而造成整个行业内部流通不畅、信息中断。松散型渠道关系不具备组织系统的实质特征，而只是在某个特定的时间、地点，针对某一特定的商品形成的临时性交易关系。由于缺乏有效的监督、控制机制，渠道的稳定性与安全性完全依赖于渠道成员的道德自律。在市场经济条件还不完全成熟、社会信用制度不健全的情况下，这种自律的安全系数实际上很小，孤立的关系已越来越难以满足农业发展的需要。辽宁杂粮出口行业必须着力巩固与上下游组织之间的关系，建立行业内部“利益共同体”，以互信互利、双赢为基本思想。在这样的行业关系中，企业之间由交易对象变为合作伙伴，通过关系投资将双方结成一个利益共同体，共同致力于长期发展，这种渠道关系本质上是辽宁杂粮行业之间的一种合作或联盟。

第四节　壮大杂粮出口行业的政策建议

一、辽宁杂粮品牌建设

随着2016年年初中国杂粮交易中心基地、跨境电子商务与保税物流基地、跨境电商商品展示与贸易服务中心、国家级杂粮工程技术中心、科技孵化器落户辽宁，辽宁有望成为最具影响力的国际杂粮产业化合作工程技术研发中心、杂粮产业化基地、国家级农产品“双创基地”、第三代现代农业物流中心。

辽宁作为全国杂粮出口的“中转站”，在未来应着力打造辽宁杂粮区域品牌，做好全国杂粮生产企业的“服务者”和“支持者”。争做贸易知识全面、港口地位关键、配送体系良好、企业竞争能力强劲、交易体系高效的杂粮出口大省。

【案例2-4】

荷兰缘何成为农产品出口大国？

据WTO统计，2015年美国为全球最大的农产品出口国（1820亿美元），其次是荷兰（1120亿美元），再次是德国（1010亿美元）。另据欧盟统计局数据显示，随着美国农产品出口下降，荷兰与美国之间的差距在不断缩小。

荷兰是个地形非常独特的国家，其领土面积很大部分是通过围海而形成的，因此，其地势低洼，27%的土地和60%的人口位于海平面之下；每平方公里人口密度为487人，是世界上人口密度最高的国家之一。荷兰各港口，特别是鹿特丹港，是北海和莱茵河区域具有战略意义的交通枢纽，长期以来荷兰人一直具有从事所有商品贸易、出口和配送的传统，港口贸易所创造的产值目前约占国内生产总值的2/3，因此，该国在全球粮食贸易领域享有十分重要的地位。

荷兰土地面积不大，农田面积也有限，但这并不妨碍荷兰成为世界农业贸易大国。荷兰土地总面积约为370万公顷，其中，190万公顷（即占52%）为农田，占欧盟农田总面积的1.2%。贸易知识全面、港口地位关键、配送体系良好、企业竞争能力强劲，以及交易体系高效，是荷兰成为一个令人向往的农产品贸易与加工市场的基本因素。

资料来源：笔者根据相关资料整理。

二、财政、金融、风险管理政策

（一）加大对特色杂粮产业发展的财政支持力度

政府应在特色杂粮良种繁育、基地建设、病虫害防治、质量标准、检疫、科技教育、技术推广、市场等基础性、公益性项目上加大投资力度，尤其是对特色杂粮优势农产品布局区域的投入力度。

（二）扶持优势产业和产品

计划、财政、银行、农业开发、扶贫等部门要集中各种涉农资金，统筹运用，着力加大优势产业、优势农产品的投入，布局区域基础设施建设投入，改善农业生产条件。

（三）加强风险防范，建立特色杂粮生产、加工的保险制度

政府要从农业基金、扶贫基金等费用中设定一定比例作为特色杂粮生产风险基金，以减少自然灾害、市场变化对农民所造成的损失，保证农民和生产经营者有稳定的基本收入。

三、补贴政策

首先，实施特色杂粮良种补贴。资金主要用于优质专用特色杂粮品种改良、引进、筛选、开发和推广，优异种质资源的搜集、整理、筛选、鉴定与利用，尤其是野生资源的搜集整理与保护，加快优势特色杂粮新品种选育和配套栽培、加工技术研究，对农民使用优良品种进行适当补贴，促进特色杂粮产业的快速发展。

其次，实施农用机械补贴政策。主要用于特色杂粮生产过程中新型农机具及配套设备的研制、购置补贴。

最后，实施特色杂粮运输补贴政策。通过运输补贴，减少运输费用，降低流通成本，提高特色杂粮的市场竞争力，如新疆奶花芸豆品质优势，但是销售运输费用较高。

四、科技支持政策

加大对特色杂粮的科技支持力度，建立特色杂粮科技展示园区。辽宁要增加特色杂粮资源开发、品种选育、有机产品生产等方面的投资力度，加快科技成果产业化；加强对产区农民的职业技术培训。

进一步开展良种开发和推广行动，搞好种子工程建设，加强良种繁育基地和良种加工设施的建设，逐步建立大宗农产品良种的推广补贴制度，5 年内力争全省粮油等主要农产品的生产用种更新两次。大力开展重点科技实施行动，组织科技攻关，推进农业生物技术、基因工程、发酵工程、农产品精深加工等高新技术研究。抓好“丰收计划”和“星火计划”，配套组装、推广重大农业科技项目与实用技术，开发引进一批农业高新技术，抢占世界农业科技制高点。加快农产品加工技术和综合利用技术的开发和推广，提高农产品附加值和经营效益。稳定农业技术推广体系，强化“四位一体”、秸秆气化、水果套袋等高效实用技术的推广。推进农业科技体制改革，重点扶持具有一定优势的科技创新主体，逐步建立起分别承担经营性服务和公益性职能的农业技术推广体系。推进科技示范，通过建立科技示范区、示范园，推动农业新技术普及应用，促进成果转化。普及科技培训，实施“绿色证书”工程，开展科技之冬、科技之春活动，提高农民的科技水平。

五、产业化政策

（一）加快龙头企业成长步伐

要加大对龙头企业的扶持力度，通过扶植、引进、靠强等办法，兴办一批大规模、高水平、外向型、强带动的龙头企业。鼓励企业以资金、技术形式参与基地建设、生产加工以及市场销售等方面的开发。通过产业化龙头企业，带动优势特色杂粮产品、产区的发展壮大，积极发挥他们在开拓市场、引导基地、加工增值、科技创新、标准化生产等方面的带动作用。

（二）加强市场信息服务体系建设

由于杂粮产业链属于分段管理，行业割据严重，导致出现许多问题，因此，建议加强杂粮生产、科研、推广、加工、出口的协作，理顺各方面的关系。加强行业自律，建立处罚制度，规范企业行为。同时，海关、商贸和农业部门要重视国际杂粮市场的研究和分析，积极为生产企业提供国内外市场信息，进一步促进辽宁杂粮产业的发展。

积极培育购销大户和经纪人队伍，大力发展农民专业合作经济组织，积极引导、扶持和发展由农民自愿组织起来的专业协会、产销服务队、专业合作社、经联社等多种形式的农民专业合作经济组织，逐步建立以农民及其合作经济组织为主体的农业社会化服务体系，提高农民组织化程度，积极引导农民进入市场，逐步形成一个以大型批发市场为龙头、区域性特色专业市场为骨干、农民购销队伍为补充的集贸易市场和分布合理的购销网点为基础的市场网络。要不断创新农户与经营组织之间的利益连接机制，延长产业链条，走小农户、大基地和小规模、大群体的路子，通过产业化经营，带动优势特色杂粮产品、产区的发展壮大。同时，提高特色杂粮产品信息服务水平，不断拓展国内外市场，建立功能齐全、反应敏捷的优势特色杂粮产品进出口预警系统，及时为农民提供生产和贸易信息。

（三）加强基地建设

要根据优势区域布局的要求，着力建设一批有规模、上档次的优质特色杂粮生产基地。基地建设要坚持高产量、高质量、高效益相结合的原则，以提高质量和效益为中心，使优势产区真正成为农业产业化的先导基地。

（四）强化科技培训，加大先进适用技术推广力度

要对农业产业经营者和农民进行一定的培训，提高他们的科学文化素质；要培养一批专业知识过硬的农业科技人员和管理人员；要进一步建立健全特色杂粮优势区域农业科技培训网络，实施多层次、多形式、多内容的农技教育。与此同时，要继续推进农技推广体系改革，创新推广机制和

方式，加大行之有效的先进适用技术推广力度，面向优势特色杂粮产品生产、加工、销售全过程，有针对性地推广一批成套技术。在深入实施种植业结构调整的进程中，政府应把特色杂粮作为优势产业来抓，因地制宜地发展名优特色杂粮规模生产，同时注重提高特色杂粮的单产水平，预期从生产效率和规模上加强特色杂粮生产的综合比较优势，建设一批具有辽宁特色的杂粮品牌。

第三章

果蔬产业竞争力与企业成长

了解全国果蔬生产和出口状况，有助于辽宁果蔬出口行业的发展与成长。第一节介绍了全国果蔬的生产和出口状况，通过梳理全国果蔬生产状况、关注果蔬出口来找到制约国内果蔬出口行业的主要因素。第二节从辽宁果蔬生产与出口状况出发，总结了该省果蔬生产与出口的特征、行业竞争优势及出口过程中存在的问题与风险，以期在价值链上提升果蔬行业竞争力提供数据和理论支持。第三节站在价值链角度，为果蔬行业上中下游提出了建设性意见。第四节建议辽宁政府应当从五个方面对果蔬出口行业和企业提供支持和帮助。

第一节　全国果蔬出口格局

一、全国果蔬生产状况分析

（一）全国水果生产状况

中国地处寒温热三带，自然条件优越，水果资源丰富。我国果树栽培历史悠久，资源丰富，水果和干果品种达千余种，是果树起源最早、种类最多的原产地。

近年来，全国水果生产状况发展态势良好，种植面积逐年提高，主要水果如苹果、梨、香蕉和柑橘的产量也大幅提升，水果单位面积产量也略有上升。

1. 种植面积逐年提高

如图 3－1 所示，从 2005 年起，在我国的水果当中，苹果和柑橘的种植面积相差不大，2008 年柑橘种植面积超过苹果，第三位是梨园，其次是葡萄园、香蕉园及其他果园。

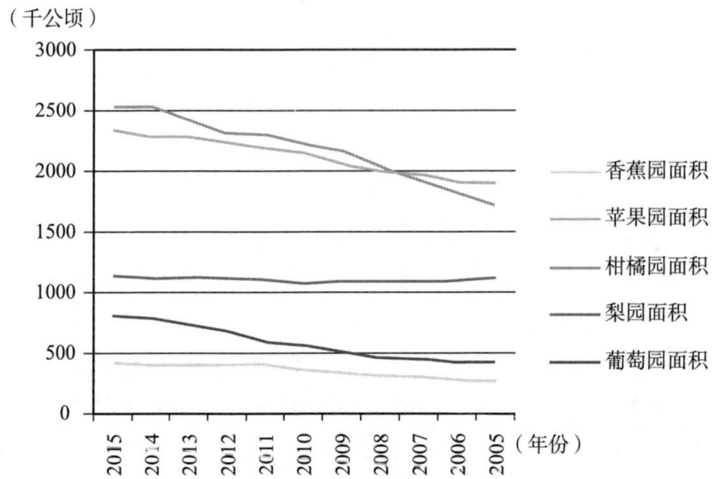

图 3－1　2005～2015 年水果种植面积变化

资料来源：中国商务部。

2. 主要水果产量大幅升高

如表 3－1 所示，我国主要水果如苹果、梨、柑橘和香蕉的产量从 2005 年开始有大幅提高。截至 2014 年，全国产出的水果中苹果产量居第一位，其次为柑橘、梨和香蕉。

表 3－1　2005～2015 年我国主要水果产量　单位：万吨

年份	香蕉产量	苹果产量	柑橘产量	梨产量
2005	651. 81	2401. 11	1591. 91	1132. 35
2006	690. 12	2605. 93	1789. 83	1198. 61
2007	779. 67	2785. 99	2058. 27	1289. 5
2008	783. 47	2984. 66	2331. 26	1353. 81
2009	883. 39	3168. 08	2521. 1	1426. 3
2010	956. 05	3326. 33	2645. 24	1505. 71

续表

年份	香蕉产量	苹果产量	柑橘产量	梨产量
2011	1040	3598.48	2944.04	1579.48
2012	1155.8	3849.07	3167.8	1707.3
2013	1207.52	3968.26	3320.94	1730.08
2014	1179.19	4092.32	3492.66	1796.44
2015	1246.6	4261.3	3660.1	1869.9

资料来源：中国商务部。

3. 单位面积产值略有上升

如图3－2所示，从2005～2014年，我国水果单位面积产量呈明显上升趋势，但上升幅度不大。草莓单位面积产量最高，其次分别是甜瓜、西瓜和其他瓜类水果。

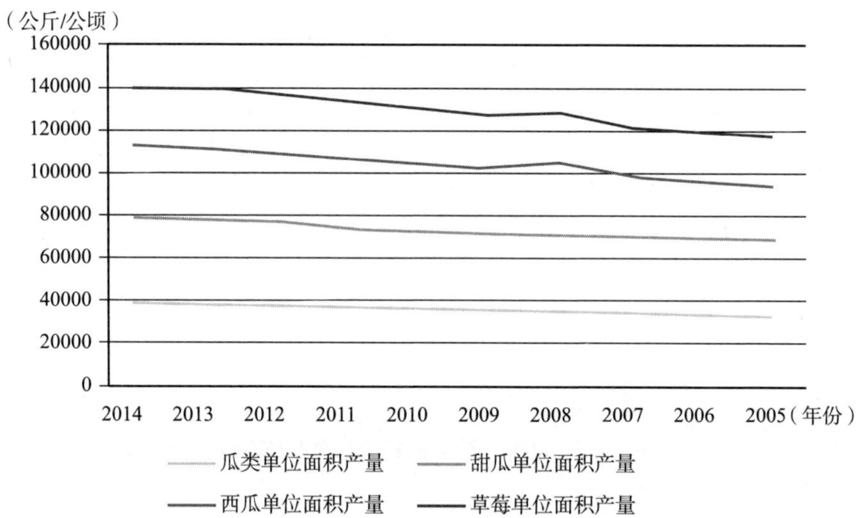

图3－2 水果单位面积产值

资料来源：中国商务部。

（二）全国蔬菜生产状况

我国领土辽阔，自然条件复杂，植物资源十分丰富，还从世界其他地区引入了多种作物加以改良，更丰富了作物的种类。现在我国栽培的蔬菜作物很多，原产和引进大体各占一半。其中，起源于我国的蔬菜主要有大豆、竹笋、山药、草石蚕、东亚大型萝卜、牛芬、李莽、莲藕、菱白、蒲菜、慈姑、菱、芋、百合、白菜类、芥蓝、芥菜类、黄花菜、觅菜、韭、葱、燕、葛笋、筒篙、食用菊花、紫苏等。

中国蔬菜资源的丰富为世界上所罕见，并为世界蔬菜生产作出了一定的贡献。近年来，我国蔬菜播种面积逐年上升，产量大幅提高，单位面积产量也有所增加，具体情况如下所示：

1. 播种面积扩大

如图 3 – 3 所示，从 2006 年开始，我国蔬菜播种面积开始稳步上升，截至 2015 年，全国蔬菜播种面积从 2006 年的 16639 千公顷上升到 2015 年的 22000 千公顷，涨幅达 32. 22% 。

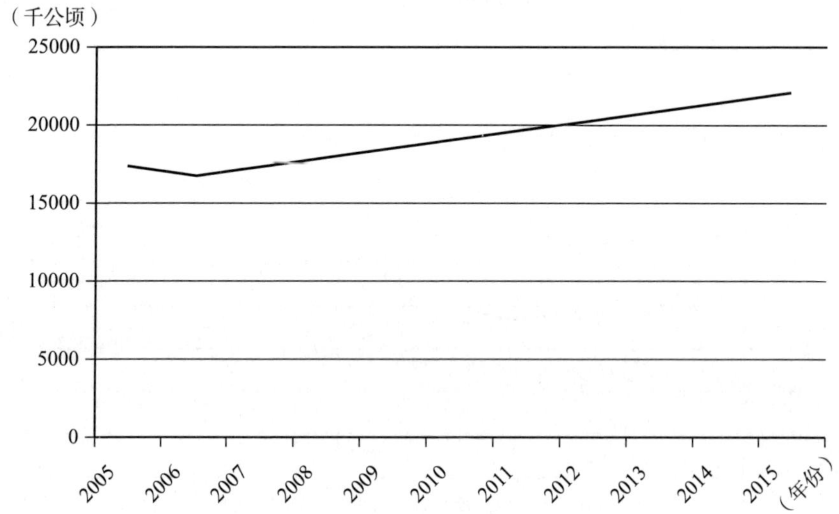

图 3 – 3　2005 ~ 2015 年我国蔬菜播种面积

资料来源：中国商务部。

2. 产量大幅升高

在蔬菜产量方面，除 2005 ~ 2006 年，受播种面积影响，蔬菜产量有小幅下降；从 2006 年开始，全国蔬菜产量一直处于持续稳定的上升状态，2006 年全国蔬菜产量为 53953 万吨，2015 年全国蔬菜产量达 78526. 1 万吨，涨幅达 45. 55% （见图 3 – 4）。

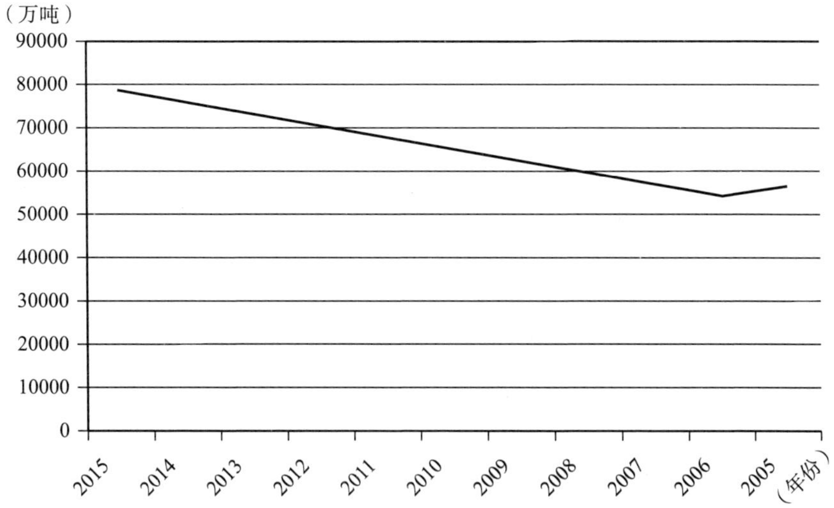

图 3-4 2005~2015 年我国蔬菜产量

资料来源：中国商务部。

3. 单位面积产量增加

如图 3-5 所示，近年来我国蔬菜的单位面积产量涨幅较大，2005 年，全国蔬菜单位面积产量为 31856 公斤/公顷；截至 2014 年，全国蔬菜单位面积产量增加到 35508.6 公斤/公顷。

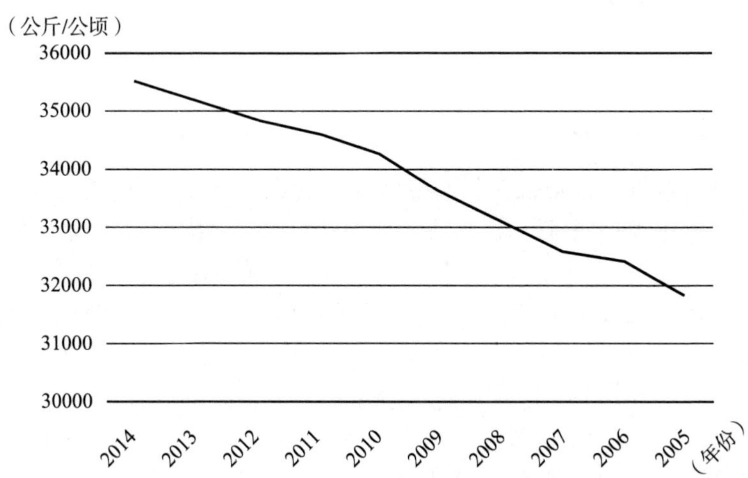

图 3-5 2005~2014 年我国蔬菜单位面积产量

资料来源：中国商务部。

二、全国果蔬出口状况分析

我国是果蔬生产大国，也是出口大国。从果蔬出口产品结构来看，保鲜或冷藏果蔬、冷冻果蔬蔬菜、加工保藏类果蔬和干（脱水）果蔬是出口主体；但随着我国果蔬保鲜和初加工技术与条件的不断提高，出口产品结构有所变化，在保持传统产品类型和品种优势的基础上，正向国际果蔬消费主流靠拢，产品结构有所改善。

在果蔬出口品种结构上，形成了以我国传统果蔬和国外引进产品相结合的格局。近年来，一方面对传统优良果蔬品种进行了提纯复壮和改良，品质产量有所提高；另一方面，从国外引进了大量优良品种，尤其是从进口国引进适销对路的品种，极大地丰富了出口品种数量，提高了水果和蔬菜的品质。

从果蔬出口市场分布看，目前，我国果蔬出口市场已经覆盖190多个国家和地区，遍布世界各地。近10年来，市场扩展较快，市场区域由东亚及东南亚，向欧盟、北美、俄罗斯及周边独联体国家稳步发展。东亚及东南亚仍是我国蔬菜出口的主干市场。

近年来，中国蔬菜、水果及坚果出口总额均呈稳定增长态势，品种依然以苹果、梨、柑橘为主，主要出口目的国依然以东南亚和俄罗斯联邦为主。果蔬类以出口量最多的苹果（山东）、梨（山东、河北）和柑橘（福建、广西）最为突出。但中国果蔬出口贸易市场品种单一，且以中低端市场为主，缺少知名品牌，是目前我国果蔬出口的主要瓶颈。

（一）全国水果出口状况

从世界范围看，水果贸易主要集中在原欧盟15国、南美、亚洲发展中国家和北美发达国家，与中国水果产量相比，我国的水果出口量很小。如图3-6所示，我国2009~2012年水果出口额增幅较大；2012年以来，水果出口额增长较为平缓，甚至略有下滑。截至2014年，我国水果出口总额增至617866万美元。我国参与水果贸易的果品包括新鲜水果、果汁和水果加工品等。与产量相一致，水果贸易量较大的品种主要也是柑橘、苹果、梨、芒果、葡萄等。以苹果为例，2014年我国苹果总产量约为4092.3万吨，出口量仅为86.5万吨，出口量仅占总产量的2.1%。

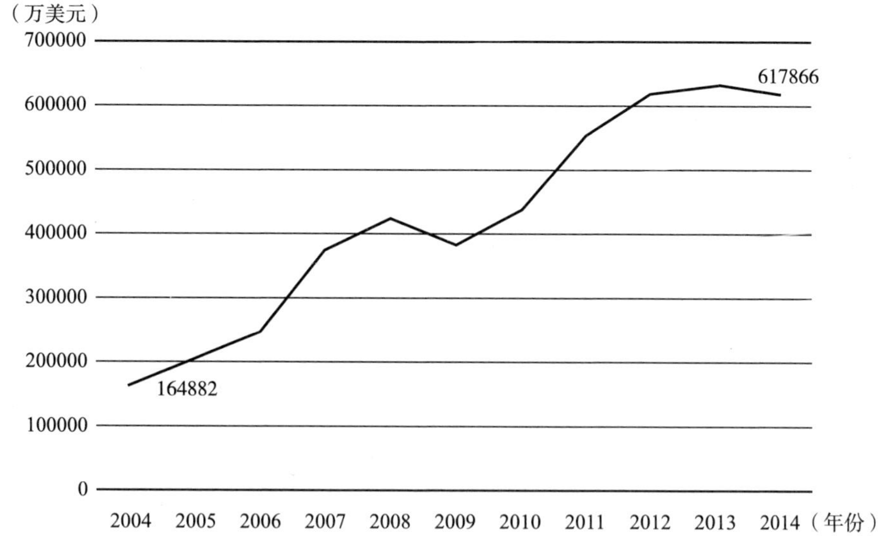

图 3-6　2004～2014 年我国水果出口额

资料来源：中国商务部。

我国是世界水果生产大国，但我国水果出口量却很少，出口量占国内水果总产量的比例远低于发达国家；在世界上也占有很小的比重。这与我国世界第一水果生产大国的地位极不相称。我国通过水果出口增收，还大有潜力可挖。

通过对比图 3-7 和图 3-8，即可看出我国水果出口仍有较大潜力。

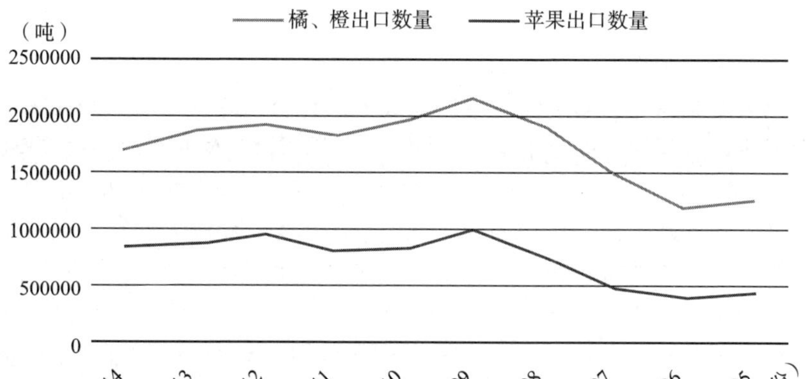

图 3-7　中国橙、橘、苹果出口数量

资料来源：中国商务部。

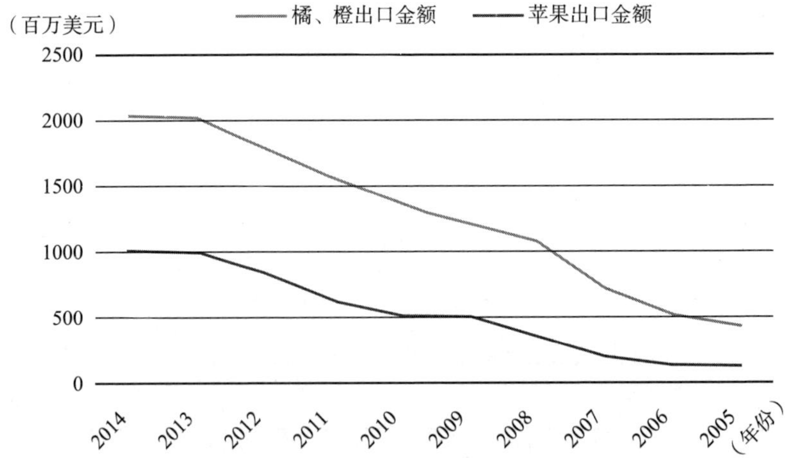

图 3－8　中国橙、橘、苹果出口金额

资料来源：中国商务部。

自 2005 年以来，我国橘、橙和苹果出口量经历了先增后降的过程，然而三类水果出口额却逐年上升，且上升幅度较大。2005 年，我国苹果和橘、橙类水果出口额分别为 306.3 百万美元和 128.35 百万美元。2014 年苹果和橘、橙类水果出口额分别增加到 1027.58 百万美元和 1027.57 百万美元，增幅达 235% 和 700%。

（二）全国蔬菜出口状况

蔬菜具有很高的营养价值和保健功能，在各个国家的膳食结构中占有重要的地位。世界各国蔬菜消费行为及特征不仅受到其长期形成的消费习惯、偏好的影响，同时也与当地的发展水平有关，此外，还受到蔬菜供给状况的制约。2014 年，我国蔬菜出口额达 1249519 万美元，同比 2004 年增幅达 228%。

在我国的蔬菜出口市场中，亚洲国家、北美、欧洲人均蔬菜消费量分别排第一位、第二位和第三位。其中，亚洲是世界最大的蔬菜消费市场，蔬菜消费量增长快并具有较大的增长潜力。这主要是因为亚洲地区的国家大多数属于植物性食物为主、动物性食物为辅的膳食结构，或者动植物食品合理搭配的膳食结构。这就决定了蔬菜在亚洲地区膳食结构中占有重要的地位。欧美等大部分发达国家属于高能量、高脂肪和高蛋白为主的膳食结构，因此，蔬菜消费量相对低于亚洲。非洲蔬菜人均消费量最低且增长缓慢主要是受当地不发达的农业生产体系制约。值得指出的是，随着世界经济、文化的交流，长期形成的消费习惯也在慢慢转变，这也直接影响到蔬菜的消费。

由于长期的消费习惯，世界各大区域在蔬菜消费的品种方面也存在一定的差异。欧美国家习惯消费的蔬菜品种包括洋葱、胡萝卜、花菜等，东欧和阿拉伯国家习惯食用的主要蔬菜有甘蓝、番茄、甜椒、黄瓜、洋葱、胡萝卜等，马铃薯、番茄、甘蓝、黄瓜和茄子等蔬菜在亚洲地区消费量最多。此外，近几年芦笋、蘑菇和菠菜等蔬菜消费量在亚洲增长速度快，发展前景广阔。蔬菜消费品种在各个区域的差别化为世界蔬菜贸易的多样化提供了基础。

从出口数量和金额来看，我国蔬菜出口仍有一定的市场前景。如图3－9所示，2005～2014年，我国鲜或冷藏蔬菜出口数量和普通蔬菜出口数量均呈上升趋势，出口金额除2012年有小幅下降之外，其余年份均在增长（见图3－10）。

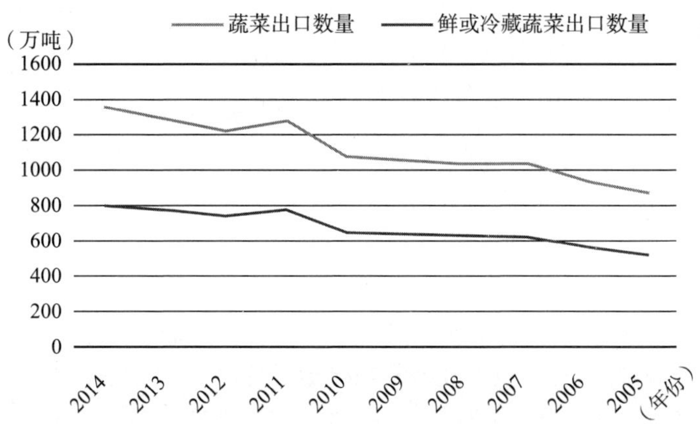

图3－9　2005～2014年全国蔬菜出口数量

资料来源：中国商务部。

三、全国果蔬出口风险与挑战

当前，我国果蔬出口主要面临着五大出口难题。其一，果蔬出口以原始产品为主，增值能力较低；其二，果蔬出口行业内恶性竞争严重；其三，出口国家绿色壁垒限制了国际间果蔬贸易；其四，果蔬出口缺乏系统的政策体系；其五，果蔬出口海外投资力度有限。这些都无疑制约着我国果蔬出口，也是未来果蔬出口发展的“机会点”。

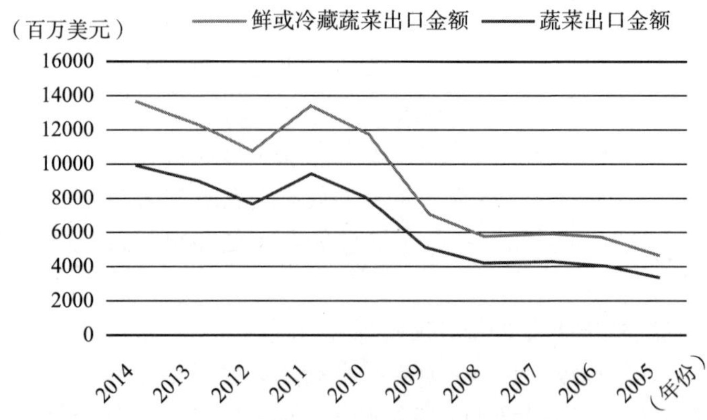

图 3-10　2005~2014 年全国蔬菜出口额

资料来源：中国商务部。

（一）以原始产品出口为主，增值能力较低

在改革开放以前，我国农产品出口在对外贸易中占据着相当大的比例，而果蔬是其中的一个重要组成部分。虽然从历史的角度来看，这种输出不仅数量较大，而且发展的历史较长，即使到目前在产品输出种类走向多元化格局的情况下，果蔬依然是农产品输出的重头戏。

然而，在内部的比较过程中不难发现，在果蔬输出和对外贸易的层次上，粗加工产品仍然占据了较大的比重，这样，产品的竞争力不能充分体现，而且增值幅度变化不大。与其相伴随的往往还有一种对产品使用价值的否认，如对消费者所形成的“大路货”“低档次”等不良印象。在人们消费理念发生极大变化的情况下，粗加工产品乃至原始产品显然失去了自己的内在价值。

这是我国果蔬产业“走出去”过程中的一个重要问题所在。它不仅对果蔬产业本身的发展形成影响，而且对农村经济内涵的丰富（即产业链的延伸）和质量的提高也产生一定程度的制约。因为果蔬产品的加工业既对延长农业产业链、吸收更多的农村劳动力产生积极作用，也对改变果蔬形象、提升附加价值，从而增强竞争能力和进一步扩大出口形成带动作用。而这种作用对果蔬产业的健康发展，具有重要的推动作用。

现实发展过程中曾经发生过的我国果蔬经过第二国的包装和转口而走向第三国市场的例子，就一定程度地反映了我国果蔬出口过程中的“尴尬”状况。如我国某地生产的一些蔬菜被韩国厂商购入，经过包装处理后，再与日本厂商进行贸易而赚取更多的差价。有些韩国商人从中国进口蔬菜初级产品，经过诸多程序，再转卖回中国市场，以此赚取差价。

（二）行业内恶性竞争严重

随着对外贸易政策的日益开放，越来越多的经济主体可以参与到对外贸易过程之中，与外商直接从事贸易洽谈或进行物资与技术的进出口活动。主体数量的增加引发了竞争的加剧。当市场法规比较健全时，这种竞争有利于激发参与者的积极性。但是，由于我国改革开放的历程相对较短，完善的社会主义市场经济制度还未完全建立，许多市场法律法规尚待修补、增加或完善。而在对外贸易领域，伴随着经济全球化的发展，一些过去还很生僻的贸易领域快速地展现在我们的面前，让我们捉摸不定。

在这种情况下，人们便选择了最简单与最初级的价格竞争方式，在其他领域如此，在果蔬产业出口过程中依然如此。显然，本质原因就是各个果蔬出口主体为了达到自己占领市场的目的，不惜以压低价格来抢夺国内其他单位所已经占有的国外市场。而这种强占，事实上仅是一种市场的再分配，而非市场容量的有效扩张，对于行业而言，带来的便是直接的损失。

（三）绿色壁垒限制果蔬贸易

为了保障国内经济主体的利益不受损失，尤其是在自由贸易状态下，往往在与其他国家或地区的贸易主体进行贸易的过程中，存在着“半推半就”的关系，即一方面必须要与他人发生经济关系，通过贸易的方式实现产品输入，另一方面又不想过高程度地依赖对方，由此而运用所谓“正常”的手段来为他人进入自己的国内市场设置一定的障碍。

在非自由贸易状态下，这种阻止的手段往往以关税壁垒为主要形式，而在关税成为各国普遍推崇的规则情况下，依靠过去的传统做法显然难以成行。于是，以技术壁垒为特征的贸易保护手段便成了一些国家所惯常使用的一种方式。虽然“技术壁垒”中所存在的合理成分不可否认，如防止疾病、疫病的蔓延等，但是，过分地强调并以限制其他主体进入自己国内市场为主要出发点的做法，显然失去了它内在所包含的合理性。而在这一方面，发达国家目前通常利用自身的技术优势而大打“阻击战”，防止其他国家或地区的产品以比较低的价格大量进入自己的国内市场，其间所受影响最为突出的往往是许多发展中国家。我国果蔬对外输出过程中也经常受到了这种不公正的待遇。如近年来，我国蔬菜出口数量最多的日本、韩国、欧盟等国家或地区，就时常被对方运用技术壁垒的方式，限制我国的蔬菜进入。例如，我国出口的大姜、大葱、大蒜等，由于对方的贸易保护而使农民受到极大损失，从而极大地影响了我国蔬菜产业的健康发展。

（四）缺乏系统的政策体系

对外贸易是一个国家利用市场扩张，以实现经济发展所不可缺少的重要环节。农产品出口作为对外贸易的主要形式之一，是借助于国内技术或资源优势来开拓世界市场以实现外汇贡献的重要方式，也是国家经济战略的重要组成部分。为此，许多国家在这一领域大都给予了其国内相关企业以极大的鼓励与支持。

对于以水果、蔬菜为主要内容的农产品出口企业来说，虽然国家在过去曾经给予了较多的关注，尤其是在计划经济时期，依靠农副产品出口而换取其外汇，使得农产品出口成了一个相对优先的领域。但是，在多元化的市场发展情况下，相对完善的政策支持体系却并未形成。如在资金上，从农业发展的本身来看，所受到的惠泽就相对较少（长期的“口号农业”多少就已经说明了这一点），而面对出口所需要的外汇及较大的资金数量，也往往存在着一定的缺口。

从出口渠道来看，专营农产品出口的企业主体数量也十分有限，不仅对外缺乏竞争力，而且对内缺乏开展出口业务的活力；从与之相关的链条与环节来看，出口审批手续繁杂、时间拖延较长、通关效率较低等，也成了水果、蔬菜这种对时效性要求较强的鲜活产品出口过程中的一大障碍。这些来源于政府政策支持方面的力度所显示出来的相对不强，成为了弱化果蔬出口进程的重要原因之一，一定程度上弱化了我国果蔬产业的优势发挥水平，使之未能更大程度地贡献于农业及农村经济发展。

（五）海外投资力度有限

农产品出口应该采取多样化的形式。既可以有传统和原始的方式，如产品的对外出口，也可以有相关生产要素的出口，如生产资料、资金、劳动力等的对外输出。从目标本身来看，运用各种“走出去”形式，只要能够创造更多的外汇，以及带动国内农业及农村经济的发展，则该种形式都应该成为一个合理的选择。

在果蔬产业出口问题上，必须考虑采取多种多样的方式，达到推动国内经济发展的目的。然而，现实中的出口形式却比较多地以国内为生产基地，经过一定程度或是简单的加工而直接将产品向目标市场销售，由此而忽略了第二类方式，即生产资料要素的输出，或者直接携带资金及生产资料进入目标市场国，开发土地资源和从事果蔬产业开发。这种方式的缺乏大大降低了出口的效率，甚至还由此产生了其他方面的影响，如来自输出市场国家的绿色壁垒约束和配额约束等。现实中所存在的国外农业资源开发，由于相关政策和思路限制而十分零散。如有国内农民自身投资进入俄罗斯，从事蔬菜的生产与种植；山东的寿光蔬菜集团在政府的牵领下，以企业行为进入委内瑞拉，也开始了蔬菜产业开发的农业资源利用。但是，大规模的进入世界农业资源开发市场的行为则尚未出现。这在一定程度上说明了我国果蔬出口还处于比较初级和低级的阶段，离做大市场的蛋糕还有着比较长的距离。

第二节　辽宁果蔬出口行业分析

一、辽宁果蔬生产与出口状况

近年来，辽宁水果、蔬菜产量大幅上升。其中，2012 年以来蔬菜出口额大幅升高；然而，受国内外经济形势影响，2013 年以来辽宁水果出口额略有回落。具体情况如下。

（一）水果、蔬菜产量大幅上升

如图 3 – 11 所示，改革开放以来，辽宁蔬菜产量除部分年份略有下滑，总体大幅升高，2012 年左右蔬菜产量超过 3000 万吨，是 20 世纪 80 年代的 6 倍。

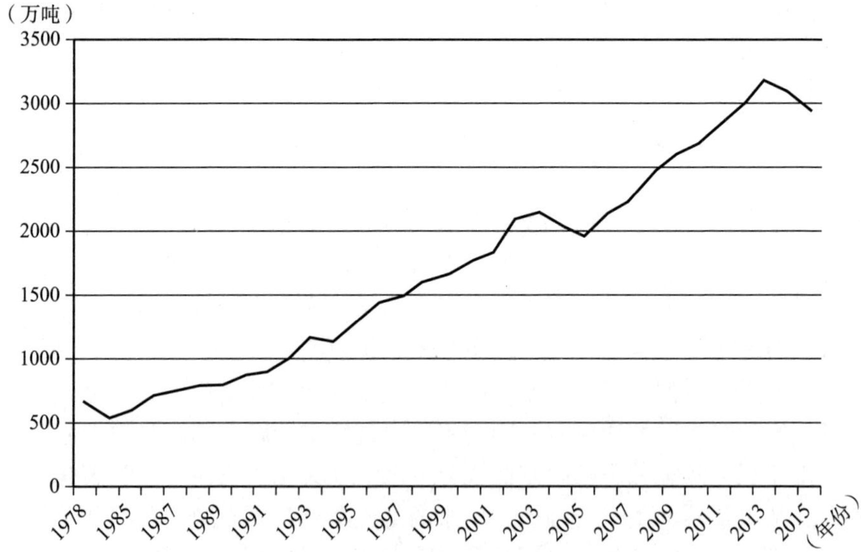

图 3－11　1978～2015 年辽宁蔬菜产量

资料来源：辽宁统计年鉴。

从水果产量来看，如图 3－12 所示，1978 年以来辽宁水果产量经历了跨越式发展。在 2000 年前产量平稳，甚至略有下滑；2000 年之后，随着中国加入 WTO，10 年间辽宁水果产量从 200 万吨跃升到超过 650 万吨。

图 3－12　1978～2015 年辽宁水果产量

资料来源：辽宁统计年鉴。

辽宁生产和出口的水果以苹果、梨、葡萄和山楂为主，根据图3－13，以2015年为例，在辽宁四大水果中，苹果占据了41.30%，梨和葡萄分列二、三位，产量占23.35%和14.16%，山楂产量较少，占总体的1.17%左右。近年来，树莓等从国外引进的水果也逐渐成为出口的重点。

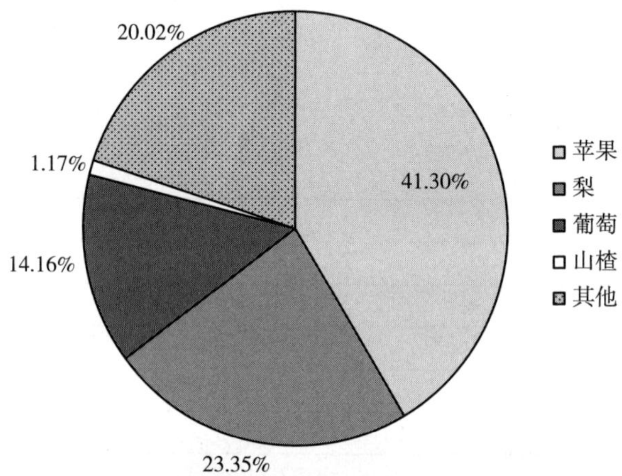

图3－13　2015年辽宁四大水果产量百分比

资料来源：辽宁统计年鉴。

（二）蔬菜出口额大幅升高

由图3－14可以看出，2012年以来，辽宁蔬菜出口呈现出良好的态

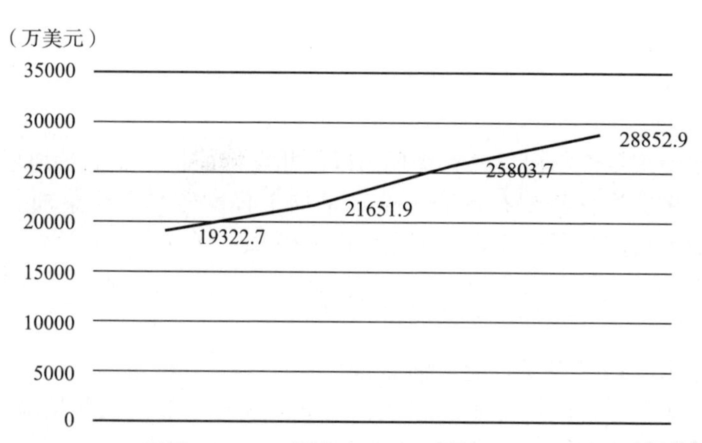

图3－14　2012～2015年辽宁蔬菜出口额

资料来源：沈阳海关。

势。其中，蔬菜出口额从 2012 年的 19322.7 万美元上升到 2015 年的 28852.9 万美元，增长了 49.3%。

（三）水果出口额略有回落

相比蔬菜来说，水果出口额在 2013 年有小幅回落。截至 2015 年，辽宁水果出口总额为 12211 万美元，同比 2014 年下降 16.6%，如图 3－15 所示。

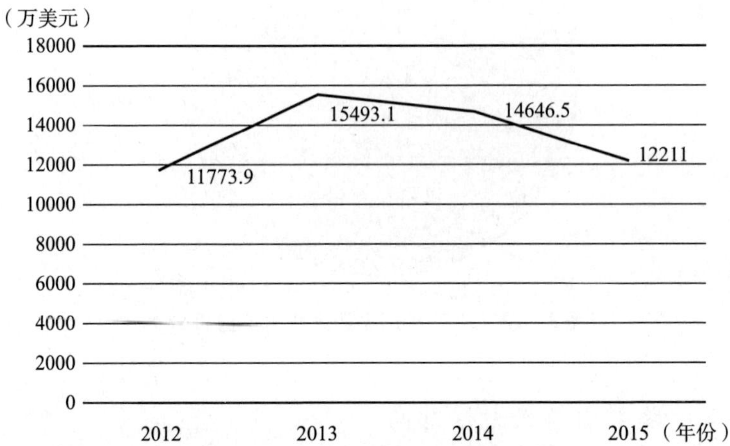

图 3－15　2012～2015 年辽宁水果出口额

资料来源：沈阳海关。

二、辽宁果蔬生产与出口特征

辽宁果蔬生产与出口大致呈现出以下几点特征：行业上游地域特色显著，产品更新换代较快；行业中游水果加工程度较高，蔬菜加工程度较低；行业下游出口市场牢靠，企业出口市场单一。

（一）行业上游：地域特色显著

近年来，辽宁果蔬行业逐渐显现出辽宁的地方特色。草莓、桃、李、杏子、仁用杏和甜樱桃等发展较快，栽培面积逐年提高。栽培品种方面，通过发展名特优新品种，利用高接换种技术加快老果园品种更新换代，使辽宁果树良种比例逐年增加。

此外，辽宁全省果蔬更新换代较快。果树优良品种已占果树栽培总面积的60%左右。红富士苹果栽培面积和产量分别占苹果的40%和35%，乔纳金、津轻、嘎拉等名优新品种比例有所提高，国光、鸡冠等老品种苹果栽培面积比例不断下降。梨树品种中的鸭梨、白梨和巨峰葡萄、康太等品种的栽培比例都有所下降，南果梨、尖把梨、锦丰梨、无核白鸡心、晚红葡萄等名、特、优品种比例逐年增加，并培育出一部分有地方特色的农产品区域品牌。

【案例3－1】

丹东草莓创区域特色

辽宁丹东市属温带湿润季风气候区，年降雨量900毫米～1200毫米。日照时数2400～2500小时，大于10℃活动，积温3000℃～3300℃，相对湿度60%～80%，无霜期130天～185天，夏无酷暑，冬无严寒，全市312万亩耕地中的223万亩旱田多是微酸性棕壤土，土壤比较肥沃。环境条件非常有利于草莓生长发育。

丹东市是我国最早引种并持续生产的草莓主产区。1920年丹东振安区草莓沟和东港市马家岗乡夏家村的农民从日满成立的“三育中学”（辽东学院前身）引种了日本品种草莓，目前已经成为全国草莓主产区之一。2011年生产面积15万亩，其中，日光温室6.5万亩、早春大棚4.5万亩、露地4万亩，总产量30万吨，产值20亿多元，面积、产量分别约占全国8%、15%。

丹东全市12万户农民种植草莓，草莓生产是农村经济十大支柱产业之一。丹东草莓产量较高，平均亩产2吨左右，高于全国平均产量水平。丹东草莓品质较好，生产的丰香、宝交早生、卡尔特一号、杜克拉、红颜、章姬、甜查理等品种多次被评为北京国际农业博览会名牌产品和历届全国草莓文化节优质果评选金奖，其中，枥乙女在全国大赛中拔得头筹，被农业部果品流通协会命名为“中华名果”。东港市被农业部验收命名为“全国优质草莓生产基地”和“无公害草莓生产基地”，被中国园艺学会草莓分会评为“中国草莓第一县”，被省政府命名为辽宁“一县一业（草莓）示范县”。

辽宁丹东地区目前一般露地草莓亩产1.5~2吨，产值4000元~8000元。日光温室草莓日本品种亩产草莓2吨~2.5吨，欧美品种亩产草莓4吨~5吨，中国红实美品种亩产5吨~7吨，产值都在3.5万元左右，早春大拱棚草莓亩产2吨~2.5吨，产值1万元左右。

资料来源：笔者根据相关资料整理。

（二）行业中游：加工层次不一

1. 出口水果加工程度较高

辽宁水果出口根据市场不同，加工程度也略有差异。如针对俄罗斯市场出口的苹果，即为简单的大包装产品；而小浆果类水果加工程度则比较高。近年来，辽宁十分注重水果加工业的基础建设，现阶段果品加工能力有了较大的提高。省内较具代表性的水果加工企业有沈阳亚洲红葡萄酒、大连真爱果汁、本溪五女山葡萄酒等，主要加工生产果汁、果酱、果酒、速冻草莓等。

【案例3-2】

君澳食品的果品深加工

丹东君澳食品有限公司成立于1998年，是由凤城市农工贸冷冻加工厂和澳大利亚澳丰国际贸易有限公司共同出资兴办的中外合资企业发展而来。公司位于丹东市最大的农业产业化种植区——凤城市草河经济管理区，经营范围包括小浆果、蔬菜、食用菌的深加工。由于辽宁土壤具有偏酸性的特征，适合小浆果类的生长，因而小浆果的深加工产品是公司最为主要的产品。产品95%出口美国、欧盟、日本和泰国等东南亚国家和地区，美国市场的出口占60%，欧盟市场的出口占15%，日本市场的出口占5%，泰国等东南亚市场占15%。为了更好地保证出口产品的质量，公司于2002年开始进行基地建设，现有基地面积约1万7千多亩，其中，蓝莓占6千亩，草莓占4千亩，树莓占3千亩，黑莓等其他品种占4千亩。

公司占地面积67800平方米，建筑面积16700平方米，冷库容量8000吨。公司拥有各种加工设备178（台、套），罐头生产线2条，具有国际先进水平的智能速冻食品生产线4条。现有员工240余人，其中，40名员工从事生产、设备、质检和财务等管理工作，200名员工从事电工、机修以及食堂等后勤工作。2015年，国内销售额达1.2亿元。

公司成立至今，从原来单一的果菜收购、销售，发展成为农业产业化基地建设。小浆果的种苗繁育、生产技术示范推广、产品的研发，在内地产供销、贸工农、农科研一体化的生产经营服务实体。走“公司+科研基地+农户”的发展模式。在全国12个省区市建立了原料的收购基地。在辽宁十几个市建立了农业产业化生产产品基地。在凤城市十八个乡镇区建立了特色产品的小浆果产品生产基地。由于公司前期对基地进行种苗、肥料和技术的大力投入，现1亩地可达纯收入1.5万元左右，农民也在公司的带领下走向了致富之路。

公司先后被辽宁政府评为66家“省级重点农业产业化龙头企业”之一；被国家农业部评为“全国乡镇企业实施走出战略先进企业”和“全国农产品加工业出口示范企业”；被辽宁工商局评为“守合同、重信用”企业；被辽宁中小企业厅评为“质量名优产品金奖”；被辽宁农业产业化协会评为“带动农户的先进单位”。蓝莓果酱荣获辽宁科学技术协会的“优秀产品奖”；被辽宁林业厅评为“林业产业首批龙头企业”。板栗罐头在国际农业博览会荣获“优质产品奖”。蓝莓罐头荣获“第九届中国国际产品交易会金奖”。

资料来源：笔者根据调研整理。

2. 出口蔬菜加工程度较低

与水果相比，辽宁出口的蔬菜加工程度较低。基本分为产品型、基地型和贸易型三个类型。产品型指的是对蔬菜进行深加工后，形成了如泡菜、辣椒酱等深加工蔬菜产品，辽宁深加工蔬菜主要以韩国食品为主；基地型出口企业指的是企业自建蔬菜基地，对果蔬进行清洗、部分脱壳、包装后进行出口；贸易型指的是全国调配蔬菜资源，经过辽宁公司和口岸进行再包装后出口。

（三）行业下游：出口市场基础牢靠

得天独厚的地理区位优势为辽宁出口贸易提供了极大优势，许多日本、韩国企业与辽宁农产品出口企业具有先天的联系，随着与东北亚区域合作的日益密切，辽宁的地理区位优势也将进一步放大，会吸引越来越多的农产品出口企业来辽宁投资兴业。

【案例3-3】

高荣食品——韩国市场的中流砥柱

丹东高荣食品有限公司（简称高荣食品）成立于2000年9月，注册资金60万元，2000~2007年专心致力于食品国际贸易。2007年在辽宁东港市前阳镇征地32亩兴建了标准化的食品加工厂，注册资金达1260万元，一期建筑面积8千多平方米。随着出口量的不断增加，2012年计划在原厂址上扩建生产车间和冷藏储藏间，2013年底扩建项目顺利完成，扩建后工厂的建筑面积达15000平方米。公司主要以水产品和农产品为原料，专门生产并出口韩国传统食品。历经十余年的国际食品贸易，目前在韩国食品市场占据了举足轻重的地位。

高荣食品的产品主要销往国外市场，近年来的出口市场比较稳定，呈现出稳定增长的趋势。高荣的产品97%~98%用来出口，其中，95%销往韩国，剩余2%~3%销往美国，但主要进入美国的亚洲超市或韩国超市，产品受众稳定。目前公司出口量达9000吨左右，占据韩国市场的40%，其中，调味章鱼占到了市场的70%，可以说是世界排名第一，而且在韩国市场的认可度很高。

高荣食品从2008年的出口量1860吨到2015年出口量突破8000吨，逐步占领了韩国市场，今天高荣的产品在韩国同类产品的市场占有率平均达40%以上。公司的产品主要为即食的韩国酱菜类，调味章鱼、调味海兔、调味杂色蛤肉、调味萝卜条、调味苏子叶、调味苦菜、酱黑豆、酱花生米等。目前公司的产品97%左右为出口产品，剩下3%销往国内各省区市。

资料来源：笔者根据调研整理。

三、辽宁果蔬出口行业竞争优势

（一）自然条件优势

辽宁处于温带大陆性季风气候区，四季分明，雨热同季，日照充足，昼夜温差大，降水较少，气候较为干燥。特殊的自然气候条件十分适合某些农产品生产和加工。在土壤方面，辽宁独特的黑土地孕育了辽宁的农业产业和多样化的农产品。

根据各地区域优势，目前全省已初步形成五大各具特色的产业区和三大经济开发带。

“五区”分别是：东部山区，重点发展食用菌、山野菜、中药材、柞蚕和林果业；辽西地区，大力发展牧业、林果业和节水设施农业，扩大小杂粮的种植面积；辽北地区，积极调整玉米种植结构，扩大特种、专用、鲜食玉米和油料、蔬菜的种植面积，大力发展农区、牧业；辽中南经济发达地区，大力发展精品农业、设施农业、现代农业，出精品、出品牌，扩大出口创汇的能力，为全力打造“沈大黄金经济带”奠定了坚实的农业基础；沿海地区，大力发展近海和滩涂设施渔业、精品渔业。

“三带”指的是对沈大、沈山、黄海大道三条高速公路两侧进行开发建设，逐步形成绿化产业带、高新农业经济开发带和农业观光带。

【案例3－4】

山山伟业，用辽宁山楂打开国外市场

沈阳市山山伟业食品有限公司有30多年山楂制品生产经验，2010年5月更名、成立沈阳市山山伟业食品有限公司。公司主要生产一木山楂系列产品，现在是全国山楂制品行业最全（山楂片、山楂糕、无蔗糖山楂、蜜饯类产品等）、不用代加工、质量最有保障的山楂制品生产企业。公司销售市场以国内为主，近年开始涉足出口。年生产能力近万吨，出口额超过100万元。

山楂产于中国北方地区，是我国特有树种，山楂制成的零食爽口助消化，老少咸宜。目前在朝鲜和俄罗斯也有少量种植。山山伟业公司产品的原料采用东北特产“寒地铁山楂”优质山楂为原果，因受东北严寒气候影响，“寒地铁山楂”果胶丰富，有特殊营养及保健功效。

公司产品原本主要依靠内销，目前公司正积极参加国外展会，向法国、俄罗斯、朝鲜、日本等地的市场努力拓展。公司产品品质上乘，在行业内具有极强的竞争优势，对于打开更大的出口市场充满信心。

资料来源：笔者根据调研整理。

（二）地理位置优势

辽宁位于中国东北地区南部，南临黄海、渤海，东与朝鲜一江之隔，与日本、韩国隔海相望，是东北地区唯一的既沿海又沿边的省份，也是东北及内蒙古自治区东部地区对外开放的门户。辽宁交通物流业较为发达，同时拥有港口、机场、高铁等多种交通模式，实现了海陆空立体型交通网络，为辽宁农产品出口企业提供了出口便利。

由于受地缘、品质要求等因素的影响，亚洲市场一直都是辽宁最大的农产品出口目标市场，占全部农产品出口比重的半数以上，特别是辽宁的近邻日本和韩国，不仅是辽宁农产品的主要出口地，而且辽宁许多农产品出口企业的起家与发展也与日韩客商息息相关。

【案例3－5】

客户需求带动企业成长

S公司最初出口鹌鹑蛋亏损严重，后有机遇与日本草莓客户合作。在与客户交流期间，客户把日本工厂的优势带到车间，布局和设备均按对方要求设计，产业线在当年是非常先进的，逐渐形成了完整的草莓产业线，扭转了公司的局势。

后来S公司开始加工玉米，最初只有100亩地，种植上也有很大难度，经过不断的尝试和探索克服了困难，公司产品质量得到肯定，继而向日本出口玉米棒和玉米粒。同时，S公司在与客户合作的过程中，能够满足客户的要求，不断合作开发客户需要的产品，客户放心。一直以来公司的客户都很稳定。

资料来源：笔者根据调研整理。

大连白桦粮谷加工有限公司成立于2002年，是一家大豆、杂粮出口企业。2001年哈尔滨洽谈会上，日本三菱公司为提升日本食品安全，与中方合作成立了大连白桦粮谷加工有限公司。成立初期，企业便建立起了完整的、具有高质量保障的产业链条，包括从农场种植到运输、加工，再到出口。日本三菱公司也成为白桦的主要客户。

四、辽宁果蔬出口问题与风险

（一）种植与收购风险

很多农产品出口企业采用"基地+农户"果蔬种植收购模式，很多苹果企业基本全靠收购来组织出口货源，无法保证果、菜品质，基于此的质量追溯体系也变得"无能为力"，进而影响产品向较高端市场发展。目前，辽宁的水果、蔬菜生产规模较小、组织化程度较低，而且往往是兼业果农、菜农，千家万户分散性的经营格局，随意性的种植制度，使得辽宁果蔬产品质量难以保证，且数量丰歉不均，很难与销区建立相对固定的供货渠道，占据相对稳定的市场份额。因此，水果、蔬菜的小生产现状与国内外果蔬大市场、大流通的对接矛盾将会越来越突出。

与此同时，作为农产品行业，受自然环境影响较大，一年的气候异常很可能造成果蔬产量的骤降，直接影响到企业的产品来源。

【案例3-6】

君澳食品的基地建设秘方

和谐的村邻关系是君澳食品在凤城立足的根基。君澳是由伊总的父亲一手创办起来，伊总的父亲在计划经济时代从事猪和牛的蓄养，根据政府所分配的指标为俄罗斯供应牛肉罐头并为中国香港供应活牛。1993

年开始着手建立容量仅为100吨的小厂，1998年正式成立君澳。自公司成立到2012年是公司夯实基础的阶段，主要由伊总的父亲打理，2012年正式交由伊总打理。不管是在伊总的父亲还是在伊总这一代，他们都非常注意建立与村民的和谐关系，他们为村民们在基地中谋求了福利，解决了当地部分就业问题，得到村民的拥护和接纳，也让君澳在当地的生产开展更加顺利。

资料来源：笔者根据调研整理。

（二）市场风险

在市场方面，辽宁果蔬出口主要面临没有平等的话语权、汇率波动较大和行业内恶性竞争三大风险。

1. 没有平等的话语权

辽宁产品的品质，包括果蔬形状、色泽、口感在国际市场上并不出众，可替代品较多，且产品附加值很低，甚至基本没有。这种处于产品价值链底端的产品没有优势，不足以让产品在国际市场上实现平等的话语权。

2. 汇率风险

作为农产品出口企业，外汇汇率波动直接关系到企业的出口量和利润空间，因此，企业对于外汇波动更为敏感。国际汇率变动对果蔬出口企业的收益影响明显。出口国的货币同人民币之间的汇率发生变化之后，出口市场对产品的需求就会发生变化，需求会随着外币的升值而增加，随着外币的贬值而减少，使得企业无法预计市场的需求，进而影响企业的生产计划。同时，当企业选择外币进行结算时，如果外币贬值，那么企业将会受到严重损失。

【案例3-7】

营口供销农产品物流有限公司的汇率风险

营口供销农产品物流有限公司成立于2011年7月，是一家专门从事无公害果品蔬菜生产加工、储藏保鲜和出口的大型龙头民营企业，出口市场主要集中在俄罗斯。

但是，2014 年以来，受乌克兰局势和石油价格下跌的影响，俄罗斯货币卢布的汇率持续下跌。汇率大幅下跌，一方面导致俄罗斯国内产品购买量减少，企业销售量随之下降，企业生产运营因此受到影响；另一方面，致使企业结算风险增加，可能带来巨大损失。

资料来源：笔者调研整理。

3. 行业内的恶性竞争

由于出口产品多为一般农产品，在国内产量大、类似品种多，而市场差价仍然持续存在，这就造成企业在市场交易中持续陷入国内供应商恶意竞价等恶性竞争，使整个行业利润空间降低，行业发展无序。

（三）人才风险

在用人的问题上，一方面，企业家是辽宁果蔬出口行业中的重要支撑力量，但是部分企业家守业动力不足，接班问题尤为明显；另一方面，企业用工困难，劳动力成本高且青壮年劳动力流失严重。

1. 企业家动力不足

很多简单的农产品出口企业对于技术引进、人才引进及产品发展方向没有具体的规划。而在这些企业中，企业决策都以企业家决定为准。企业家的“迷茫”让整个企业停滞不前，成为行业内典型的“小老树”。

企业家是辽宁果蔬出口企业可贵的资源，但是在企业和行业成长的过程中，由于果蔬产业链条较长，从事果蔬行业的企业家往往需要从基地、加工、销售都抓起，工作十分辛苦；果蔬行业自然风险、市场风险和国际风险的叠加，更使得行业利润率较低；随着第一批创业企业家的年龄增长，无法有效地选择继承人也成为企业家面临的新的问题，子女的培养多与企业发展相左，很少有企业家对子女通过几年的基层培养，将其培养为接管企业的合适人才。此外，有些果蔬企业家也表示，在自己的职业生涯当中，有可能从果蔬行业向其他的农业外产业投资。以上这些因素都在一定程度上影响了果蔬行业企业家的前进动力。

2. 用工困难

除了企业家的动力不足之外，用工难也是果蔬企业所面临的另一个重要问题。一方面，果蔬生产企业劳动强度较大，行业跨度大需要具备多方面的知识储备，且果蔬企业地理位置多位于郊区，这都制约了对劳动力的吸引；另一方面，先进的科技人才较为短缺，果蔬企业多属于中小企业，招聘或联系高端人才难度大。

在调研中发现，辽宁果蔬行业劳动力成本高，计件工人的平均工资达4000万~5000元，但还是难以招到工人；而且在工人的结构上也存在多个方面的不合理问题。一方面，管理人员中当地人少、外地人多；另一方面，年龄结构不合理，30岁以下的年轻人较少。目前对于大多数果蔬出口行业公司来说，生产是供不应求的，潜在订单非常多但是企业目前的产值难以胜任。无法招聘到更多的工人也就意味着公司很难扩大生产力，开拓更广阔的市场，经营风险增加。

（四）果蔬农残和生态风险

目前，蔬菜的农残、重金属超标现象较为严重，是影响辽宁乃至全国果蔬出口的重要因素。首先，在农业生产过程中，生产者对禁用农药的认识尚显不足，在生产中为追求见效快、经济便宜，大量使用高效甚至禁用农药。目前，我国农药单位面积用量比发达国家约高1倍，但农药利用率比发达国家低10%~20%，这为我国果蔬的质量安全埋下了隐患。其次，农药是毒性高、环境释放率大、影响面广的有机污染物，在保护农作物免受病虫草危害的同时也污染了环境和农产品。尽管目前我国所使用的农药中90%以上为高效、低残留农药，但仍有20%~70%与土壤结合形成结合残留，容易造成农业药残及化肥污染。

不仅如此，大气污染、污水污染、重金属污染等也会造成水果、蔬菜生长环境的污染，使果蔬产品中重金属如铅、砷、汞、铬及氟化物、硝酸盐、亚硝酸盐等含量超标，严重影响了辽宁蔬菜产品的质量安全。再次，目前农药的使用结构也存在不合理现象。我国是农药生产大国，农药产量居世界第二位，年产40余万吨。其中，杀虫剂约占65%，杀菌剂约占10%，除草剂约占17%，生产调节剂约占3%，而较为环保的生物农药仅占5%，在农药总量中所占比例较低。非生态农药对农业生产的可持续发展不利，并容易导致上文所述的各项弊端。最后，辽宁果蔬生产尚未形成规模化、统一化，大部分是独立性较强的一家一户小生产方式，不仅化肥、农药使用的随意性较大，而且有关部门对水果、蔬菜中农药残留及其他有害物质的监控难以有效实施。

第三节　辽宁果蔬出口行业优势提升

一、行业上游：发挥区位优势，培育特色品种

农业特色产业是在一定区域范围内，根据市场和社会需要，立足于区位优势、资源优势、环境优势和技术优势，以独特的生产技术、生产流程和管理组织方式为支撑，发展起来的具有一定规模和地方特色的高效现代农业。

辽宁农业资源丰富，各类农产品供给状况较好，并具有一些独具优势的资源。近些年，辽宁依托于省内的优势农产品产业带，建立了一批规模较大、市场相对稳定的农业特色产业基地，培育了一批国内外公认的农产品知名品牌。蔬菜、水果等优势特色产业方面在全国占有十分重要的地位，农业综合实力取得了历史性的飞跃。

辽宁在果蔬产业上游，需重视区域独特性的培养，发挥区位优势，培养起一批具有“辽宁特色”的果蔬企业。

（一）农产品独特性培养路径

1. 区域独特性

由于各个地区所处地域的不同，各地都会存在一些独特的自然情况，这些不同的地理环境、气候因素产生了当地特有的生物种类。此外，受当地加工方式、技术水平，风俗习惯等影响也会产生一些区域所特有的产品。这些区域上的自然和人文的差异决定了农业生产的独特地域特征。

2. 品质独特性

特色农业之所以区别于常规农业，在于特色农产品具有独特品质。发展特色农业的宗旨就是遵循“物以稀为贵”的原则，优质的产品和别具一格的加工方式是特色农业存在和发展的基础，也是特色农业的显著标志。发展特色农业产业的首要目标不仅表现在其产品的外观、营养、绿色等质量方面，而且还要延伸到产品上市时间、产品营销服务等方面。例如，在上市时间上要做到“人无我有”，在产品营销服务上做到“人有我优”。

3. 产品多样化

随着社会的发展和人民生活水平的提高，人们对农业的要求已经不再

是简单的解决温饱的需要，而是有了更高的、日益增长的多样化需求，这是特色农业能够发展壮大的市场基础。不同时期的市场需求在不断变化，这对特色农业提出了新的要求，特色农业产品也要随市场需求不断调整、更新换代通过改良提高特色农业发展，依托资源和产品特殊性、稀缺性和比较优势，以及先进的生产加工技术、群体规模效应和产业化经营来增强市场竞争力与应变力。

4. 规模化与高效性

农业特色产业要发展，就必须实现特色农产品生产的产业化经营，只有基于分工和专业化生产，才能发挥比较优势，实现特色农业的报酬递增规模经济。特色农业最终追求的是经济效益，目的就是增加农民和相关经营者的收入，既要求资源的利用率高而且可持续，也要求资本的回报率高。而且这种效益与常规农业相比，一般有一个“势差”，高于常规农业的投资回报；否则，生产者就不愿意创新，不会由常规农业生产转入特色农业开发。

（二）辽宁水果特色培养

辽宁水果若想在国际市场上具有明显优势，进一步优化品种结构、提高果品品质是当务之急。要加大水果品种选育、引进新品种的力度，应用新技术改良现有常规品种，扩大优良品种覆盖率。按市场需求，抓好不同成熟期的品种搭配，适度扩大早熟、中熟品种比例。改善栽培管理技术，提高科技含量，大力发展绿色无公害水果及鞍山南果梨等地方特色产品，提高市场竞争力。提高辽宁水果产后商品化处理程度，按不同的品种特点，做好清洗、分级、打蜡、贴商标、包装等工作，并采用以果品个数为主、参考重量、按标准箱计价的包装方式，在包装上尽快与国际接轨，创立具有辽宁特色的果品品牌。要采用高新技术和先进工艺，加快现有果品加工企业的技术改造，提高加工能力和产品档次。发展果品储藏业，实现果品的产、加、贮、销一体化。

（三）辽宁蔬菜特色培养

加强无污染绿色蔬菜规范化生产，对蔬菜产前、产中和产后全方位进行控制。按绿色蔬菜标准组织生产，在101、102、京哈、沈大高速公路沿线，选择一批生态环境质量符合标准的产地，建立集名、优、特、新等特色于一体的绿色蔬菜生产基地。生产过程中不使用任何有害化学物质，按特定的生产操作规程生产、处理、加工和包装，使产品质量和包装都符合标准，打造绿色蔬菜品牌。在部分地区建立一定数量的A级绿色蔬菜生产基地，禁止使用硝酸盐化学肥料，限量使用毒性小或残留期短的农药。借鉴国外先进经验技术，培育扶持一批适合辽宁情的现代化蔬菜保鲜、加工示范龙头企业。抓好沈阳张士农副产品批发市场、北宁窟窿台产地蔬菜批发市场及窟班台到沈阳的绿色蔬菜通道建设。树立品牌意识，完善市场体系，扶持发展农协、产销协会等各种中介组织，按一定质量和货架期要求，进行采后处理、加工和包装，在提高蔬菜采后处理科技含量的基础上，统一品牌、统一包装、统一进入市场，提高蔬菜商品贸易的组织化程度，搞好山野菜的保护性开发和利用等。

二、行业中游：关注技术升级，发展果蔬多元深加工

果蔬不仅美味可口，还含有丰富的维生素和人体所需的元素，是老少皆宜的食物。随着果蔬加工业的发展，越来越多的果蔬制品出现在人们的购物车中。发展果蔬深加工，增强果蔬产业硬能力，不仅可以减少浪费，还能增加农民收入，一举两得。

目前，具有发展前景的果蔬制品有：冻干果蔬，蔬菜汁、发酵蔬菜饮料、乳酸发酵菜汁饮料，净菜，蔬菜膨化食品，果蔬粉，蔬菜脆片，具有特殊功能的花色蔬菜制品，如美容蔬菜、蔬菜面条、蔬菜面包、蔬菜豆腐等。近年来，果蔬的加工呈现出以下几种新趋势。

（一）果蔬成分提取品加工成功能食品

随着研究的深入，许多果蔬都被发现含有生理活性物质。辽宁是国内重要的蓝莓生产基地，也是最早开始种植蓝莓的地区之一。蓝莓被称为果蔬中的“第一号抗氧化剂”，其抗氧化效果极强，具有防止功能失调的作用；更有学者进一步发现，蓝莓提取物具有逆转功能失调的作用，不仅能改善短期记忆，还可提高老年人的平衡性和协调性。在欧洲，蓝莓长期被认为具有改善视力的作用，主要是由于蓝莓的花青素成分。

此外，红葡萄含有白藜芦醇，能够防止低密度脂蛋白的氧化，抑制胆固醇在血管壁的沉积，防止动脉中血小板的凝聚，有利于防止血栓的形成，并具有抗癌作用；坚果含有类黄酮，能抑制血小板的凝聚，抑菌、抗肿瘤；柑橘含有类黄酮、类胡萝卜素等，能抑制血栓形成，抑菌、抑制肿

瘤细胞生长；南瓜含有环丙基结构的降糖因子，对治疗糖尿病具有明显的作用；西红柿中含有番茄红素，具有抗氧化作用，能防止前列腺癌、消化道癌以及肺癌的产生。许多果蔬均含具功能作用的生理活性成分，研究人员正通过各种方法从果蔬中分离、提取、浓缩这些功能成分，再将其添加到各种食品中或加工成功能食品。

（二）最少量加工前景广阔

传统加工食品因经过剧烈的热加工，失去了原料的新鲜，营养成分也被破坏，产品的风味发生变化，已逐渐被消费者冷落。因此，在食品工业中便出现了最少量加工（简称 MP）。果蔬的 MP 加工与传统的果蔬加工技术如罐装、速冻、干制、腌制等不同，加工方式介乎果蔬储藏与加工之间，不会对果蔬产品进行剧烈的热加工处理。果蔬原料经过适当的预处理包括去皮、切割、修整等，处理后的果蔬仍为活体，能进行呼吸作用，具有新鲜、方便、可 100% 食用的特点。近 10 年，MP 果蔬在美国、日本、欧洲等地有很大的发展。目前，工业化生产的 MP 果蔬品种有胡萝卜、生菜、圆白菜、韭菜、芹菜、土豆、苹果、梨、桃、草莓、菠萝等。MP 果蔬仍处于起步阶段，但其前景广阔。

MP 蔬菜在国内被称为“切割蔬菜”，但由于加工工艺和卫生条件不完善，加工后的蔬菜没法达到要求，买回后必须再经过清洗才能食用。果蔬经过 MP 加工后，组织结构受到伤害，原有的保护系统被破坏，容易导致褐变、失水、组织结构软化、微生物繁殖等问题。因此，在加工时必须采取一些措施，如冷藏，一方面抑制果蔬本身的呼吸活动，减少损耗，另一方面，通过抑制微生物的繁殖，减少腐败；气调包装，创造出一个低氧和高二氧化碳的环境，抑制果蔬的呼吸和好氧性微生物的生长；食品添加剂处理，使用维生素 C、酸、螯合剂等来防止果蔬的褐变；涂层处理，在 MP 果蔬表面形成一层保护膜，使果蔬不受外界的氧气、水分及微生物的影响，提高产品的稳定性，也可改善产品的外观。

（三）果蔬汁加工业呈现新的发展

果蔬汁有“液体果蔬”之称，较好地保留了果蔬原料中的营养成分。由于人们对健康的关注，消费意识的转变，饮料的消费已逐渐由嗜好性饮料向营养性饮料转变，果蔬汁饮料满足了这一要求，市场正在逐渐扩大。目前，市场上的果汁主要有橙汁、苹果汁、菠萝汁、葡萄汁等，蔬菜汁主要有西红柿汁、胡萝卜汁、南瓜汁以及一些果蔬复合汁。

近年来，我国的果蔬汁加工业有了较大发展，随着果蔬汁的进一步发展，目前正呈现新的产品趋势，产生了新的果汁产品，如浓缩果汁、NFC果蔬汁、复合果蔬汁、果肉饮料。未来市场对花卉型饮料需求旺盛，花盛开时，采用人工细摘，然后通过高科技急速脱水，从而确保花型完整和本色原味，这种花卉饮料可用开水冲泡，也可掺入其他果汁饮用。

（四）果蔬粉的加工

一般新鲜果蔬水分含量较高（达90%以上），容易腐烂，储藏、运输都不方便。但是将新鲜果蔬加工成果蔬粉，其水分含量低于6%，不仅能充分地利用原料，而且干燥脱水后的产品水分低、容易储藏，大大降低了储藏、运输、包装等方面的费用。此外，果蔬粉加工对原料的要求不高；更为重要的是，它拓宽了果蔬原料的应用范围。

果蔬粉能应用到食品加工的各个领域，有助于提高产品的营养成分、改善产品的色泽和风味以及丰富产品的品种等，主要可用于：面食制品、膨化食品、肉制品、乳制品、糖果制品、焙烤制品等。

目前，果蔬粉的加工正朝着超微粉碎的方向发展。果蔬干制再经过超微粉碎后，颗粒大小可达微米级，由于颗粒的超微细化，具有表面效应和小尺寸效应，其物理化学性将发生巨大变化，显著的优点是：果蔬粉的分散性、水溶性、吸附性、亲和性等物理性质得到提高，使用时更方便；营养成分更容易消化、吸收、口感更好。

（五）果蔬脆片的加工

果蔬脆片是以新鲜、优质的纯天然果蔬为原料，以食用植物油作为热的媒介，在低温真空条件下加热，使之脱水而成；其母体技术是真空干燥技术。作为一种新型果蔬风味食品，它保持了原果蔬的色香味而具有松脆的口感，同时具有低热量、高纤维、富含维生素和多种矿物质、不含防腐剂、携带方便、保存期长等特点，在欧美日等国家十分受宠，其前景广阔。

（六）国际果蔬加工无废弃开发

在果蔬加工过程中，往往有大量废弃物产生，如风落果、不合格果，以及大量的果皮、果核、种子、叶、茎、花、根等下脚料，这些废弃物其实也蕴含了宝贵的财富。早在1987年9月，美国政府就投入1500万美元完成了苹果综合利用体系；利用核果类的种仁中含有的苦杏仁生产杏仁香精；利用姜汁的加工副料提取生姜蛋白酶，用于凝乳；从番茄皮渣中提取番茄红素，治疗前列腺疾病。日本将芦笋烘干后研磨成细粉，作为食品填充剂加在饼干中，增加酥脆性和营养性，加在奶糖中增加风味及营养；将胡萝卜渣加工后制成橙红色的蔬菜纸，用于食品包装或直接食用。在新西兰，猕猴桃皮被用来提取蛋白分解酶，可以防止啤酒冷却时形成的浑浊，还可以作为肉质嫩化剂，在医药方面常用于消化剂和酶制剂。

三、行业下游：研究市场需求，规避绿色壁垒

（一）国际市场果蔬需求分析

目前全球蔬菜贸易的重要性逐渐上升，消费者收入水平的上升、质量意识的提高对蔬菜需求产生了影响；同时，技术进步、贸易安排又影响到蔬菜供给，供给和需求的变化共同影响着世界蔬菜贸易的规模、结构和流向。未来，随着蔬菜生产供给增多、较低的蔬菜价格和消费者收入水平的提高，会进一步影响消费者“菜篮子”中的商品结构。

此外，消费者对健康的关注及蔬菜加工水平的提高、运输条件的改善也对全球蔬菜贸易产生影响。随着蔬菜生产不断出现的技术进步和日益降低的贸易壁垒，蔬菜市场全球化进程还会继续，这将为蔬菜生产和出口国提供更大的市场空间；同时，发达国家会继续主导全球蔬菜贸易市场。

从欧盟蔬菜贸易的趋势看，较高的人均收入、季节性因素对生产的限制和人口老龄化等因素使得消费者对优质蔬菜需求继续增加，这将让欧盟继续保持在国际蔬菜进口贸易中的主导地位。

从其进口来源看，欧盟与其周边许多国家（包括其前殖民地国家）签署最惠国协定，最惠国协定之外的国家（如美国）向欧盟出口蔬菜不会有明显增加；同时，欧盟成员国可能会继续维持其出口补贴政策，其蔬菜出口不会受到相关规定的限制，因此，欧盟成员国国内生产过剩的产品在出口补贴的支持下会继续向国际市场出口。

从北美自由贸易区蔬菜贸易趋势看，随着市场容量的扩大，美国蔬菜出口和进口都会上升。即使美元发生贬值，国内收入的增加也会刺激蔬菜进口继续增加。美元升值短期内会抑制蔬菜出口、刺激进口。

在亚洲，随着中国成为蔬菜进口和出口大国，及不断扩大的国内生产，蔬菜贸易的地理流向将继续改变。近年来，蔬菜部门的投资使得其生产的竞争力提高，在国际蔬菜市场中的地位上升。但是，随着中国国内蔬菜需求上升，蔬菜营销、物流体系存在的缺陷将导致中国蔬菜进口上升，至少近期会有这种趋势。在全球蔬菜进口贸易中，日本将继续扮演重要角色，原因在于其国内生产成本高，无法抵御国际竞争。新鲜产品贸易，特别是鲜蔬菜是日本蔬菜进口增长最快的品种，如果降低现行的植物检疫壁垒，产品的新鲜程度、品质、外形、口感、价格和供给的稳定性都会有所改善，并带动其进口规模上升。从市场结构看，美国和中国将仍旧是日本主要的蔬菜进口来源。

总之，如果关税壁垒大幅度下降，全球蔬菜贸易将继续保持增长势头。更多的地区贸易协定、双边贸易协议的签署和谈判推动贸易进一步自由化，将有效降低蔬菜贸易壁垒。人均收入的增长、不断的自由化贸易会刺激新的技术产生、应用并起到降低蔬菜价格的作用，这些都将扩大世界果蔬贸易的品种和规模。

（二）国际市场果蔬贸易政策

国内外对世界果蔬市场贸易壁垒的研究较少。国外有学者从世界水果主要贸易市场和流向的角度对世界水果贸易进行了较为全面的分析，指出欧盟、北美自由贸易协定区域和亚洲区域既是世界主要的水果出口区域，又是世界重要的水果进口区域。此外，一些赤道区域和南半球国家也是世界重要的水果出口国。从世界水果贸易流向看，主要包括三大区域内部的水果贸易、三大区域之间的水果贸易，以及三大区域与外部地区（主要为赤道和南半球地区）之间的水果贸易。发展中国家是世界主要的水果出口国，而发达国家是主要的水果进口国。区域内部贸易在世界水果贸易中占据着重要作用，但不同区域内部的水果贸易又呈现出不同的特点。此外，有国内学者从区域格局的角度对世界主要水果的生产和贸易进行了研究，指出世界水果具有生产集中和贸易分散的特点。

贸易政策的变化直接影响着世界水果贸易量和贸易流向的变化。对世界水果贸易政策的研究主要集中在欧盟、北美自由贸易协定区域及日本等进口国。

自乌拉圭回合谈判以来，关税壁垒作为传统的农产品贸易壁垒，在一定程度上有所下降；但是，许多国家的农产品进口受配额的限制，配额量较小，且配额外关税的税率极高。如果将配额外关税也考虑在内的话，国际农产品贸易的实际关税是相当高的。发达国家农产品市场约束性关税、关税高峰和关税升级问题严重。

从不同农产品的贸易来看，其关税壁垒具有不同的特点。在水果的国际贸易领域，其进口关税也有所削减。但是，作为具有高附加值的“敏感”农产品，主要发达国家都设置了各具特色的关税制度，以限制进口、保护本国的水果产业。有学者研究了世界水果和蔬菜的市场准入壁垒，以明晰这些产品在世界水果贸易中面临的保护程度。结果表明，高关税（尤其是季节性关税）仍然是世界水果和蔬菜贸易扩大的一个主要阻碍因素。

国外学者研究了欧盟的水果关税制度，认为《农业协议》签订之后，关税作为传统贸易壁垒对农产品出口的影响有所减小。但是，在欧盟共同农业政策下，欧盟实施的关税制度具有自己的特殊性，对水果进口实施严格的准入制度。一方面，欧盟对进口水果实施“入世价格制度”，对不同的水果设置不同的“入世”价格，进口水果价格低于“入世”价格，则加征两种价格之间的差价税；进口水果价格高于“入世”价格，则征收禁止性关税，禁止性关税的数额很高，足以达到限制进口的目的。通过实施“入世价格制度”，欧盟使得包括中国在内的发展中国家无法充分地发挥本国水果在欧盟市场的价格优势。另一方面，欧盟还实施季节性关税，即在不同的季节，对不同进口来源地、不同种类的水果实施不同的关税制度。

第四节 壮大果蔬出口行业的政策建议

一、引导果蔬产业走农业标准化之路

（一）果蔬生产标准化和规范化

农业标准化是运用“统一、简化、选优”的原则，通过制定和实施标准，使农业生产的产前、产中、产后的全过程纳入标准生产和管理的轨道。农业标准化由三个体系组成，一是农业标准体系，这一体系包括农产品标准、种子种苗标准、生产技术规程等；二是农业标准监测体系，其目的是通过对生产资料、农产品和农业生态环境等方面的监测，对标准的实

施进行监督；三是农业标准化服务咨询体系，该体系由标准化管理部门、农业管理部门、环保部门、科研单位等组成，其主要作用是研究、宣传本国、本地的农业标准和国外标准，向企业和农户提供咨询服务。

农业标准化还是农业产业化经营的前提和基础。只有制定统一的技术和管理标准，把分散的农户组织起来，才能扩大农业生产规模，形成市场竞争中的规模效益和品牌效应。真正的农业产业化就是要把工业上的全面质量管理思想引用到农业生产过程中，进行全过程质量管理和标准化管理。

以农业标准化为基础的过程规范化是公开、公平、公正市场的保障，农产品市场体系高效运作将有赖于公开、公平、公正的市场环境。在果蔬行业标准基本完善的前提下，规范化的生产与销售是蔬菜质量的重要保障。过程规范化有利于实现蔬菜的优质优价，有利于改变目前蔬菜等级差价不明显的局面，同一等级的蔬菜执行同样的价格，价格能够真正反映产品的价值，使生产者和运销者接收到的价格信号清晰、准确，有利于其及时、正确地做出生产经营决策。同时，过程规范化保证了蔬菜质量、规格、包装等方面的标准化，有利于商品的均质化，从而有利于实现拍卖交易。

农业标准化与过程规范化可以有效降低交易费用。交易费用是在交易过程中所需费用的统称。包括搜寻成本、信息成本、议价成本和决策成本。一方面，数量众多的农户协商所引起的高额交易费用和“囚徒困境”所造成的高执行成本，使业内几乎没有形成强大组织的可能性；另一方面，从微观上看，每个交易主体是否交换，取决于其对交易活动的成本效益分析。随着市场化进程的加快，农户作为独立的经营主体，其参与市场的交易费用极为高昂，阻碍了市场机制作用的正常发挥，影响了农产品的交易效率。而过程规范化可以节约交易双方寻找交易对象、搜集和交换信息的成本。

（二）推动农业标准化的建议

从辽宁的现实情况看，要做强、做大果蔬出口产业，必须向纵深推进产业化；而要向纵深推进水果、蔬菜产业化，必须首先推行生产标准化。按照标准化规程种植、加工果蔬是扩大出口的需要，也是稳定市场份额的需要，更是增加农民收入、维护加工企业信誉、提高产品竞争力和企业经济效益的需要。

1. 组织科学研究

建议统一组织有关科技、教学和推广部门的科技人员，根据已有的研究成果、国内外市场要求以及国家的有关规定，分门别类地研究制定无公害果蔬和有机果蔬从产地环境到生产技术、加工技术及包装上市全过程的操作技术规范，用标准来规范农民的种植和作业行为，用标准来规范龙头企业的加工行为，用标准严格控制从种子到育苗、种植、加工、销售的诸多环节，逐步实现全过程的标准化，从根本上保证产品质量和规格的统一。

2. 推动产业化发展

在坚持标准化生产的基础上，推进果蔬产业化向纵深发展。第一，对果蔬产业化要做到认识到位、工作到位，不能仅重视生产而轻视加工和流通，在果蔬主产区要成立产业化的主管部门，改变目前各部门分散管理的状况，对水果、蔬菜的生产、加工、销售、检测等实施统一管理，逐步把生产、加工、流通的产业链按产业化要求连接起来。第二，要进一步完善产业化的组织形式。当前，要把农民产销合作组织和产销中介组织建设作为工作重点，提高果农、菜农的组织化程度，增强其市场开拓和抗御风险的能力。第三，注重政策推动。在调查研究的基础上，辽宁相关部门应当出台一些相关政策规定，努力营造有利于农户与市场连接、有利于各种产业化组织和主体健康发展的制度环境。第四，探讨机制建设。要通过建立好的运行机制，重点突破加工、保鲜、贮运等薄弱环节，促进生产与加工、保鲜、贮运的同步发展，使产业化各环节之间既相对独立，又能成为具有合理的利益分配机制和约束机制的利益共同体。

3. 组建产业化实体

纵深推进产业化，建好产业化实体是关键。要不拘一格、多种模式地组建产业化实体，将果蔬的制种、育苗、种植、加工、销售融为一体。从辽宁农村经济管理体制的现状看，成立以加工企业为核心层的果蔬产业化集团公司，实行“公司式制种—工厂化育苗—分散农户”的产业化实体模式。对照这一模式，目前总体上我国“公司式制种”尚未破题，“工厂化育苗”刚刚初露端倪，对外销售尚未形成“合力”和“拳头”。对此，必须针对这些薄弱环节加大工作力度。

组建产业化实体，企业是关键。从辽宁目前果蔬加工龙头企业的现实情况看，小、散、粗的问题比较突出，为进一步提升龙头企业的国际竞争力，必须借助于资产重组和组织重构，采取兼并、重组、租赁、联合等多种形式优化企业组织结构，促进加工企业的集团化和群体化，不断提高加工能力和市场开拓能力。

二、实施品牌战略，全面推动果蔬企业成长

品牌化建设是果蔬尤其是无公害果蔬走向市场必不可少的一环，是提高果蔬产业竞争力的重要基础，是实施绿色营销的内在要求。将果蔬产品质量融入品牌价值，变质量优势为竞争优势是保持其旺盛生命力的有效途径。

面对果蔬市场竞争不断加剧的新形势，只有创造出在国内外市场上质量过硬、有较高知名度的名牌产品，才能使果蔬产品在市场竞争中立于不败之地。为此，必须充分认识树立品牌意识的重要性，应围绕辽宁果蔬的优势品种，进一步加大培育和争创名牌的工作力度，形成一批果蔬产品及其加工品的名牌群，尤其要注重推出具有地方特色、广为人知的新、名、特、优、稀新产品，并实施规模化、专业化和标准化生产，提高名牌产品、优质产品的比重。对已确立的名牌产品要加大宣传力度，制定名牌营销策略，搞好商标注册，制定商品标准，进行高标准的产后处理。要改变把名牌产品当作一般商品销售的做法，重新对名牌产品进行市场定位，走名品变精品、抢占市场制高点的路子。从品牌入手，打造高端优质的果蔬龙头企业，进而全面推动辽宁果蔬企业的成长。

三、研究认证程序化与果蔬市场准入

辽宁的果蔬产品在国际上具有较强竞争优势，尽管目前国内果蔬产品进入国际市场的各种关税壁垒已经大大减少，然而各种新的绿色壁垒和技术壁垒却经常将辽宁的果蔬产品拒之于他国国门之外。果蔬作为一种安全、营养、优质的绿色产品，在通过产品认证从而使其符合世界市场的相关技术标准前提下，可以有效绕过绿色壁垒，从而极大地提高辽宁果蔬产品在国际市场上的竞争力。下面笔者将以无公害蔬菜为例，从理论分析与经验实证的角度，详细阐述在辽宁果蔬产业发展的现实选择中，产品认证程序化的重要意义与理论价值。

无公害果蔬是一种安全营养优质的果蔬产品，但是其品质优良的表现主要反映在其内在的安全品质和营养品质上，而这两个方面的表现对购买者来说是很难辨认的，在没有认证的情况下，消费者很难从外观品质上正确识别无公害果蔬与普通果蔬。

因此，目前无公害果蔬市场上经常可以见到普通果蔬洗净后冒充无公害果蔬的现象，如果不尽快加强对市场的管理，这些冒充果蔬将对无公害果蔬市场产生很大的消极影响，主要表现在无公害果蔬市场价格的降低以及销量的下降。另外，在普通果蔬的鱼目混珠使无公害果蔬市场价格降低之后，生产者必须降低其生产成本来维持无公害果蔬的生产和供应，而生产成本的降低又将降低无公害果蔬的产品营养安全质量，于是就更加使消费者难以区分无公害果蔬与普通果蔬，甚至使消费者对无公害果蔬市场产生信任危机，最终形成恶性循环。

四、开拓果蔬多元化销售渠道

目前是信息经济时代，面对果蔬业“大生产、大市场、大流通”的格局，尤其是针对果蔬市场价格波动大、市场行情瞬息万变的客观现实，要掌握发展的主动权，必须加快建立市场信息网络。

建议辽宁建立果蔬市场信息网络中心。果蔬市场信息网络中心，应该由以下几部分构成，即信息传输体系、预测预报信息体系、专家系统和科技信息体系。依靠信息传输体系，可实现全国各大中型果蔬生产基地、批发市场之间以及与国内外果蔬市场的联网，及时准确了解国内外的市场信息，及时提供有关生产、市场、供货信息，以帮助各果蔬批发市场制定指导性价格并明确判断市场供求关系；依靠预测预报信息体系，可以研究果蔬产销发展趋势和开展主要蔬菜品种产销形势的预测预报，为各地制定指导性计划提供科学依据；依靠专家系统和科技信息体系，可以及时向生产、加工、流通等各个环节提供科技信息，并对蔬菜生产经营过程中遇到的问题由专家提供指导性意见；通过建立果蔬信息网络体系，可以增强和完善市场功能，增强抵御市场风险的能力，牢牢把握发展的主动权。

在此基础上，要加大市场营销力度，多元化开拓新的果蔬销售市场。面对国内外竞争日益激烈的市场形势，尤其是伴随主销区果蔬自供能力的不断提高，辽宁开拓新的果蔬销售市场的任务非常艰巨。市场开拓应该坚持有所为、有所不为，对属于名牌产品、特色产品、精细产品的新鲜果菜要进一步提高国内市场的占有率，以国内外大中城市为重点，积极开展新产品的展销促销活动，在巩固传统销售市场的同时，加快开拓新市场。对果蔬加工品要注重开拓多元化的国际市场，出口加工企业要树立长期应对国际壁垒的意识，建立完善出口快速反应和预警机制，以降低目前出口过于集中于日本等少数国家、动辄受绿色壁垒制约而带来的风险。

为适应开拓新的营销市场的需要，对鲜菜产品要强化产后的商品化处理。要根据市场需要，以提高产品附加值为目标，创新采后处理措施，研制相应的包装材料和包装方式，制定出主要果蔬产品质量标准，广泛开展加工、运销技术研究。通过研究与开发，提高产品加工和贮运质量，以此提高产品附加值和市场竞争力。尤其应该大力实施“净菜进超市”工程，充分利用辽宁劳动力资源丰富的优势，对水果、蔬菜进行产后商品化处理，如分级、清洗、包装、预冷后直接进入超市。要大力提倡净菜上市、包装上市、分级上市、套菜上市，这一方面能够方便市民生活，减少城市垃圾；另一方面，能够使果蔬增值，同时还能大量消化、安置农村剩余劳动力。

在国内市场的运销组织方面，要以发展壮大农民运销队伍为突破口，推进流通体系建设。加强农民运销队伍建设，一可实现流通增值，二可保障产销衔接，三可解决劳动力就业，可谓一举多得。政府在这方面要进一步制定鼓励和扶持政策，帮助运销专业户解决当地、途中及销地的障碍和壁垒，提供必要的信息服务，构筑一个宽松的发展环境。

五、促进科技进步和提高劳动者素质

果蔬业是科技密集型和劳动力密集型产业，要把果蔬业作为国民经济的主导产业进行加快培植，必须加大对果蔬科技创新的投入；同时，提高果蔬产品质量也依赖于科技进步。为此，建议围绕果蔬的产、加、销各环节抓紧组建若干高水平的果蔬产业研发中心，重点研究果蔬新品种的培育、果蔬生物技术的开发应用、工厂化育苗、设施栽培新技术以及果蔬加工新品种的开发。依托研发中心，为果蔬产业的发展提供技术支撑，并发挥超前导向作用。如何让农民掌握更多的技术对果蔬产业的发展至关重要。

采取切实有效措施来提高菜农的科技素质，应重点抓好以下几方面的工作：一是要建立健全果蔬技术推广体系，做好技术服务；二是要积极支持各地组织农民成立果蔬专业协会；三是要加大科技培训的力度，分层次搞好果蔬技术推广员、农民技术员、科技带头户和广大农民的定期培训，尤其应抓好农民技术员和带头户的培训，推广绿色证书制度，通过农民技术员和带头户的典型示范带动作用，提高广大菜农的科技意识、商品意识和技术水平；四是农业主管部门要组织好果蔬科普书籍的编写、出版，尤其是组织编写各种果蔬不同栽培方式的技术规范，并向农民普及，以加快实现果蔬生产的规范化和标准化。

第四章

花生产业竞争力与企业成长

花生有着极其丰富的营养价值，适量食用不仅可以平衡膳食、调节人体机能和抵抗衰老，而且可以预防心血管、糖尿病等多种疾病。辽宁具有悠久的花生栽培历史，近年来随着种植规模和生产加工能力的不断增长，花生已经超越大豆成为辽宁第一大油料作物，并且是位列玉米和水稻之后的第三大种植作物。辽宁作为全国重要的花生种植区域和出口生产基地，出产的花生品质优异、无黄曲霉毒素，深受国内外市场的认可。凭借优越的自然条件，经各级政府、相关部门及企业的共同努力，辽宁正在由资源优势向出口优势转化，从规模扩张向质量提高转变。

第一节　全国花生出口格局

一、全国花生生产状况分析

（一）产品产量

自 20 世纪 90 年代以来，中国的花生产量超过印度跃居世界第一。纵观 2011 ~2015 年的产量情况（见表 4 –1），2011 ~2013 年，花生产量由 1604. 64 万 ~ 1697. 22 万吨逐年递增，但涨幅有所减缓，由 4. 02% 降至 1. 68%；2013 ~2015 年花生产量呈下降趋势，但 2014 年与 2015 年十分相近，分别为 1648. 17 万吨和 1643. 97 万吨。由此可见，中国花生产量整体态势趋于平稳（见图 4 –1）。

表 4 - 1　　2011 ~ 2015 年中国花生产量　　单位：万吨

年份	2011 年	2012 年	2013 年	2014 年	2015 年
产量	1604. 64	1669. 16	1697. 22	1648. 17	1643. 97

资料来源：中华人民共和国国家统计局。

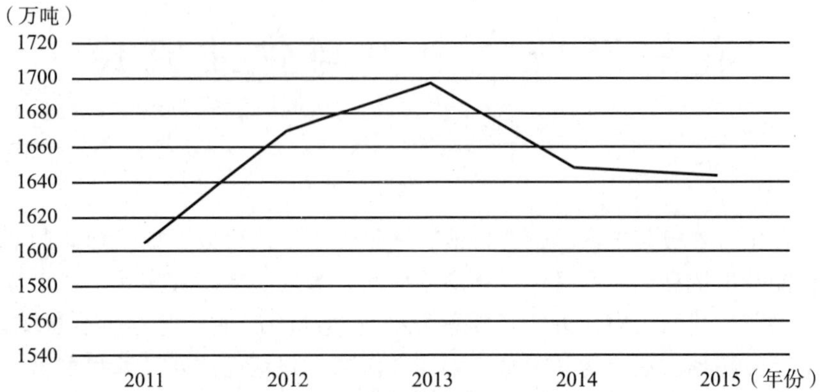

图 4 - 1　近五年中国花生产量

（二）产品类型

花生品类繁多，按花生籽粒的大小分为大花生和小花生两大类型。按生育期的长短分为早熟、中熟、晚熟三种。按植株形态分直立、蔓生、半蔓生三种。按花生荚果和籽粒的形态、皮色等分为四类：其一是普通型，即通常所说的大花生。荚壳厚、脉纹平滑，荚果似茧状、无龙骨，籽粒多为椭圆形。普通型花生为我国主要栽培的品种。其二是蜂腰型，荚壳很薄、脉纹显著，有龙骨，果荚内有籽粒三颗以上，间或有双粒的，籽粒种皮色暗淡、无光泽。其三为多粒型，果荚内籽粒较多，呈串珠形，夹壳厚、脉纹平滑，籽粒种皮多红色，间或有白色。最后是珍珠豆型，荚壳薄，荚果小，一般有两颗籽粒，出仁率高，籽粒饱满，种皮多为白色。

就花生产业产品而言，除了花生果、花生仁等原料花生外，还包括花生的主要加工产品，如花生油、花生饼、花生食品、花生酱、烘焙花生、花生米罐头等。

（三）生产区域

在生产区域方面，中国花生种植区域广泛，范围大致是东起黑龙江密山，西至新疆喀什，南至海南三亚，北到黑龙江黑河。根据近几年各省区市花生种植面积和产量情况，我国花生的主要产区为河南、山东、河北、辽宁、广东、四川、安徽等省份。根据各地花生生产发展及变化情况、地理位置、地形地貌特征、气候条件、品种生态分布以及耕作栽培制度的特点，大致可将中国的花生产区划分为：东北花生区、黄淮海花生区、黄土高原花生区、西北内陆花生区、长江流域花生区、云贵高原花生区和东南沿海花生区共七个区域。

进入21世纪以来，仅有东北地区的花生播种面积表现出较快的增长趋势，之后也一直保持了最强劲的增长势头。因而，作为东北地区花生生产规模最大的省份——辽宁，在花生生产和贸易方面有着强劲的发展潜力。

根据全国花生产地的生产情况来看，种植面积较大的省份主要是河南、河北、山东、广东、辽宁五省，总产量占比有较大优势的是河南和山东两省，单产能力领先的是安徽、山东、河南三省（见表4-2、表4-3、表4-4）。

表4-2　2015年全国主要花生产地生产情况

地区	播种面积（千公顷）	总产量（万吨）	单产（公斤/公顷）
河北	342.9	127.4	3716
辽宁	277.8	44.8	1612
安徽	191.1	94.4	4941
山东	740.4	319.4	4314
河南	1074.6	485.3	4516
广东	365.9	109.0	2980
全国总计	4616	1644.0	3562

表4-3　2014年全国主要花生产地生产情况

地区	播种面积（千公顷）	总产量（万吨）	单产（公斤/公顷）
河北	352.5	129.2	3667
辽宁	305.6	62.0	2030
安徽	190.4	94.4	4955

续表

地区	播种面积（千公顷）	总产量（万吨）	单产（公斤/公顷）
山东	755.3	331.3	4386
河南	1058.3	471.3	4453
广东	357.4	104.3	2919
全国总计	4604	1648.2	3580

表 4-4　　2013 年全国主要花生产地生产情况

地区	播种面积（千公顷）	总产量（万吨）	单产（公斤/公顷）
河北	355.6	130.1	3658
辽宁	341.5	111.3	3259
安徽	187.3	88.7	4734
山东	780.3	345.7	4430
河南	1037.3	471.4	4544
广东	351.0	99.8	2845
全国总计	4633	1697.2	3663

资料来源：中华人民共和国国家统计局。

二、全国花生出口状况分析

（一）出口总量

由表 4-5 可以看出，花生的出口价格每年都有所波动。2011 年花生出口数量为 17 万吨，金额为 259.77 百万美元；2012 年出口 15 万吨，减少 11.8%，但金额却上涨至 272.36 百万美元；2013 年出口数量再度减少为 13 万吨，降幅为 13.3%，出口金额有了明显的下降，为 219.07 百万美元；2014 年出口数量有小幅度的上涨，涨幅为 6.31%，总金额却降低了 18.42 百万美元；2015 年出口数量为 12.76 万吨，比上一年下降 7.67%，出口金额却升至 215.02 百万亿美元。

表 4-5 2011～2015 年中国花生出口数量及金额

指标	2011 年	2012 年	2013 年	2014 年	2015 年
出口数量（万吨）	17	15	13	13.82	12.76
出口金额（百万美元）	259.77	272.36	219.07	200.65	215.02

资料来源：中华人民共和国国家统计局。

（二）出口市场

世界花生产品贸易主要集中在欧洲、亚洲和美洲。从出口上看，亚洲和美洲是世界花生产品的主要出口地区。亚洲的出口呈逐步上升趋势，近年来的出口数量是 20 世纪 70 年代末的 2.7 倍；美洲的出口波动幅度不大，比重基本上保持在 30% 左右。非洲花生产品的出口量一直处于负增长，仅占世界花生贸易量的 7% 左右。中国、美国、阿根廷和印度是世界上最大的四个花生出口国。

从进口上看，欧洲是世界上最重要的花生产品进口地区，进口比重占全球的 50% 以上，但其进口数量和占比呈下降趋势，近年来的进口数量比 20 世纪 70 年代末下降了 1/3，比重下降了 30%。亚洲的进口虽然排在世界第二位，但与欧洲相比仍有很大差距，占全球的 30% 左右。美洲的进口呈逐步上升趋势。世界上主要的进口国家和地区有欧盟、中东、日本、韩国、东南亚等，其中，日本高居我国出口的第一位，韩国、俄罗斯、荷兰、菲律宾等也是我国花生产品的主要出口市场。

不同的国家对于进口的需求也存在着不同，欧盟是世界最大的花生进口市场，要求进口的花生必须加工严格，没有玻璃、石块等恶性杂质，花生仁、果粒饱满均匀，色泽好。大花生仁要求最好是弗吉尼亚型，小花生仁要求最好是西班牙型。要求进口的花生不含黄曲霉毒素。日本较喜欢进口山东花生，对规格要求也较高，以进口弗吉尼亚型花生仁为主。韩国订货多是些小规格的品种，以及类型不限的大粒种花生仁。中东地区比较喜欢中国的大规格大粒种花生仁。

三、全国花生出口产业特点

花生出口产业是以满足国际客户需求为目的，基于花生产业基础，在加工企业资质、监管部门、生产管控及贸易方式等环节与内销花生有明显区别的农业种植、加工、贸易一体化的产业，与内销花生比，其特性具体表现如下：

（1）出口花生加工企业由出入境检验检疫部门进行备案和管理，原料、半成品、成品需按要求通过检测方可出口。如对欧盟出口花生，还需在欧盟指定实验室进行检测。

（2）客户为国际大型贸易商或加工厂商，单笔采购量大、质量要求严格。如欧盟、日本等进口国对花生黄曲霉毒素几乎为“零”容忍。

（3）对进入加工厂的花生原料要求严格，且加工生产要进行全过程质量管控。如入厂原料要进行检测，需具有花生品种、规格、水分、产地及杂质等准确信息。

花生出口产业在具有独立特性的同时，又依托现有的花生产业基础：

（1）加工出口企业还不具备建设大规模自有基地的能力，在部分企业订单种植的基础上，出口花生原料还依赖于现有的种植场（合作社、农场及农户）及种植品种。

（2）企业还不具备完全自己脱壳的能力，在一段时期内，企业还将按需求以高于内销的价格在现有脱壳点进行收购。

（3）企业还不具备花生种植生产的技术服务能力，目前，花生种植技术推广、服务与生产环境管控等环节还要靠政府有关部门主导开展。

第二节　辽宁花生出口行业分析

一、辽宁花生生产状况分析

（一）产品产量

由图4－2可以看出，辽宁近十年的花生产量有较大幅度的波动。出现两次峰值分别在2008年和2011～2012年（两年产量相同），相应产量分别80.1万吨和116.5万吨。2013年开始，花生产量有明显的下降趋势，2014年产量仅为62万吨，比上一年减少了44.3%，2015年产量仅为44.8万吨，减少了27.7%，该产量仅占全国总产量的2.7%，单产量达近十年最低水平。

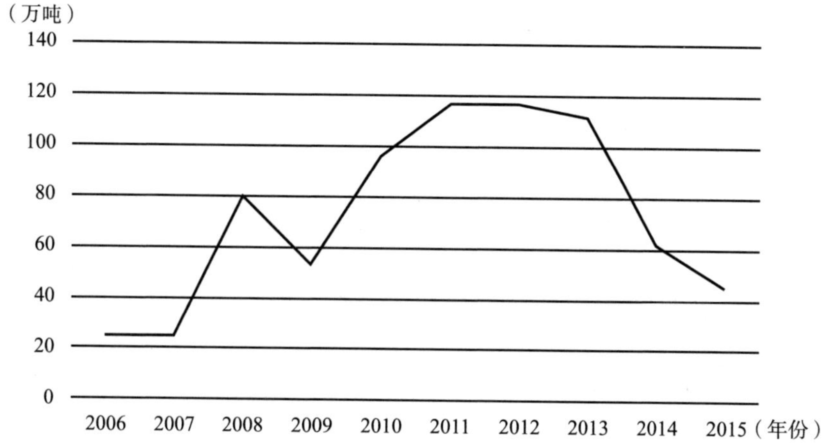

图 4-2 辽宁近十年花生产量变化

资料来源：辽宁省统计年鉴。

（二）品种

辽宁以种植珍珠豆型早熟中粒型花生品种为主，占花生总量的98%左右，其余为普通型大粒花生、多粒型花生品种。主栽品种包括辽宁风沙地改良利用研究所选育的阜花系列，山东省花生所选育的花育系列、鲁花系列，锦州市农科院选育的锦花系列，铁岭市农科院选育的铁花系列，大连市农科院选育的连花系列，以及白沙1016、唐油4号等品种。

（三）生产区域

辽宁花生主要分布在阜新、锦州、铁岭、沈阳、葫芦岛、鞍山、朝阳、大连等地区，其中，栽培面积较大的有阜新、铁岭、沈阳、锦州、葫芦岛和大连6个主产区，阜新市是花生种植面积最大的地区，占全省50%左右，在全国地级市位居前五位。以2016年为例，出口花生产品总值较多的有葫芦岛市（794.7万美元）、大连市（285.1万美元）、丹东市（143.2万美元）、阜新市（140.1万美元）以及锦州市（94.1万美元）。

（四）经济效益

2016年，由于花生单产水平提升和销售价格稳中有升，花生生产效益有所提升，详见表4-6。

表4-6　　2016年花生产出效益分析表

项目	产出及效益
主产品产量	400斤/亩
产值合计（2.7元/斤荚果）	1080元/亩
生产成本	580元/亩
净利润	500元/亩

资料来源：辽宁农委。

二、辽宁花生出口状况分析

（一）出口总量

近年来国外对进口花生的需求日益减少，使得辽宁花生的出口总额明显下降。依据检验检疫数据整理统计，2016年辽宁全省花生出口总值为17466132.56美元，比2015年出口总值24025156.02美元减少了6559023美元，降幅为27%。

2016年，花生、花生仁出口额为1199617.65美元，占出口总额的58.4%；花生制品出口额为7266514.90美元，占出口货物总值的41.6%，其中，花生油、花生饼粕出口记录均只有1笔，量小且产地不属于辽宁（见表4-7）。出口花生由花生及花生仁逐步向加工产品转型，同时，核心出口企业的小包装品牌产品已打入国外终端市场。

表4-7　　辽宁2016年出口花生产品情况

分类	产品名称	出口货物总值（美元）
原料	花生	3099241.65
	花生仁	6520871.00
	花生仁40/50	246715.00
	花生仁50/60	138320.00
	花生仁60/70	130720.00
	小粒花生仁	63750.00
	总计	10199617.65

续表

分类	产品名称	出口货物总值（美元）
制品（含花生油、饼粕）	初榨花生油	1890. 50
	豆果子（花生制品）	304391. 10
	烘焙花生	461655. 50
	花生饼粉	99000. 00
	酱花生	555420. 00
	酱花生米	497550. 00
	酱汁花生	406840. 00
	烤果花生	204715. 50
	烤花生果	95002. 40
	可可花生	80983. 50
	卤花生	3. 08
	脱皮花生仁	3548447. 50
	脱皮花生仁（烘焙）	271830. 00
	盐水花生	285515. 52
制品（含花生油、饼粕）	油炸带皮花生	19500. 00
	油炸花生	433770. 30
	总计	7266514. 90
原料及制品总计		17466132. 56

资料来源：辽宁出入境检验检疫局。

（二）出口国家或地区

辽宁是我国第二大花生出口地区，出口市场由日本为主逐步向北美洲、欧盟地区转移。目前，日本仍是最大的出口市场，交易额占总数的40%，其次是荷兰、墨西哥、韩国、加拿大等国家（见表4－8）。

表 4－8　　辽宁花生出口国别排名

国家	出口货物总值（美元）
总计	17466132.56
日本	7039271.22
荷兰	5176631.55
墨西哥	1497907.50
韩国	1459810.00
加拿大	1181784.80
德国	511908.40
英国	241820.00
菲律宾	132300.00
希腊	108300.00
美国	99000.00
澳大利亚	12950.00
西班牙	2575.00
马来西亚	1871.00
俄罗斯	3.08

资料来源：辽宁出入境检验检疫局。

根据表 4－9 可以看出，2016 年大多数国家的花生出口总值都有较大幅度的减少，其中，巴基斯坦、沙特阿拉伯、朝鲜、波兰四个国家 2016 年没有从辽宁进口花生产品，墨西哥则加倍进口了辽宁花生产品，菲律宾和西班牙成为新的出口市场，出口俄罗斯的产品总值几乎可以忽略不计。

表 4－9　　辽宁花生出口国家 2015～2016 年对比

国家和地区	2015 年出口总值（美元）	2016 年出口总值（美元）	同比（%）
总计	24025156.02	17466132.56	－0.27
日本	8938336.31	7039271.22	－0.21
荷兰	6635576.75	5176631.552	－0.22
加拿大	2849242.00	1181784.8	－0.59
韩国	2380648.80	1459810	－0.39

续表

国家和地区	2015年出口总值（美元）	2016年出口总值（美元）	同比（%）
德国	859887.55	511908.4	-0.40
美国	710712.00	99000	-0.86
俄罗斯	567539.87	3.0845	-0.99
英国	398480.00	241820	-0.39
墨西哥	265257.50	1497907.5	4.65
希腊	186495.75	108300	-0.42
巴基斯坦	177600.00		-1
沙特阿拉伯	18000.00		-1
朝鲜	14745.00		-1
澳大利亚	14300.00	12950	-0.09
马来西亚	7434.50	1871	-0.75
波兰	900.00		-1
菲律宾		132300	
西班牙		2575	

资料来源：辽宁出入境检验检疫局。

根据表4-10所示，原料类的花生、花生仁主要销往荷兰、加拿大、英国和日本，少量销往马来西亚；而各类花生制品则销往亚洲、欧洲、美洲的多个国家。其中，出口日本的产品种类最多，共有12种，远远超过出口其他国家的品种数量。

表4-10　花生出口国别分品种统计

国家	产品名称	出口货物总值（美元）
澳大利亚		12950.00
	烤花生果	12950.00
德国		511908.40
	烘焙花生	429856.00
	烤花生果	82052.40
俄罗斯		3.08

续表

国家	产品名称	出口货物总值（美元）
	卤花生	3.08
菲律宾		132300.00
	脱皮花生仁	132300.00
韩国		1459810.00
	酱花生	555420.00
	酱花生米	497550.00
	酱汁花生	406840.00
荷兰		5176631.55
	烘焙花生	19532.00
	花生	1833961.05
	花生仁	1321928.50
	脱皮花生仁	2001210.00
加拿大		1181784.80
	初榨花生油	1890.50
	烘焙花生	9692.50
	花生	1170201.80
马来西亚		1871.00
	花生	1871.00
美国		99000.00
	花生饼粉	99000.00
墨西哥		1497907.50
	脱皮花生仁	1226077.50
	脱皮花生仁（烘焙）	271830.00
日本		7039271.22
	豆果子（花生制品）	304391.10
	花生	93207.80
	花生仁	5037682.50
	花生仁 40/50	246715.00

续表

国家	产品名称	出口货物总值（美元）
	花生仁 50/60	138320.00
	花生仁 60/70	130720.00
	烤果花生	204715.50
	可可花生	80983.50
	小粒花生仁	63750.00
	盐水花生	285515.52
	油炸带皮花生	19500.00
	油炸花生	433770.30
西班牙		2575.00
	烘焙花生	2575.00
希腊		108300.00
	脱皮花生仁	108300.00
英国		241820.00
	花生仁	161260.00
	脱皮花生仁	80560.00
总计		17466132.56

资料来源：辽宁出入境检验检疫局。

三、机遇与挑战

（一）机遇

1. 地理位置优势

辽宁南临黄海、渤海，东与朝鲜一江之隔，与日本、韩国隔海相望，是东北地区唯一的既沿海又沿边的省份，也是东北及内蒙古自治区东部地区对外开放的门户，距离其主要出口市场日本、韩国、朝鲜的水路或陆路交通非常便利，运输成本低。此外，辽宁背靠内蒙古，与我国最大陆路口岸城市满洲里相距不远。同时，辽宁的地貌以低山丘陵和平原为主，公路、铁路交通网发达，非常方便大宗货物的运输；全省拥有 2920 公里海岸线，东起鸭绿江口，西至山海关老龙头，分布着大连、丹东、锦州、营口、盘锦、葫芦岛六大主要港口，海路运输同样非常便捷。比起内陆省份，天然的地理位置优势和便利的交通运输系统使得海外市场优先考虑运输成本更低的辽宁花生。

2. 自然条件优势

辽宁所处的经纬度，是世界上适宜花生种植最北部区域之一，属于优势产区。全省平均降水量 576.5 毫米，平均气温 8.3℃，平均相对湿度 65%，日照时数 2643.2 小时，无霜期为 150 天左右。辽宁种植的花生主要分布于辽西和辽北地区，花生种植的土壤多为沙土、砂砾土、风沙土还有部分壤土。特别是与内蒙古毗邻的农牧交错区，丘陵坡薄地多，沙质土面积大，气候冷凉，昼夜温差大，生长季节干旱少雨，收获贮藏期气候干燥，花生无黄曲霉感染，蛋白和糖分含量高，口感好，发展花生产业具有明显的地理优势和品质优势，受到国内和国际市场的青睐，已在业内具备了一定影响力。目前，辽宁各地区品种资源丰富，已经培育出许多高油脂、高蛋白、多抗的优良品种，为下一步开拓国际终端市场奠定了基础。

3. 花生种植带已经形成

辽宁花生种植分布多集中在辽西、辽西北地区，主产区从西南向西北依次分布在葫芦岛、锦州、阜新、沈阳、铁岭市，在整体省内花生品质优良的基础上，产区集中且相邻，生育期从西南向西北依次缩短，有助于整体规划布局、统一组织生产和集中收购，有利于花生出口产业的发展。

4. 龙头企业与企业家优势

目前，辽宁花生出口企业数量与规模尽管不足，但核心企业正在转型升级，向终端市场产品、品牌产品、有机产品发展，进一步发挥辽宁花生的品质优势。2016 年，辽宁花生出口发货企业共有 28 家，年加工花生米 60 万吨以上，年出口花生米 20 万吨左右。这些加工企业在沈阳、鞍山、丹东、锦州、阜新、铁岭、葫芦岛等花生主产区设厂，在实现花生就地加工的同时，又带动了周边地区花生种植业的发展，在一定程度上为企业和农户带来了经济效益。

【案例 4-1】

辽宁正业集团是一家集房地产开发、电力、农业产业化、钢结构、建筑施工、矿产资源开发、食品生产与销售及置业管理、医疗健康管理等多个产业为一体的集团化企业。其多元化的跨行业投资和经营、多元化的赢利渠道，让集团具备了较强的抗风险能力，保证了集团的稳定发展。花生公司2003年成立，直至2008年才开始赢利，正是由于集团的强有力支持和持续的投资，才得以实现赢利。此外，正业集团是辽宁农村信用合作社联合社的股东之一，具有较强的信贷能力，而花生公司在东北最强劲的对手——吉林的一家花生公司，就是由于资金链断裂而走向破产。

目前该公司已在欧盟注册了正业欧洲有限公司，正在欧盟注册自有品牌，经营品种已由原料花生仁向有机花生仁、烘焙花生、小包装即食花生拓展，企业正向品种研发、基地种植、加工生产、贸易服务一体化的现代农业企业转型。

正业集团的创始人赵总以前在政府建委工作，踏实肯干、为人真诚。为了留住企业的员工，赵总为员工提供了丰厚的福利和有竞争力的工资水平，员工对企业的认同度和对企业家的赞誉度普遍较高。

资料来源：笔者根据调研资料整理。

正是由于经营管理这些企业的企业家和人才们潜心经营和脚踏实地发展花生产业，才使得辽宁花生产品有优良的品质保障，突破重重关卡出口到世界各地，把辽宁花生的品牌打响。

（二）挑战

1. 种子资源匮乏，产量低

目前，辽宁所用花生种子约有90%源于山东，本土培养种子数量较少。而辽宁虽有数量较多的育种机构，但由于其非市场化导向等管理问题，在新品种培育上存在一些问题，尚难以满足目前的市场需求。再加上花生“品种退化”特性的存在，需要异地换种，大量从外地引进种源使得花生种植成本提高。

辽宁无霜期为150天左右，比山东的无霜期大约短30天，适合花生生长的时间约120天；而目前辽宁所使用的花生种子多为生长周期较长的种子，导致花生在收获时瘪果多、产量低。

2. 与国内其他主产区比，价格无竞争力

从生产成本分析，山东、河北、河南等低纬度产区的积温相对辽宁较高，一年一茬花生的单产高于辽宁，采取复种花生其综合效益优于辽宁，

综合比较，辽宁花生的生产成本相对较高；吉林、内蒙古等产区虽然积温相仿，但人均耕地面积大于辽宁，花生价格也有一定竞争力。在当前国际市场总体需求不高的情况下，辽宁花生的价格没有优势，如不充分发挥品质优势，将面临较大的出口压力。

3. 与主要贸易口岸比，贸易流通环节无优势

经调研，山东为我国花生出口量最大的省份，2016 年花生出口额在 7 亿美元以上，花生加工出口集群已经形成，政策、金融、信息及贸易服务等出口软环境较好，尤其在通关速度和船期上优势明显：一是由于检测硬件设施与通关服务水平优于辽宁，山东花生的通关速度普遍比辽宁快 3 个工作日以上；二是由于流通量大，很多海运船只从辽宁口岸出发后到山东口岸继续装船再出海，导致山东口岸到境外欧美等各大港口的船期比辽宁短。如农产品出口欧盟，辽宁花生出口量较大的葫芦岛地区，其花生需要到锦州检验检疫部门的通过欧盟认定的实验室进行检测，异地检测大大延长了通关时间；同时，山东到欧盟港口约 35 天，而辽宁为 42 天。

4. 产业链各环节的链接不紧密，难以形成出口优势

花生是辽宁第三大作物，但在 2016 年一百余家种植业农民合作社省级示范社中，只有 4 家经营花生的合作社。目前辽宁花生种植环节的经营主体仍然以分散的农户为主，出口加工企业很难直接与分散种植户开展生产及采购合作，使出口产业的种植与加工出口环节没有有机结合。这种现状对花生出口产业产生了两个方面的影响：一是出口需求的品种与实际生产不匹配，出口企业采购的品种主要为花育和白沙系列，而各地行业部门及研发机构没有围绕出口需求进行品种推广和研发；二是质量安全难以掌控，企业从脱壳点及其他流通环节采购花生，脱壳点为农民经营，不具独立法人资质，难以监管，导致花生原料的来源和品质易出现问题。如河北等黄曲霉高发地区花生冒充辽宁花生进入辽宁流通市场，对脱壳环节的管控不力，导致辽宁出口企业黄曲霉超标，使近两年辽宁花生出口下滑。

5. 缺乏国际市场终端产品及品牌产品，出口对产业拉动力不足

2016 年，辽宁花生直接加工出口量不足产量的 1%，主要原因：一是省内加工出口企业需求量不多，大量花生被山东企业收购与本地花生掺混后加工出口；二是辽宁花生生产成本高，出口产品多为原料产品，对品质要求不高，现有的大部分企业不接受高价格原料。出口贸易与种植生产是相互依托、相互拉动的，加工出口企业的产品没打入餐饮超市等终端消费市场、有机产品市场，没有动力整合花生出口的种植、加工、出口等各环节，产业发展没有强有力的市场推动力，而产业基础的发展水平也影响了花生的出口。

第三节 辽宁花生出口行业优势提升

一、提升产品品质，加强基地建设

花生进口国家近年对花生品质的要求越来越高，辽宁花生产业应在保持低农药残留和低黄曲霉毒素含量的基础上选育更多优质的花生品种，避免自然授粉等原因导致的品种杂乱、质量低劣问题。利用生物技术，增加花生品种的优良性状，培育出高产、耐寒、抗旱的优质产品，在出口行业中提升竞争力。

此外，还需开发建设一批专业的、规模化的，用于培育优良品种、提高产品品质的花生生产基地，以基地的建设带动花生产品生产企业的发展，完善相应运作机制，科学地将基地、企业、农民紧密连接在一起，促进辽宁花生产业的快速稳步发展。

二、运用先进技术，实现科学栽培

地膜覆盖栽培技术可以增加土壤耕层的温度，保持土壤的含水量，对提高花生产量有着明显的效果，实践证明使用这种方式培育的花生比普通的裸地栽培能增产40%以上。在全省大力推广地膜覆盖栽培技术，并辅以先进的现代信息技术和检测技术，实时远程把控栽培流程，及时检测产品质量，实现花生种植的自动化、科学化、智能化，从而提高花生产品的生产效率，为辽宁花生出口产业提供真正有竞争力的产品。

三、发掘辽宁优势，促进深加工

目前，辽宁花生出口多为初级产品、缺乏科技含量、产品附加值较低，导致出口价格低廉、利润偏低，影响农民和企业的生产积极性。要想使花生出口产业有较大的提升，必须发掘和利用好辽宁各方面潜在的优势，创新发展花生深加工技术，提升花生产业硬能力，开发新的花生深加工产品，培养花生产品精深加工的龙头企业，扩大高附加值产品的生产规模，延长花生产业链条，以向国际市场提供有吸引力的高档产品，提高全省花生出口产业的竞争实力。

四、注重品牌建设，稳固国际市场

能否形成品牌化产品是企业是否具有持续竞争力的重要标志，品牌意味着优质的产品和服务，意味着专业的栽培和加工技术，意味着科学管理的企业和系统完整的产业链，消费者选择产品很大程度上会受到品牌的影响。花生产品的品牌化是辽宁花生出口产业的必经之路，有了一系列建设品牌所必备的条件，配合以有力的宣传，才能打响辽宁的花生品牌，增强花生产业软能力，使辽宁花生产品扬名四海、稳固已有市场并开拓更大的市场。

第四节　壮大花生出口行业的政策建议

一、财政、金融、风险管理政策

辽宁政府应适当出台政策，在财政方面给予农民、基地和企业一定的补贴，以提高三方的生产积极性。相关部门需制定详细的补贴标准、补贴办法和补贴效果评估方案，按规定将每一分补贴用在效益最大化的地方，帮助企业完成花生产业增产创新项目，及时对效果实施评估考察以完善相关制度。

政府部门还应对辽宁花生企业提供金融扶持政策，如建立花生出口信贷制度，对花生产品出口企业提供政府贷款或建立供应商担保项目，为国外的进口商提供国家信贷担保及买方担保，以吸引更多的外商选择辽宁花生。

对于风险管控，辽宁政府应完善花生出口政策性保险制度，增强农产品出口企业的风险防范能力。同时，还可以建立出口企业风险基金，成立专业的风险管控团队，针对各种突发事件和国内外市场存在的价格、出口、贷款等一系列风险及时作出应急反应和统一部署，通过专项基金帮助企业化解花生出口市场风险。

二、科技支持政策

辽宁政府需大力支持农业技术和精深加工技术的创新发展，帮助企业攻克技术性难题，为企业搭建科研服务平台，加强对省内科技资源的整合，做好企业、农产品科研院所和省内外高校的连接桥梁。引进和培养优秀的专业技术人才，提供资金引进先进的农耕器械和加工工艺，支持新科技项目的研发和测试，推动花生产业结构优化升级，从根本上提升辽宁花生产品的国际竞争力。

三、推进出口示范区建设

继续以政府为主导、以“公司+基地+标准+品牌+市场”为模式，开展示范区建设。在兴城、阜蒙、彰武、康平等现有示范区内，进一步加强出口花生生产管控体系建设，鼓励企业建设自有基地与合作基地，提高花生种植的组织化程度，政府引导企业、合作社等法人单位建立花生脱壳储藏工厂，进一步保障出口花生的质量安全。围绕锦州、沈阳、铁岭等花生主产县（市、区）和适宜有机花生推广地区进一步推进出口示范区建设，推动政府部门与服务机构、出口企业、脱壳点及基地农户的有机结合，将出口示范区生产管控模式覆盖全省花生主产区，提高出口标准生产覆盖率，加速农业资源优势向出口优势转化。

四、加强海外贸易平台建设

在美国、加拿大和韩国的辽宁农产品展示中心的基础上，继续以政府主导、市场运作、本土化经营为理念，逐步在欧盟、东盟等主要进口国家及地区开展辽宁出口农产品展示中心建设，推动有实力的境外展示中心建立海外仓，促进境外品牌注册与推广，提高终端消费品的开拓、配送及售后服务能力。通过海外贸易平台建设，拉动省内企业向出口终端消费品、有机产品等高附加值花生产品转型，放大辽宁花生高蛋白和无黄曲霉毒素等品质优势，培育有竞争力的国际品牌，提高辽宁花生的国际影响力。

五、探索出口花生原料种植场备案管理

目前，出口花生的种植基地无须到检验检疫部门备案，这种管理方式对花生种植的指导与监管不力，对产地追溯的准确性难以保证，淡化了辽宁花生的品质优势。建议检验检疫部门与农业部门共同探索管理方式，在不增加经营成本的情况下，开展出口花生原料种植场备案，形成花生从种植到出口的闭环管理，加强源头的管控，合理减少检测批次与数量，保障安全、加速通关。

六、通过提升服务水平推动企业成长

建议农业部门牵头，针对花生出口产业开展长期的专项研究，建立专家团队对产业各环节进行跟踪研究，建立数据库，跟踪采集生产、价格、贸易等相关数据，开展检查预警分析，数据与研究成果及时共享，为各环节从业者提供信息服务；加强科研服务机构与加工出口企业的对接，围绕国际市场需求开展品种及生产技术研究，及时制定修订生产规程，为产业提供技术支撑；检验检疫、海关及农业部门进一步加强合作，利用自贸协定及自贸区等优惠政策，结合示范区建设与管理实际，简化通关手续，降低贸易成本；发挥协会等社会组织机构的作用，在企业自律、组织协调及金融服务方面提升服务能力，推动花生出口企业的成长，促进全产业链的发展。

第五章

食用菌产业竞争力与企业成长

食用菌作为新兴的特色产业，已成为调整农业产业结构、促进农民增收的新的经济增长点。辽宁是我国食用菌重点产区之一，食用菌栽培历史悠久，品种丰富。纵观辽宁食用菌行业的发展，既离不开当地丰厚的资源条件和政府的大力支持，也得益于全国食用菌行业的全面进步。通过对辽宁食用菌生产和食用菌出口企业的调研，进一步认识辽宁在全国食用菌行业中的基本现状，弥补自身短板，从而对辽宁食用菌生产、销售及出口进行监测并进行产业链的整体分析，以推动调整和优化食用菌产业结构，提高辽宁食用菌出口的国际竞争力，促进产业发展。

第一节　全国食用菌出口格局

一、全国食用菌生产状况分析

（一）产品产量

据相关部门统计，1978 年我国食用菌产量不足 6 万吨，仅占世界总产量的 5.66%；1990 年突破 100 万吨，达 108.3 万吨，占世界总产量的 22.1%；到 1994 年，食用菌产量快速增长到 260 万吨，占世界总产量的 52.96%；而到 2002 年，全国食用菌总产量已达 865 万吨，占世界总产量的 70.6%；2015 年全国食用菌产量高达 3476.15 万吨，超过世界总产量的 80%，约为 1978 年的 580 倍。2015 年，全国食用菌总产量最高的省份是河南省，为488.65万吨，辽宁的产量为176.7万吨，如图5-1所示。

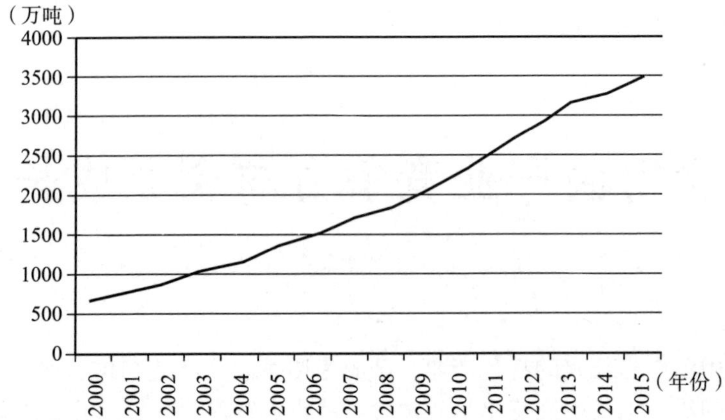

图5-1 2000~2015年中国食用菌总产量情况

资料来源：中国食用菌协会。

（二）品种结构

从品种结构来看，我国食用菌品种众多，不仅包括香菇、平菇、双孢蘑菇、金针菇、草菇、黑木耳、毛木耳等大宗品种，而且还拥有银耳、滑菇、猴头菇、鸡腿菇、白灵菇、杏鲍菇、茶树菇、小平菇、姬菇等珍稀品种；此外，还发展了以灵芝、天麻、冬虫夏草、茯苓等为代表的药用菌产业和以松茸、牛肝菌、块菌、羊肚菌等为代表的野生食用菌产业。在这些品种中，香菇、平菇、双孢蘑菇、黑木耳、毛木耳、金针菇的产量一直居于前6强，且呈现不断增长的态势。

（三）生产区域

从2015年全国食用菌产量分布情况看，产量超过200万吨的省份有：河南省488.65万吨、山东省446.3万吨、黑龙江省323.91万吨、河北省270.84万吨、福建省247万吨、江苏省224.15万吨。辽宁食用菌产量为176.76万吨，与以上省份相比，其生产优势并不明显，这反映了辽宁在食用菌生产上还存在较大的发展空间，辽宁需抓住市场机遇，扭转产量上的弱势，强化产值上的优势，提高竞争力。

二、全国食用菌出口状况分析

（一）出口总量

据中国海关和国家统计局数据，2014 年我国出口总量 524698 吨，出口额总值达 290165 万美元；2015 年我国出口总量 516828 吨，出口额总值达 305254 万美元。2016 年我国共出口食（药）用菌产品 557780 吨，与 2015 年相比增长了 7.92%；创汇 322048 万美元，比 2015 年提高了 5.5%。如表 5－1 所示。

表 5－1 2014～2016 年中国食用菌出口总量值

年份	出口量（吨）	同上期比（%）	出口额（万美元）	同上期比（%）
2014	524698	—	290165	—
2015	516828	－1.5	305254	5.2
2016	557780	7.92	322048	5.5

资料来源：中国食用菌协会。

（二）出口市场

从中国各类食用菌出口市场份额总体变化来看，日本、美国、意大利、德国、法国、中国香港是中国食用菌最大的输出市场。

（1）新鲜或冷藏类。日本一直是中国新鲜或冷藏类食用菌的最大出口市场，其平均进口额占中国此类食用菌出口总额的 68%，美国是第二大进口国家，其平均市场份额为 9.7%。此外，韩国、意大利、马来西亚、法国、荷兰、中国香港等国家和地区也是中国新鲜或冷藏类食用菌的主要输出市场。

（2）盐渍品类。中国盐渍品食用菌出口排名前 2 位为日本和意大利，在 2002～2012 年，日本平均市场份额为 25.12%，意大利平均市场份额为 42.83%。德国的进口相对稳定，市场份额排名主要在第 3、第 4 中变化，西班牙、马来西亚、叙利亚、乌克兰、巴西、泰国也是盐渍品类食用菌的主要输出市场。

（3）干品类。在 2002～2012 年，除 2005 年、2010 年、2011 年、2012

年外，日本占中国干品类食用菌出口的市场份额一直居于首位，其所占市场份额平均值为27.39%。中国香港干品类食用菌的市场份额多数年份排名处于第2位，其平均值为18.25%。2010~2012年，越南异军突起，进口量增幅较大，一跃成为最大的进口市场。

（4）罐头类。罐头类食用菌的输出市场相较其他3类产品来说比较分散，进口量相对较大的市场主要有日本、美国、俄罗斯和中国香港。其中，对俄罗斯的出口量增长较快，2011年是2002年的4.63倍，出口增长率平均为16.57%。

三、全国食用菌出口风险与挑战

食用菌产业具有“不与农争时、不与人争粮、不与粮争地、不与地争肥”的特点，而且“占地少、用水少、投资少、见效快”，可以把大量的农林废弃物转化成为可供人食用的优质蛋白和健康食品，是现代农业产业链条的延伸和生态农业的重要组成部分，在实现农业废物资源转化、推进生态循环经济发展、支撑国家食品安全、引领健康饮食消费等方面具有不可替代的战略意义。

我国具有广泛而又丰富的食用菌生产的原材料和食用菌消费群体，有相对成熟的栽培技术，这都为我国食用菌产业的发展起着重要的支撑作用。但同时，在我国食用菌产业快速发展的过程中，也存在着小规模分散生产经营、生产方式粗放、缺乏具有自主知识产权的满足工厂化生产的菌种、产业链条短、市场流通体系不健全等问题，这些问题若得不到及时、妥善的解决，必将成为我国食用菌产业发展的阻碍，降低我国食用菌产业应对风险的能力。

第二节 辽宁食用菌出口行业分析

一、辽宁食用菌生产状况分析

（一）产品产量

辽宁作为我国食用菌的重点产区之一，食用菌总产量由2000年的32.3

万吨发展到2015年的176.7万吨，产量增长了4.5倍，如图5-2所示。

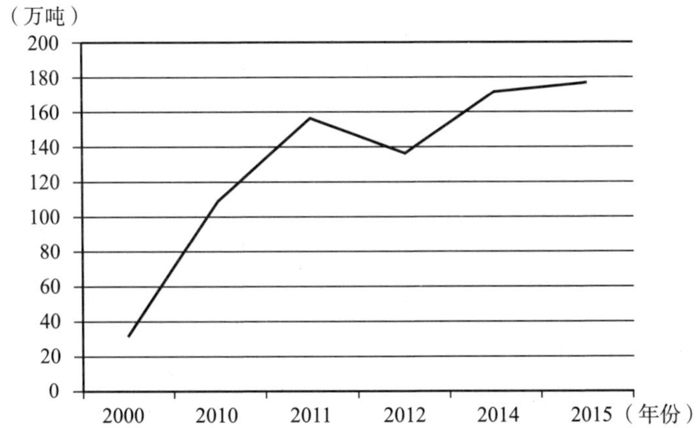

图5-2 辽宁食用菌产量变化

资料来源：辽宁省农委。

（二）品种

辽宁食用菌品种选育大致分三个阶段：20世纪80年代，食用菌以引进品种进行品比试验和适应性试验为主，品种单一，主要引进的品种有香菇、滑菇、黑木耳、平菇；80年代后期至90年代中期，食用菌品种以引育、选育结合为主，先后对从国内外引进的多个品种的不同菌株进行筛选，同时对本省野生资源进行收集和驯化；90年代后期至今，品种以选育和自育为主，不断研发出具有自主知识产权的新品种。

目前，辽宁食用菌品种达百余种，其中，香菇、滑菇、平菇的产量一直名列前茅。2015年，辽宁香菇的产量为46.93万吨，位居全国产量排行第4；滑菇和平菇的产量分别为20.61万吨和17.96万吨，位居全国产量第1和第8。辽宁食用菌的初级产品形成了以香菇、滑菇、平菇三大类为主，其他菌种稳定补充的结构。

辽宁食用菌初级加工方式主要分为保鲜、干制、冷冻、速冻、盐渍、菌棒、罐装。其中，出口产品由于冷链贮运等运输保鲜技术的制约，以罐头制品的产品最多，其次是盐渍品，第三是冷冻、速冻产品。

（三）生产区域

经过多年发展，辽宁食用菌优势产区已基本形成。辽宁食用菌重点产区主要分布在鞍山（岫岩、海城、台安）、抚顺（新宾、清原）、丹东（宽甸、东港、凤城）、本溪（桓仁、本溪县）、大连（庄河）、辽阳县、锦州北镇、朝阳（建平、建昌、凌源）等地区。其中，岫岩县作为最大的产区，产量达40万吨，庄河、朝阳、清源、抚顺、海城、建昌的产量保持在5万~10万吨。

目前，以抚顺县三友生物科技有限公司为代表的菌包制作及黑木耳生产基地；以清源县、新宾县、宽甸县为代表的标准化层架香菇生产基地；以岫岩县、庄河市为代表的香菇、滑菇生产基地；以沈阳恒生生物科技发展有限公司、阜新辽宁田园实业有限公司为代表的工厂化双孢菇生产基地；以辽宁峪程菌业为代表的金针菇、杏鲍菇工厂化生产基地；以凌源市、建昌县为代表的双孢菇生产基地日趋完善并取得了较好的规模效益。

二、辽宁食用菌出口状况分析

（一）出口总量

辽宁拥有2920公里的海岸线，东起鸭绿江口，西至山海关老龙头，分布着大连、丹东、锦州、营口、盘锦、葫芦岛六大港口。港口基础设施完善，承载能力强，进出口贸易发展程度高，为辽宁食用菌的出口创造了良好条件。辽宁的食用菌出口量整体持续走高，2014年全省食用菌出口17.4万吨，出口额3560万美元；2015年全省食用菌出口12万吨，出口额6878万美元；2016年全省食用菌出口7240万美元。由图5-3可见，2015年、2016年两年间，辽宁食用菌出口额呈现了快速发展的势头。

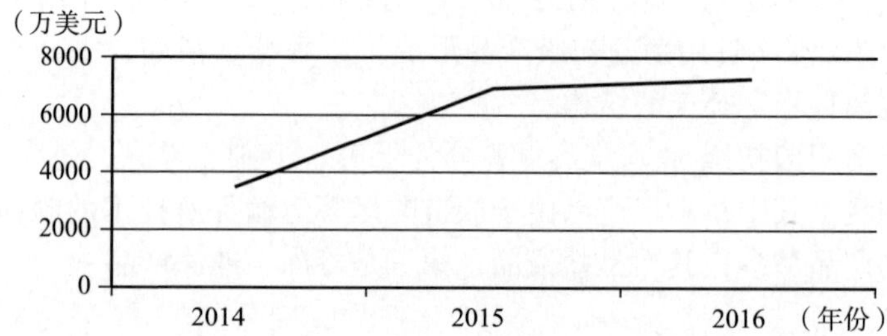

图5-3　辽宁2014~2016年出口额比较

资料来源：沈阳海关。

1. 按产品类别划分

2016 年辽宁蔬菜类食用菌出口额最大，达 4013 万美元，占总出口额的 55%；罐头类食用菌的出口额次之，为 2713 万美元，占总出口额的 38%；菌种类食用菌出口额为 514 万美元，占总出口额的 7%（见图 5-4）。

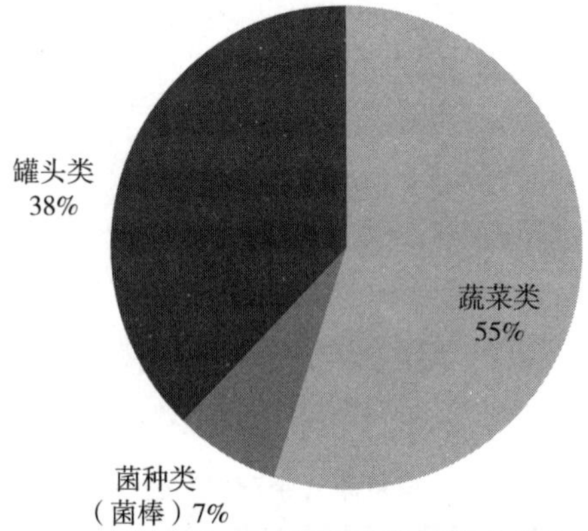

图 5-4　食用菌不同类别产品出口占比

资料来源：辽宁出入境检验检疫局。

2. 按产品形态划分

2016 年辽宁罐头形态的食用菌产品占所有出口食用菌的 38%，盐水形态的食用菌产品占所有出口食用菌的 28%，冷冻、速冻占 21%，干制和菌棒占 13%（见图 5-5）。

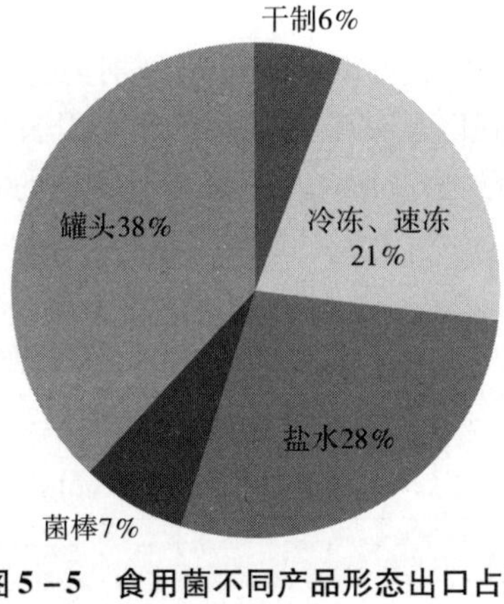

图 5-5　食用菌不同产品形态出口占比

资料来源：辽宁出入境检验检疫局。

3. 按产品种类划分（蔬菜类）

在辽宁出口的蔬菜类食用菌产品中，滑子蘑和牛肝菌分别占37%和33%，香菇、木耳、混合菇及其他食用菌共计占30%（见图5-6）。

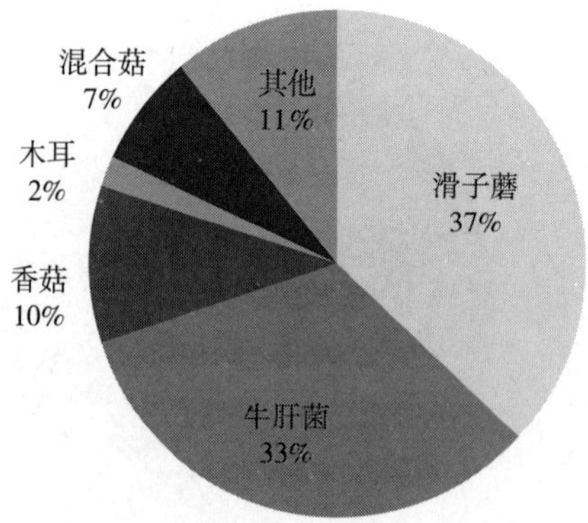

图5-6 食用菌（蔬菜类）出口占比

资料来源：辽宁出入境检验检疫局。

（二）出口国家或地区

辽宁以其得天独厚的港口优势与世界各国进行着贸易往来，随着世界经济全球化的加深，辽宁对外开放水平不断提高，加之辽宁对食用菌产业的扶持，2015年、2016年，辽宁各类食用菌产品出口总值分别为6878万美元和7240万美元，出口市场主要集中于东亚、欧洲和北美洲，多达31个国家和地区。

辽宁食用菌出口国排在前3位的国家分别为意大利、日本和俄罗斯。2015年、2016年出口到以上三个国家的各类食用菌总值分别为4705万美元和4758万美元，均已超过当年出口到其他国家的货值总和，如表5-2所示。

表5-2 2015~2016年食用菌出口国总量同比变化

序号	出口国家、地区	货物总值汇总（万美元）		
		2015年	2016年	同比（%）
1	意大利	1797	1811	0.01
2	日本	1819	1711	-0.06

续表

序号	出口国家、地区	货物总值汇总（万美元）		
		2015 年	2016 年	同比（%）
3	俄罗斯	1089	1236	0.14
4	德国	439	493	0.12
5	西班牙	230	382	0.27
6	法国	257	374	0.45
7	韩国	357	355	-0.01
8	美国	173	248	0.44
9	比利时	50	116	1.32
10	乌克兰	55	99	0.78

资料来源：辽宁出入境检验检疫局。

1. 食用菌（蔬菜类）出口国别排名

2016 年，辽宁食用菌（蔬菜类）出口货物总值达 4013 万美元，其中，仅向意大利出口的食用菌（蔬菜类）货物总值就达 1809 万美元，接近辽宁食用菌（蔬菜类）出口总量的 1/2（见表 5－3）。

表 5－3　食用菌（蔬菜类）出口国别排名

序号	出口国家、地区	货物总值汇总（万美元）
1	意大利	1809
2	日本	448
3	德国	398
4	法国	356
5	俄罗斯	286
6	西班牙	276
7	比利时	116
8	立陶宛	66
9	韩国	65
10	波兰	64

资料来源：辽宁出入境检验检疫局。

2. 食用菌（菌种类）出口国别排名

2016 年辽宁出口的食用菌中，菌种类的出口国家较少，只出口 5 个国家，出口货物总值达 514 万美元。其中，出口韩国的菌种类产品最多，货物总值 284 万美元，出口美国和日本的菌种类产品总值位于第 2、第 3，分别为 156 万美元和 70 万美元（见表 5－4）。

表 5－4　食用菌（菌种类）出口国别排名

序号	出口国家、地区	出口货物总值（万美元）
1	韩国	284
2	美国	156
3	日本	70
4	新西兰	2
5	智利	2

资料来源：辽宁出入境检验检疫局。

3. 食用菌（罐头类）出口国别排名

2016 年辽宁出口的食用菌中，罐头类产品出口货物总值达 2713 万美元。罐头类产品的出口以日本为主要目的地，出口货物总值达 1192 万美元；俄罗斯紧随其后，货物总值达 951 万美元；西班牙位于第 3，总值为 105 万美元（见表 5－5）。

表 5－5　食用菌（罐头类）出口国别排名

序号	出口国家、地区	出口货物总值（万美元）
1	日本	1192
2	俄罗斯	951
3	西班牙	105
4	德国	95
5	乌克兰	84
6	美国	84
7	爱沙尼亚	57
8	以色列	37
9	法国	17
10	加拿大	16

资料来源：辽宁出入境检验检疫局。

（三）辽宁食用菌的优势

1. “南菇北移”的趋势为行业发展提供更大空间

我国是世界香菇主产国，香菇生产原料 80% 为木屑，离不开森林资源，由于南菇发展迅猛，开始面临木材等资源匮乏问题，制约了南方食用菌产业的发展；而北方气温低、温差大，60% 的阔叶树储量，使食用菌产业开始逐步向资源丰富、气温条件适宜的北方梯度转移，“南菇北移”的趋势使辽宁食用菌产业的做大做强成为可能。

2. 气候资源优势

辽宁地势大体为北高南低，从陆地向海洋倾斜；山地丘陵分列于东西两侧，向中部平原倾斜。差异化的地形特征使得辽宁的小气候类型多样化，立体气候梯度十分明显，而地处温带大陆性季风气候区、昼夜温差大也给优质菇的生长提供了良好条件，生态环境十分适宜各类食用菌的生长。

3. 地理条件优势

东北三省肥沃的黑土地使之成为我国主要的粮食产区之一，玉米、高粱、小麦等秸秆资源相当丰富，秸秆对于生产食用菌来说是良好的资源优势；此外，丰富的森林资源也使得辽宁具备了更甚于其他省份的栽培优势。另外，辽宁拥有漫长的海岸线和完善的港口基础设施，为辽宁食用菌的出口提供了得天独厚的条件。

4. 市场需求优势

目前来看，由于菌类具有较高的营养价值，国际市场对食用菌的需求较为旺盛，近年市场价变好，整个产业有抬头趋势。笔者在调研中了解到，辽宁食用菌龙头企业三友生物科技有限公司并没有设置市场部，因为客户来源主要是通过熟人介绍，目前的行情是供不应求。

（四）辽宁食用菌面临的挑战

1. 劳动力成本提升

辽宁作为东北老工业基地之一，随着人口结构逐渐步入老龄化，有文化、有纪律的年轻劳动力流失严重；同时，由于食用菌是在温室大棚中生产，集约化程度较高，是劳动密集型产业，加工工艺简陋，生产环境条件艰苦。因此，许多年轻人不愿从事食用菌生产，导致该行业劳动力相对短缺，人力成本升高。

2. 来自竞争者的挑战

通过对全国食用菌产业的分析发现，辽宁食用菌产业在国内的产量和产值竞争力暂时还不强，还有较大的发展空间。尽管辽宁食用菌部分品种在全国同类产品产量排名位置居前，但产品总量排名较落后，明显不具备竞争优势。我国食用菌产业发展至今，各地区产量基本处于稳定上升阶段，辽宁要超越其他省份还需要多方面共同努力。

3. 来自资源环境的挑战

辽宁食用菌产业的发展，有效地推动了当地农村经济的发展。同时，生产废弃物也随之增多，而这些生产废弃物的随意处置，加重了生态环境的污染。鞍山岫岩每年食用菌生产量占全省的1/4，以木腐菌为主的生产品种香菇为例，由于当地大量生产香菇，造成了森林资源的过度消耗，并由此形成对生态环境的恶劣影响。因此，当地政府对香菇等木腐菌的生产也不如以往那样大力提倡，改为以林菌的生态平衡比例来调整木腐菌生产规模。即使是近年发展起来的袋料栽培，也需要消耗较多的木材资源。长此以往，会对森林资源造成严重破坏，尤其在以锻木栽培方式为主的地区更是如此，进而影响到食用菌产业的可持续发展。

4. 来自市场信息的挑战

辽宁对食用菌发展的总体布局和统筹协调存在差距，由于缺乏准确、快速覆盖全国的市场信息网络以及相关的市场预警系统，导致生产盲目性大，菇农安排生产常与市场脱节，出现产品供不应求或供过于求，许多生产栽培基地与产业加工销售彼此脱节，供需不平衡导致食用菌价格稳定性差，致使菇农利益受损。

5. 来自自身发展的挑战

（1）科技投入力度小，产业发展后劲不足。辽宁食用菌研究起步较早，但面对快速发展的食用菌产业，科技力量的投入明显不足。保鲜和冻干技术不普及，鲜菇加工、储藏和运输存在困难，鲜货市场不活跃，食用菌罐头的食品安全有待强化。加工形式和新产品研发局限性大，限制了产品的延伸和多样性发展，也忽视了消费者对于食用菌的需求。在原料拓展、发酵技术、菌料综合利用和病虫害防治方面仍需改进和创新。

（2）产业化、标准化生产加工程度低，品牌少，缺乏竞争力。辽宁食用菌加工发展缓慢，初级加工多，精深标准化加工少，导致经济效益不高且长期处于产业链低端。虽然近几年食用菌加工业有所发展，但规模普遍较小，难以承担所在地食用菌的加工和销售，辐射效应较弱。目前辽宁出口的食用菌产品很少有自己的独立品牌，贴牌较多，这意味着辽宁的食用菌产品很难直接面对消费者，间接削弱了消费者的认知度和消费黏性，导致产品缺乏竞争力，制约了出口。

（3）企业流动资金不足，难以支持基础设施的大量投入。科技力量的投入、新技术的研发应用和精深标准化加工的进行需要企业投入大量的基础配套设施。而农产品企业利润空间较小、流动资金不足、资金短缺成为制约农产品出口企业精深加工的关键因素。此外，辽宁的贷款政策虽设想较好，但施行不易，企业难以获得及时的贷款支持。相比于四川和云南等地的灵活贷款政策，政府拿70%资金进行抵押，企业拿30%资产进行抵押，即可申请贷款；而辽宁的贷款政策是镇里承担15%资金抵押，县政府承担15%资金抵押，企业还得出70%的资产抵押物，贷款风险仍在企业手中，且规定企业贷款额上限为300万元，对企业来讲杯水车薪。

（4）人才引进困难，留住人才困难。农产品出口企业想要提升综合竞争实力，需要调整产品结构、转型升级，需要引进新技术、开发新产品、开展电子商务营销业务，这就需要引进经营管理和专业技术人才。农产品企业大多位于偏远乡镇，生活配套设施较为落后，加上受传统择业观的影响，农业企业出现了“引进人才难、留住人才更难”的尴尬局面，调研中甚至有菌类出口企业提到，企业想招一个专业的财务核算人员都十分困难。农产品出口企业竞争力提升缺乏人才支撑。

第三节 辽宁食用菌出口行业优势提升

一、加大科技投入，提高产业发展后劲

辽宁应通过食用菌专业协会或龙头企业建立食用菌鲜品加工、贮藏、运输技术体系，制定保鲜、保藏、贮运、冷链运输等环节的质量控制标准和行业操作标准。利用科技，如传感器、远程操作系统等自动采集实时的数据和信息，进行诊断分析、信息反馈和技术决策，使产业发展各环节更精准、更易把握。

通过对食用菌出口企业调研，发现食用菌初级加工品的下脚料等（如菇脚）已经成为影响辽宁食用菌企业出口成本的重要因素，因而需要着重

解决菌渣、菇脚，以及加工过程中其他废弃物的高效利用问题，为增强食用菌出口产业发展后劲提供技术保障。例如，调研发现一些以食用菌初级加工为主的出口企业，在生产过程中产生大部分副产品（菇脚），菇脚的再加工处理是企业亟须解决的问题。因此，企业应加强与科研机构的合作，善于使用科学技术对食用菌副产物进行利用，建立循环经济，实现点草成金、化害为利、变废为宝、无废生产。如对于菌渣，可以采用微生物发酵工程技术以及循环经济模式，实现菌渣的高效综合利用。探索菌渣生产沼气的新型发酵工艺，提高菌渣降解率，缩短发酵周期，节约成本。对于菇脚，可以制定不同食用菌菇脚再利用的内控质量标准，建立行业回收平台，通过现代加工技术，实现二次开发，研制食品、保健品、化妆品等。

二、进行食用菌深加工，提高产品附加值

企业应面向市场、以需求为主线做好供给侧结构调整，在食用菌"深、精、细"上开发，进行食用菌深加工，分等分级，提高等级和效益，优化出口食用菌产品结构，大力开发创新食用菌保健食品，如以食用菌为主体配方的复合型保健食品，以食用菌活性成分为原料的保健食品等。发展现代化、工厂化、标准化生产，提升食用菌产业硬能力，形成周年生产、均衡上市的格局，促进市场消费。

三、创立产品品牌，实现产品"走出去"与消费者"引进来"

辽宁应注重市场上消费者的需求变化，紧紧抓住消费者心理，推进食用菌产品的品牌化战略，形成自主品牌，改变以往出口产品以贴牌为主的营销战略。调研中发现一些企业出口产品一直以贴牌为主，长此以往，企业出口产品的附加值、地域优势、竞争优势等难以发挥。因此，创立产品品牌，不断生产出"异质化"的产品、升级换代产品，一方面可以提高辽宁食用菌在国内市场上的知名度与竞争力，形成品牌效应；另一方面，有利于提高出口食用菌的质量，拓展销售渠道，全方位提升食用菌产业核心能力。同时，还要充分利用各种境内外博览会、展销会、交易会、推介会，让企业产品"走出去"，把消费者"引进来"，提高食用菌产品的市场营销能力。

四、合理规划产业模式，进行配套设施建设

开发建设一些高起点、有规模、上档次的食用菌生产基地，以基地建设促进龙头企业的发展，逐步形成市场牵龙头、基地带菇农的生产格局，实现品种优良化、质量标准化、产品批量化和管理现代化。应探索和建立相应的运行机制与发展规模，推行“企业 + 科技 + 合作社 + 基地 + 农民”运行模式，变分散栽培为集约经营，实现辽宁优势品种的专业化供给、专业化生产、专业化销售。重点支持企业向工厂化、生产规模化、标准化方向发展，以降低农民种植食用菌的风险，确保增加收入，促进辽宁食用菌产业健康快速发展。

【案例 5 – 1】

清原满族自治县汇鑫食品有限公司坐落在辽宁清原县境内，是辽宁农业产业化重点龙头企业。公司始建于 2005 年 6 月，为中外合资企业。主营食用菌、山野菜、野果仁、中药材及粮食加工销售。

公司自成立以来，依托当地的绿色资源优势，将产品销售到全国各大农贸市场和超市，并成功地把产品远销到美国、法国、德国、瑞士等国家。年出口额 1000 万美元，是该地区重要出口企业之一。

为了保证农产品质量优良并且可追溯，汇鑫以“公司 + 基地 + 农户”的形式，发展种植基地 7000 亩，带动农户 3000 多户。目前，种植基地获得欧盟的 GAP（良好农业规范）认证。

除了国际市场的稳定发展，汇鑫还寻求新的产业模式，成立了电商平台，主要面向国内客户，在清源建立了一个农产品展示区，针对国内参观的客户，展示自己的产品；通过农村淘宝这个渠道，使汇鑫农产品在线上接触更多国内客户。

资料来源：笔者根据调研资料整理。

五、加强员工关系管理，提高人才吸附和保留能力

企业应积极强化员工关系管理，用安定的生活保障、合理的薪酬制度、长远的职业生涯规划、系统规范的培训及良好的企业文化吸收招揽专业性人才并留住这些人才；同时，领导应做好与下属层级的沟通，引领企

业的文化建设，提升员工的归属感和对农产品出口事业的价值认同感。

第四节　壮大食用菌出口行业的政策建议

一、加强对辽宁食用菌协会的扶持

第一，辽宁政府可以对行业协会进行政策、制度的引导与管理，规范出口秩序，灵活应对贸易纠纷，增强辽宁出口食用菌产品抵御风险的能力。第二，政府部门可以考虑通过财政对行业协会进行一定资助，如设立专项经费、与行业协会合作举办展会等活动为企业搭建销售平台。第三，政府相关部门还需要将部分社会管理和公共服务的职能，移交给行业协会，进一步发挥市场机制、行业调节和社会自治的作用。

二、加强财政层面对食用菌出口的扶持

辽宁政府部门应设立鼓励性财政支持政策。首先，加大对产业基地建设的扶持，建立本省食用菌产品出口基地建设基金。通过这次调研，发现企业对菌种的研发积极性很高，研发水平也处于国际领先水平，但菌种的推广种植举步维艰、很难进行下去。一是企业缺乏推广资金，二是种植户不愿意承担市场风险。政府应从资金方面保障食用菌产品出口基地建设和食用菌产品龙头企业发展，支持食用菌产业结构优化升级、产品加工企业自主技术研发和产品新品种培育等；设立食用菌产品出口环节专项资金，支持食用菌产品企业在国外注册产品品牌、进行信息发布、开展质量认证和进口市场准入的各项认证。其次是通过财政设立食用菌产品的出口奖励机制，每年对食用菌产品出口规模大、创汇多的企业给予一定关税优惠或资金奖励。

三、加强出口退税管理工作，简化退税流程

政府针对食用菌产业的出口退税环节较为复杂，退税周期较长，企业难以及时享受到应得的优惠，对企业的账面反映和流动资金的周转也会产

生较大影响，从而在一定程度上影响了食用菌行业的发展。

农产品出口退税管理部门包括企业、税务部门、银行、外汇监督部门、海关等众多部门，政府应明确各部门职责，建立完善高效的出口退税流程，简化滞退金规则，保证出口退税款项及时、足额地支付给企业。

四、加强对企业的信息服务

辽宁政府部门要建立一个高灵敏、全覆盖、较完善的信息采集、发布系统，及时地向企业提供国际市场价格、国际市场需求、进口国家技术标准及准入要求、进出口检验检疫相关规定、海关报关规定和程序，以及国家和地方出台的进出口扶持政策，创造条件使食用菌生产出口企业能够灵活高效地应对瞬息万变的市场，规避不必要的风险。同时，政府相关部门应为企业提供法律咨询服务，及时化解食用菌产品出口的纠纷和争端，为食用菌产品出口创造较好的对外沟通渠道和法律保障。

五、通过搭建科研服务平台推动企业成长

目前辽宁食用菌产品出口企业的规模较小，经营分散，企业实力不足以支撑其进行技术研发。高校对食用菌菌种的科研项目也都集中在各自建立的实验室，由于研究成果的保护心理导致部分学者不愿公开或分享研究思路和进展。辽宁政府要对省内的科技资源加强整合，做好企业、农产品科研院所和省内外高等院校的连接桥梁，努力实现“产学研”的无缝对接，让高校人才的专业能力与企业家敏锐的战略眼光充分结合，从而促进面向市场需求的高品质菌种的研发。此外，高校研究所与企业的对接，将着力培养具有前沿知识和能力的专业化优秀人才，引进先进加工设备和工艺技术，开发具有自主知识产权的新产品、新技术，促进辽宁出口食用菌产品由劳动密集型向技术密集型产业的转变，推进产业结构优化升级，推动食用菌企业成长，提高供给实力，提升辽宁食用菌产业的市场竞争力。

第三篇

品牌建设与目标市场

第六章

品牌建设

第一节　品牌建设势在必行

品牌是产品综合实力的象征，是企业的核心竞争力。农产品品牌建设既是实现农业现代化建设的重要组成部分，也是推进供给侧结构性改革、加快农业转型升级的重要措施。党和国家十分重视农业问题，大力提倡农产品品牌化建设。2016 年中央“一号文件”指出，要创建优质农产品和食品品牌，培育一批农产品精深加工领军企业和国内外知名品牌。

以工业闻名全国的辽宁如今已步入全国农业大省行列。其农业结构齐全，区位优势明显，是我国重要的农产品生产基地，产量和质量均名列前茅。近年来，全省各地培育发展了一大批区域公用品牌和企业品牌，全省“三品一标”产品认证数量达 3441 个，其中，地理标志达 114 个，上榜数量居全国前列。尽管如此，多年来辽宁农业却始终处于“有口碑、缺名牌”的窘境之中，人们耳熟能详的农产品品牌屈指可数，品牌建设的欠缺已经成了参与市场竞争的一大软肋。尽管辽宁在农产品品牌建设上取得了初步的成果，但农产品总量大、品牌化率低的问题还比较突出，品牌农产品的评价体系、营销推广体系亟待完善，优质优价的市场格局还未形成。

品牌建设是一项庞大的系统工程，需要政府、企业、协会和社会各界共同参与。要支持农产品加工企业通过技术创新、产品创新和管理创新，争创名牌产品、中国驰名商标、国际知名品牌；开展多种形式的品牌展示、推介和宣传活动，建立辽宁出口食品农产品国外展示平台和销售渠道，提升品牌影响力。以品牌为总抓手，把产业、产品作为单元载体，纵向上连结起生产、加工、流通各环节，串联起省市县各级的力量；横向上凝聚起省农产品品牌建设联席会议成员单位、新闻媒体等，形成支持农产品品牌建设的强大合力，实现全产业链谋划、上下游联动，携手同心、共同努力，加快培育农产品区域公用品牌，充分发挥龙头企业的主体作用，着力夯实品牌创建的质量基础，大力提升品牌形象的价值认同，加快推进农业提质增效、转型升级，在农业现代化进程中走在全国前列。

第二节　辽宁出口农产品品牌建设现状

在中央政府和辽宁政府的带动下，辽宁出口农产品品牌建设得到发展，并取得了一定的建设成果。但是，相较辽宁目前的出口地位和未来的市场发展趋势，辽宁出口农产品的品牌建设仍有较大的提升空间。

一、农产品品牌建设成果

（一）国家级品牌建设成果

辽宁农业资源丰富，近几年来不断调整农业产业结构，以农业产业化、标准化和规模化发展为基础，在农业部“一村一品”“一县一业”“三品一标”“百强农产品区域公用品牌”等工作的带动下，辽宁培育发展了一批品牌产品，品牌农业发展势头较好。

2016 年辽宁“三品一标”事业快速发展并取得显著成效。产品认证数量达 3441 个，生产面积达 5167 万亩，产品抽检率保持在 98% 以上，品牌影响力和社会公信力进一步提升，有效保护了农业生态环境，为促进全省农业增效、农民增收发挥了强有力的支撑作用。其中，绿色食品产品 975 个，创历史新高；有机食品 80 个；无公害农产品 2344 个，维持在历史最高水平；农业部门地理标志农产品登记从无到有，登记产品已达 42 个，成为打造辽宁农业的新名片。这些都充分说明：“三品一标”农产品作为辽宁农业标准化的主要载体，实现了从“数量认证”到“质量并举”的重大转折。

（二）省级品牌建设成果

与此同时，辽宁大力推进社会主义新农村建设和辽宁农业名牌战略的实施。辽宁农村经济委员会从 2007 年开始，在全省范围内开展“辽宁名牌农产品”评选认定工作。每年选定 30 ~ 40 个辽宁名牌农产品，并给予一定的补贴和扶持，全面提升辽宁优质品牌农产品的市场竞争力。同时，依托全省 41 个出口示范区和 23 个农产品加工集聚区，打造国际品牌。目前，辽宁出口示范区企业和产品的国际认证达 70 余项，国际品牌达 17 个。例如，善岛食品有限责任公司商标“海珍珠”在美国注册 8 年，在国外市场具有一定的品牌知名度。

二、农产品品牌建设仍有不足

同时也应清醒地看到，辽宁农产品品牌建设与先进农业省份快速发展的势头相比仍显缓慢，与辽宁农业大省的地位极不相称，与发展现代农业的要求还存在较大差距，主要表现在以下几个方面。

（一）品牌拥有量与出口地位不匹配

辽宁是农产品出口大省，在全国农产品出口市场中占据重要位置。全省杂色蛤、裙带菜和海蜇等水产品占全国出口量的50%以上，杂粮占全国出口量的 70% 以上。而辽宁生产的辣根占世界贸易量的 70%，鹿茸产品占世界贸易量的 85%。据辽宁统计公报披露，2015 年辽宁农产品出口额达 47.9 亿美元，在农产品出口额上连续多年位居全国第四。

但是，与其出口额上的重要地位相比，辽宁出口农产品在品牌的数量上明显过少，品牌化程度较低。在农业部“一村一品”评选中，2222 个入选村镇中仅 70 个来自辽宁，远低于排名第一的山东（165 个）。其中，2017 年 300 个入选村镇中仅有 7 个来自辽宁，仅占总数的 2.33%，这一数字远低于排名第一的山东（20 个），在全国居倒数。截至 2016 年 12 月，全国已注册地理标志 3374 件，其中，辽宁有 104 件，仅居全国第十（见表 6 – 1）。

表 6 – 1　　中国部分省份已注册地理标志情况表

省份	地理标志数量（件）
山东	489
福建	311

续表

省份	地理标志数量（件）
湖北	292
江苏	252
重庆	211
浙江	201
四川	200
云南	151
湖南	117
辽宁	104
总数	3374

资料来源：商务部。

目前辽宁农产品品牌拥有量与其农产品规模不相匹配，农产品品牌数量少，知名度低，有影响力的国际品牌更少。这极大地阻碍了辽宁农产品在国际上的发展，不利于出口事业的深度发展。鉴于此，主动适应市场的多样化、个性化需求，进行有效的品牌定位、形象塑造和传播，创建具有辽宁特色的国际化农产品品牌形象势在必行。

（二）低精深加工水平不利于出口事业的可持续发展

辽宁农产品出口额排在前三位的均为初级农产品，分别是水海产品、粮食、蔬菜，尤其是水海产品占到辽宁农产品出口的50%以上。辽宁水海产、果蔬等劳动密集型的产品竞争优势较强，初级农产品市场份额较大，深加工农产品的出口比例较小。

现有品牌农产品大部分是鲜活农产品（瓜果蔬、畜牧产品、水产品等）和初加工农产品，缺乏精深加工、二次增值的产品，不利于农产品品牌的进一步发展。目前，辽宁仍有一部分中小出口企业面临着产业链低端的问题。对于国外的采购商而言，这些企业更像是“代工厂”而非独立企业。单一产品和单一品牌，如果再加上单一的出口对象，那么企业就非常容易受国外进口商的经营政策的影响，被动地生产符合采购商要求的产品，企业的生产范围和生产规模都要依订单而定，非常不利于企业的进一步成长。

在我们调研的几十家企业中，产品精深加工工作做得比较好的企业，可以做到从种植、养殖到生产、包装的全产业链经营。以大连龙城食品集团有限公司为例，该公司是集饲料及添加剂生产、种鸡饲养、肉鸡孵化、肉鸡饲养、有机肥生产、肉鸡及禽类技术服务和肉鸡加工出口一条龙的综合性现代化企业集团。公司的主导产品是“欣城”系列肉鸡分割产品和“欣城”饲料。

精深加工对于企业而言，可以深化产业链结构，提高资源利用率，减少生产成本，有利于提高企业的经营效益。但是目前，辽宁农产品出口以原材料为主的结构，不利于农产品出口事业的可持续发展，从而阻碍农产品企业品牌建设的步伐。

（三）品牌影响力与高端出口市场品牌需求不匹配

辽宁农产品出口的主要贸易伙伴为日本、韩国、美国、欧盟，这四个贸易伙伴占辽宁农产品出口总额的60%以上。具体贸易额如表6－2所示：

表6－2　2015年辽宁农产品主要贸易伙伴

出口市场	出口额（万美元）	所占比重（%）
日本	108448.7	22.64
欧盟	94028.6	19.63
美国	75770.8	15.82
韩国	64634.4	13.49
合计	479087.0	100

资料来源：辽宁农委。

可以看出，辽宁农产品主要贸易伙伴均为经济高度发达的国家。这些国家的居民可支配收入较多，生活水平较高，对于农产品的品牌需求度高。这些国家的农业现代化发展程度也远高于我国，其品牌意识较强、农产品品牌化发展早，辽宁现有品牌的影响力并不能满足国外市场的需求。根据农产品区域公用品牌价值评估课题组对全国378个农产品区域公用品牌价值的研究，辽宁上榜品牌仅3个，数量上远低于山东的95个和浙江的44个（见表6－3）。

表6-3　　辽宁农产品区域公用品牌价值排行

全国排名	品牌名称	品牌价值（亿元）
28	东港草莓	39.33
102	绥中白梨	15.62
273	丹东杜鹃	4.99

资料来源：农产品区域公用品牌价值评估课题组。

此外，辽宁出口企业的客户主要是进行贸易采购和订单交易的国外采购商，他们通常不是商品的直接消费者，对于商品也主要是品相、质量方面的要求，因此，辽宁出口企业对于客户体验的态度也是停留在满足客户质量要求的层面上，而对于品牌等方面的重视不足。出口产品的直接消费者远在海外，难以像内销一样进行客户调查。这就导致了企业对于自身产品停留在被动生产上，而不能够及时主动地了解产品的直接消费者对于产品的体验和态度。

第三节　辽宁出口农产品品牌化之路的优势

辽宁出口农产品依托优质的资源、优秀的人才以及政府的大力扶持，在品牌化建设的道路上，将会更加顺畅。

一、资源优势

（一）优质农业资源保障产品品质

得天独厚的地理条件，赋予了辽宁农业的繁荣景象。肥沃的黑土地、湿润的气候和污染极少的环境等一系列优势地理条件，使得辽宁土地上养育出更为优质的农产品。这为辽宁农产品出口事业提供了产品基础和地理品牌优势。“东北大米是最香的大米”“东北山楂富有更高的果胶含量”……东北农产品在国内外享誉盛名，可以说，“产自东北”就是整个东北农产品最知名的品牌优势。对于顾客而言，“东北农产品”意味着更高的品质、更丰富的营养。辽宁现有104个地理标志产品，是辽宁农产品出口产品中的重要组成部分，其产品质量和知名度具有一定的保障。

【案例 6－1】

盘锦品牌源于生态

盘锦因油而生，是国内第三大油田辽河油田所在地，曾被称为“南大荒”。经过多年建设，特别是近年来大力发展特色农业产业，盘锦大米、盘锦河蟹等一大批农业品牌被人们所熟知和认可，很多人是从盘锦大米、盘锦河蟹认识了盘锦。

盘锦地处渤海之滨、辽河三角洲中心地带，拥有世界最大苇田，自然生态环境得天独厚。盘锦是中国生态稻米之乡，享有“湿地之都、生态盘锦”的美誉，湿地占总面积近 80%。全市河渠水丰，黑土肥沃，为退海滩涂与辽河冲积演化而成。受海洋、滩涂、湿地、芦苇的共同作用，特别是湿地、芦苇对调节气候、改良土壤、净化水质、改善大气质量、维护生态平衡，起到了至关重要的作用，构成了滨海湿地独有的复合型生态系统，成为辽河流域最有利于水稻生产的区域。辽河三角洲得天独厚的生态环境，造就了盘锦大米的特色品质。盘锦被中国粮食行业协会授予“中国生态稻米之乡”美誉。

百年成一稻，十载塑品牌。2003 年，“盘锦大米”第一个成为国家地域保护品种，被国家质检总局批准为国家地理标志产品。2012 年国家工商总局批准“盘锦河蟹”为地理标志产品。在 2013 年中国农产品区域公用品牌价值年度评估中，盘锦河蟹品牌价值达 19 亿元。

盘锦在提高盘锦大米、盘锦河蟹的影响力和竞争力上，不仅注重发挥得天独厚的自然生态环境优势，更注重先进的生态生产与科学的储备方式、先进的生产工艺和严格的监管体系相结合，致力于把盘锦大米、盘锦河蟹打造成优秀品牌。多年来，盘锦市坚持大力推进立体生态养大蟹工程，创新形成了稻田养蟹、苇田养蟹、水库养蟹等多种养殖模式，实现了“用地不占地、用水不占水、一地两用、一季双收”的生态农业种养模式。稻田养蟹模式被农业部确定为盘山模式在全国推广。

资料来源：根据《农民日报》资料整理而成。

（二）便利的港口为农产品出口提供可能

辽宁港口基础雄厚，全省港口综合通过能力接近 5 亿吨，形成了以大连、营口港为中心，丹东、锦州、葫芦岛港为两翼，链接沿海地方中小港口的海上交通运输体系。其中，丹东港是距朝鲜半岛和日本列岛最近的国际化港口，是中国大陆海岸线最北端的不冻良港。大连港是中国最大的深水良港之一，2015 年全港货物总吞吐量 4.15 亿吨，排名位居中国第 8，世界第 11 位。辽宁的进出口运输极为便利，靠近周边国家、航海运输能力强，这为辽宁农产品出口到国外提供了交通上的可能性。

二、人才优势

（一）企业家引领企业品牌形象塑造

辽宁农产品出口企业目前还是以中小企业为主，对于这样的中小企业而言，企业的文化在很大程度上是企业家自身追求和行事风格、价值观的一种放大。而品牌的建设是植根于企业文化之上的，离不开企业家的引领。尤其是当今中国对于企业家精神的推崇，使得企业家们的光环能够极大地提高产品的知名度。企业家们将自己的人生理念融入到产品营销中，品牌所蕴含的价值观得到了广大消费者的认同，产品自然不愁销路。创始人的个人魅力往往在企业文化建设和产品品牌建设上具有极大的带动作用。

辽宁农产品出口事业的蓬勃发展，离不开为数众多的企业家们。他们懂农业、懂辽宁、懂国际市场，是不可多得的宝贵资源。他们往往对于农产品出口贸易有着数十年的经验，积极整合辽宁乃至全国的农产品优势资源，本着质量上乘、服务一流和人性化管理的经营理念，不断做大做强到辽宁的出口额多年稳居全国第 4。

【案例 6－2】

从塑料球看质量管控

大连薪丰国际工贸有限公司始终坚持“以客户为本”“为成本买单”的原则，用质量和信誉赢得客户的信赖，稳定了众多国外客户。

在访谈过程中，公司的日本客人来电，在运往日本的杂粮集装箱中混入了两粒塑料球，要求公司说明原因。两粒塑料球虽小，但如需彻查未发的集装箱中是否还有塑料球，则需要耗费很多的人力物力。薪丰公司赵总随即表示要为此负责，并在以后的工作中记录设备上塑料球的数量，以绝后患。在长久的贸易往来中，公司与客户建立了深度的合作友谊。“薪丰”代表着高质量、“赵总”就是诚信，可以说企业或企业家，成为了最大、最响的品牌。这样的企业在辽宁农产品出口企业中绝不是少数，也正是因为这种对质量认真负责的态度，才使辽宁农产品出口企业一步步走到了今天。

资料来源：根据调研资料整理。

（二）关键人才助力企业成长

企业人才包括经营人才、管理人才、技术人才和技能人才，在他们的共同努力下，企业才能够持续稳定发展。可以说，专业人才是小微企业不断做大做强的重要力量来源。他们拥有更为专业的工作能力，并且还能够避免家族企业中的裙带关系诟病，是现代经营管理推崇的高质量人力资源。

在我们访谈的辽宁农产品出口企业中，由于对高产品质量的需求，企业中都会有专门的技术、技能人才。这些人才不仅包括企业聘用的具有专业水准的大学生员工，还有企业聘请的高校、研究所的高级研究人员，帮助企业从事新产品研发、质量检验、生产线改进等工作。

而当企业成长到一定规模后，还会出现专门的经营、管理人才。公司的所有权和经营权分离，职业经理人不必束缚于公司所有者及其家族的管控，能够实施更为专业、更为合理高效的管理方案，这是现代企业中普遍流行的管理模式。

【案例6－3】

民营企业中的职业经理人

东大公司目前的实际管理者为总经理，负责整个公司的生产和销售等日常运营。公司所有者（郭成臻）对总经理充分信任，给予了总经理极大的管理权限。对于中小企业而言，常见的家族企业管理和所有者掌控一切的局面没有出现，这在日常运营中更有利于企业的发展。对公司所有人而言，不需要再对公司的具体经营投入精力，从而专注于公司整体规划或其他投资工作。

在对职业经理人（总经理）的管理上，公司的举措也是可圈可点的。首先，在争取经理人的时候，公司高层就积极游说，承诺无偿赠款。其次，经营权的放出，让经理人感受到了充分的信任和尊重。虽然工资竞争力不强，但是在工作内容上的满足，是其他企业所不能比拟的。正如双因素理论所言，工资只是保健因素，而工作内容这种激励因素上的满足，才会让员工产生更大的激励。

资料来源：根据调研资料整理。

三、政府优势

随着社会的进步，农业发展方式也在发生着转变，农业要现代化、农民要增收、产品要提高市场竞争力，这都需要对农产品进行品牌化建设。“三农”问题一直是国家重点关注的问题，国家大力提倡供给侧改革，并采取了一系列的举措改革农业，推动产业发展。近年来，随着新技术的发展和“去产能”的不断推进，东北老工业基地逐渐衰退，辽宁 GDP 下跌严重，工业发展后劲不足。与此同时，辽宁农业生产稳定发展，为稳定经济发展形势起到了决定作用。2015 年全省农作物播种面积 6266.3 万亩，比上年增加 18.37 万亩，增长 0.3%。农业作为经济发展的基础产业，辽宁充分重视农业在国民经济发展中的基础性地位，尤其是农产品出口事业的长足发展。为此，国家和省政府采取了一系列措施，将“辽宁农产品”品牌打出去，真正畅销海内外。

目前政府对于出口农产品的品牌推广主要有以下方式：

（一）建立农产品出口示范区

辽宁现有省级出口食品农产品质量安全示范区 41 家，国家级出口食品农产品质量安全示范区 22 家，涉及杂粮、花生、蔬果、食用菌、鱼、贝、禽产品等多个辽宁出口优势品种。这些农产品出口示范区，按照“公司 + 基地 + 标准 + 品牌 + 市场”五位一体的发展模式，优先建立水产品、特色粮油、畜禽产品、果蔬四大类出口示范区。

示范区建设落实“以质取胜”战略，通过提高质量安全管理水平，培育龙头企业和知名品牌，全面提高了辽宁优势农产品的国际竞争力。辽宁出入境检验检疫局介绍，目前，辽宁出口食品农产品示范区内的企业共获得国际认证54个，企业自检自控能力和产品可追溯能力大幅提升，示范区新增国内外品牌15个。通过出口食品农产品示范区建设，辽宁果蔬、贝类、禽肉等重点产业的生产规模不断扩大，技术水平全面提升，产品附加值显著提高，形成了一批出口食品农产品品牌基地，出口增长效果明显。在产业深化升级的同时，促进了地方经济发展，直接带动相关人员就业。新增示范区带动9.18万农户就业，新增产值2.83亿美元，创造了良好的经济效益、社会效益和生态效益。以沈阳为例，出口食品农产品示范区种植面积现已超过100万亩，果蔬等食品农产品备案品种增至60多个，示范区内农户人均增收3000元。

示范区质量安全体系建设受到国内外专家广泛认可，全省示范区蔬菜、苹果、河蟹等产品先后获得日本、美国、加拿大等国家和地区的准入资质，示范区产品国外通报率为零。目前，已在美国洛杉矶、韩国首尔、加拿大温哥华建成辽宁农产品境外展示中心，正发挥着积极的出口推动作用。

（二）农产品品牌推介会

目前，辽宁政府推动举办了大连国际农业博览会、大连国际海产品及技术展览会、锦州农业科技博览会、沈阳国际农业博览会等一系列农产品博览会，有力地带动了我国农产品品牌的市场营销。以东北地区影响力最大的农业展会沈阳国际农业博览会为例，2016年沈阳农博会展出面积6.5万平方米，国际标准展位2500个，有30多个国家和地区的300多家国际展商和1500多家国内企业、近万个品种参展，观众超过30万人次，展会规模和档次创历史新高。

为了进一步推广示范区的农产品，政府正积极筹备示范区农产品展销会。以展销会为平台，用高质量的产品和多样化的产品种类，吸引一大批国内外企业参展。将示范区以整体形象展出，不仅能够带动示范区产品的推广和销售，还是对出口示范区乃至辽宁农产品的一次整体推广，提高辽宁农产品在国内外的知名度。

（三）海外仓建设和行业协会建设并举

在国际市场上，农产品尤其是大宗农产品的竞争通常不是产品质量的竞争，而是产品价格和发货速度的竞争。针对海外询盘周期长、运货时间长的短板，政府提出建设“海外仓”，打造服务于辽宁出口企业的海外仓库。在海外仓的建立上，可以通过行业带头人推动建立行业协会，提高行业自律，进行海外仓的一系列的管理。

政府计划在美打造“海外仓”，通过华人收购美国的港台企业，将企业作为辽宁在美国的仓库，利用企业现有物流渠道运营。这样可以做到国内产品直接发往美国，通过海外仓存储、发货，做好国际布局，提高产品竞争力。之后，大额订单可以通过协会签订，并在协会内部由企业瓜分订单。海外仓的产品从全国各地整合资源，能够有效提高辽宁出口额。

而海外仓做起之后，可以得到大量的市场份额，通过市场倒逼企业，能够快速推进辽宁农产品出口事业的发展。目前，市场快速发展，行业洗牌，中国的企业越快进入国际市场，越容易站稳脚跟，在市场达到稳定时占据一席之地。而国际市场的开拓，对企业而言也是极有利的。中国正在进行供给侧改革，政策有所调整，这给企业经营带来一定风险，国际市场的开拓对于保障企业发展有一定的作用，而国际化的发展也能够进一步提升企业的实力。

第四节　辽宁出口农产品品牌化之路的挑战

随着农产品品牌建设的不断发展，农产品市场出现了激烈竞争，面临着诸多障碍。如农产品自身特点不利于品牌建设，品牌管理意识淡薄，外部竞争激烈等。

一、品牌管理意识淡薄

随着企业的不断发展和产品技术含量的提升，产品的竞争会从低级的价格竞争最终转向品牌的竞争。但是由于农产品差异化低、标准化程度低等自然特点，再加之辽宁农产品出口企业是以中小企业为主，这些企业仍旧停留在同质化竞争中，还没有意识到品牌建设的重要意义。

（一）农产品品牌定位模糊

品牌定位清晰的农产品不仅体现相应农产品的质量、价格信息，还意味着其有一定的特色，能满足消费者的不同偏好，实现产品特色向产品经济优势的转变。虽然辽宁农产品注册商标众多，但真正在消费者心中有影响力的品牌却很少，其重要原因之一就在于农产品品牌的定位模糊，主要体现在品牌内涵单薄上。

由于农产品具有较强地域性的特征，因此，我国大量农产品品牌都是以地域名命名，品牌内涵较为单薄，消费者虽然能够通过品牌获知产品产地的基本信息，但通过品牌传递出来的产品及企业的差异性信息却非常少，加之农产品经营者在宣传上大多只注重产品介绍，而对作为企业“无形资产”的品牌内涵信息介绍得较少，因此，在消费者心目中，农产品的品牌大多只是一个区别性符号，并无更多引人联想的内涵。如东港大米和辽中大米都是辽宁著名的农产品地理标志，产品特征均为米粒饱满、晶莹透明、柔软浓香，因此，其产品除了在地域上有差别外，到底还有哪些差异化的特征、具体品牌有什么不同的文化内涵、各品牌针对的是哪些目标市场等，这些都是生产经营者没有定位清楚的。

企业经营切忌盲目扩张，品牌建设也是一样。当企业发展规模较小时，还没有足够的资金和精力支撑自己进行产品的品牌建设，这时，企业的重点应当是企业整体形象的建设和产品质量的提升，将企业作为一个整体品牌推向消费者。而当企业发展到一定规模，质量上有保障、产品线丰富时，企业则可以对产品进行品牌化发展，为自己的产品赋予不同的差异化特征、文化内涵或目标市场，并以此吸引消费者的注意。

（二）品牌株连与一品多牌

区域品牌在品牌建设中常见的风险有品牌株连和一品多牌两种。品牌株连是指地理标志使用者在使用地理标志时不注意地理标志产品的质量，滥用地理标志，而一旦该品牌的产品出现质量问题，则株连整个产品、行业和地区的一种外部不经济现象。针对品牌株连的风险，作为区域品牌管理主体的协会，必须加强农产品区域品牌监管体系的建设，优化区域品牌的生态环境，达成品牌使用共识。

【案例6-4】

沾化冬枣恶性竞争事件

“沾化冬枣”皮薄肉脆，甘甜清香，是一种珍贵稀有的鲜食果品。沾化冬枣产于沾化区境内，种植广泛，民间有“先有冬枣树，后有沾化县”之说。

2002年，沾化凯丰食品公司在济南一家大型连锁超市以适中的价格销售正宗沾化冬枣，销售效果较好。可另外几家沾化公司在沾化县及周围几个县收购质次价低的冬枣也进入济南的这家超市，同样打着沾化冬枣的名义进行销售。凯丰公司几次寻求沾化冬枣协会予以协调，都没有结果。农业行业协会的这一职能缺失，造成了近年来沾化冬枣的恶性竞争，集体品牌信誉严重受损。

资料来源：张可成，我国农产品品牌建设：理论与实践。

农产品领域的“一品多牌”，是指产地相同、品质基本相似的一种农产品被注册成多个不同的区域品牌或私有品牌的现象。共用区域品牌的企业为避免遭受品牌株连的风险，或者在众多同类企业中进行差异化发展，纷纷致力于小品牌建设，这就导致了“一品多牌”现象的出现。有的农产品虽然特色鲜明，但却有多个生产商，而各个生产商之间在产品本质和内涵上却无实质性差异，这样模糊的品牌形象不易引起消费者对品牌清晰的区分与记忆。如某地仅大米就注册了四五个商标，这些分头注册的商标并没有清晰而差异化的定位，其产品也几乎一模一样，这就使得各品牌之间的竞争最终还是回归到了价格竞争的尴尬局面，从而失去了创建品牌的意义。

针对上述两种农产品区域品牌建设的风险，对于区域品牌的整合措施有两种：灭绝式整合（只存大区域品牌）和共存式整合（大小区域品牌共同发展）。出于成本、管理难度等方面的考虑，主要采用的是共存式整合措施。共存式整合的工作重点在于探寻大小区域品牌共生共存的途径。这就需要协会在区域品牌的管理中充分发挥行业内利益协调的作用，保障“利益共享、风险共担”的市场运行机制的持续运行，构建区域品牌的利益共同体。

（三）品牌危机管理不足

品牌危机是指由于企业外部环境变化、企业品牌运营管理失误等问题，而对企业品牌形象造成不良影响并在很短的时间内波及社会公众，进而大幅度降低企业品牌价值，甚至危及企业生存的窘困状态。危机是潜在危害由量变到质变的过程，由于其具有突发性、难以预测性、严重危害性、时间紧迫性以及公众关注性等特点，一旦发生就很可能产生灾难性后果。而农产品生产由于链条长、环节多、生产主体分散、监管力量薄弱等原因，极易发生农产品质量安全危机事件。如“多宝鱼事件”“三鹿奶粉事件”“海南豇豆事件”等，每个事件的发生几乎都给其产业造成毁灭性打击。

农产品出口企业当前应遵循“迅速反应、预防为先”原则，从职能定位、思想认识、制度创新和机制创新入手，努力强化危机预警、应急处置和企业形象管理几个薄弱环节，建立从危害监测识别、危害评估、危害预警、危机处置到危机恢复的全过程危机管理制度。应对危机，管理者应当明确企业必须保护的核心资源，平衡好企业与消费者、员工、供应商、政府部门、媒体之间的关系，紧接着做出行动，逐一突破，将损失控制到最小，用行动来表明自己道歉的态度。成功的危机公关不但令品牌化险为夷，而且也借危机事件进行了炒作。其效果至少是使该品牌的知名度在一定区域范围内大幅度提高，处理得当的危机事件甚至还为品牌赢得了美誉度。

【案例 6－5】

海底捞“老鼠门”

2017 年 8 月 25 日，一则关于海底捞两家门店后厨脏乱情况的报道闹得沸沸扬扬，报道中称，海底捞两家门店：海底捞劲松店和太阳宫店，存在消毒记录不全、餐饮具混放、未戴工作帽及口罩等食品安全问题，引起社会关注。在记者拍下的视频中，后厨老鼠横行，扫垃圾的簸箕放洗碗池中清洗，用火锅漏勺掏下水道……在业界，海底捞素以“服务好到变态”著称，在“人前”光鲜亮眼，圈粉无数，然而此次“幕后”老鼠飞奔、卫生堪忧等问题的暴露，众多网友纷纷表示谴责和愤怒。

仅 3 个小时之后，海底捞迅速作出回应，紧接着发布了 7 则处理通报。沿袭海底捞一贯的处事风格，在第六条中清晰写明责任由董事会承担，涉事员工无须恐慌，民意迅速反转，网友疯狂转发，舆论导向偏向正面。

食品安全大于天，任何餐饮行业遇到此类问题轻则停业整顿，重则关门大吉。网络舆情对食品安全问题一贯也是零容忍的态度，而这次海底捞选择了不回避，直接认错，在致歉信中坦然承认“情况属实”，接连的应对方案在事件恶劣影响扩散之前直接反转了舆论导向。而海底捞在第一时间公布了具体行动以及应对方案，给大家一个交代，从细节可以看到负责人的实名制，一点也不含糊，足以看出道歉的诚恳态度。道歉信被网友精华成12个字：这锅我背、这错我改、员工我养。海底捞通过危机公关及时将最坏结局扭转，博得一票好评。

8月27日下午，海底捞官网发布《关于积极落实整改，主动接受社会监督的声明》，表示对于此类事件的发生，公司感到十分愧疚，向顾客表示诚挚的歉意，所有门店将实现后厨操作可视化。道歉公告发布后，海底捞事件迎来了史上最快的民意反转。网民纷纷表态：海底捞有担当，公关满分，良心企业，必须原谅。

资料来源：根据互联网资料整理。

（四）缺乏品牌管理组织

由于缺乏专门的品牌维护组织，在产生品牌侵权、品牌抢注、品牌信誉受损等情况时，企业往往任其发展，不能够迅速作出反馈。品牌（尤其是农产品区域公用品牌）建立之后，由于品牌知名度高，又是公用品牌，很容易遭受周边地区企业冒用品牌等侵权现象，企业常常对于品牌的保护力度不足，并不能有效保护品牌。

此外，企业在品牌建设过程中，常常出现内部营销不到位的现象，主要原因在于企业品牌文化缺失。管理层和员工对品牌内涵建设认识不统一，品牌保护缺乏内部认同感。这会造成顾客接触点品牌传播形象不统一，消费者品牌意识模糊、品牌形象不清晰、品牌声誉难以提升。因此，需要企业具有品牌管理战略思维。企业管理者尤其是领导层要拥有战略品牌思维，清晰地定义品牌含义。并通过企业文化统一思想，使企业内部员工从思想到行动上深刻、一致地理解和传递品牌内涵。经过外部营销传播，清晰地向消费者传递品牌内涵，塑造独特的品牌个性，培育消费者忠诚度，提高消费者对假冒伪劣品牌的“免疫力”。

二、外部竞争激烈

辽宁农产品出口企业要面对来自世界各地的优秀农产品企业，从国际上来说，欧美发达国家在农产品品牌化上早已走到了世界的前列，率先开展了标准控制、产品追溯及品牌建设工作，拥有强大的先发优势，使辽宁农产品在进入欧美市场时举步维艰。辽宁的产品仍旧以大批量地供给经销商或当地生产商为主，在二次加工或贴牌包装后进入市场。少数有幸以自有品牌小包装直接进入终端零售市场的产品，也面临着欧美本土品牌农产品的“全方位碾压”，在夹缝中谋求生存。

与此同时，辽宁农产品出口企业还要应对来自国内同行的竞争。尤其是山东、浙江等地区，已经开始着手建立系统的省际农产品品牌营销体系，在品牌建设上领跑全国。而辽宁在这方面还处于起步阶段，如果不抓住机会，追赶国内品牌建设大潮，一旦兄弟省份彻底打响品牌知名度，辽宁的农产品将在今后的很长一段时间内处于落后地位。要解决这一问题，除了建立起辽宁的农产品品牌营销体系之外，还应当考虑品牌的差异化，将辽宁的农产品与兄弟省份相区分开。

【案例6－6】

上海光明乳业：错位竞争模式成就“莫斯利安”

在中国乳业三强中，“光明”品牌以新鲜乳品长期领先但在常温奶产品的规模上明显落后于“蒙牛”“伊利”，由此导致“光明”在总体市场份额、销售体量、品牌势能等方面与两大竞品之间存在显著差距。针锋相对地争夺现有常温奶品市场份额必然导致与两大巨头的激烈碰撞，所消耗的巨大资源未必能带来相应回报。光明乳业为此作出选择错位竞争模式避开无谓消耗的战略决策，依托本企业技术实力“以长击短”，通过开辟全新的无争市场，在常温领域实现了根本性的突破。

资料来源：根据互联网资料整理。

第五节 三方联动打造"优质辽宁农产品"

辽宁出口企业的商业模式主要是大批量的贸易采购和订单交易的 B2B 模式，角色定位于随从地位的供应商；而内销企业更为贴近消费者需求和竞争者动向的 B2C 模式，角色定位于主导地位的生产者。由于商业交易模式的不同，也就注定了外销和内销品牌推广方式的不同。对于出口企业而言，其品牌推广也将会更偏重于向大型采购商的推广，而对于消费者的品牌推广则处于次要地位。交易历史和信任关系变得十分重要。

一、企业主导品牌建设

中小企业在进入市场之初，多以贴牌加工为主。而随着企业硬实力的不断提升，价值链中最有利可图的部分——自主品牌的建设，往往成为企业的必然选择。

（1）对于市场开拓能力较强的发展中国家和地区，可能会开始于贴牌加工（OEM），再发展到全球物流契约（GLC）模式，从而使发展中国家的生产纳入全球物流体系，以实现市场扩张，最后发展到自有品牌生产（OBM）。

（2）对于技术能力相对较强的发展中国家和地区而言，可能会沿着另一种轨迹发展：首先从发展技术能力开始，从贴牌加工逐渐发展到自行设计制造（ODM），等自行设计能力达到一定水平以后再提高市场开拓能力，最终实现自主品牌制造（见图 6-1）。

在农产品贸易中，价值链创新也会最终走向技术研发和自有品牌构建，实现农产品价值链上的价值增值。这就需要企业立足产品做好品牌定位，不断拓宽产品推广渠道，并开拓国内市场，打造消费者满意的产品品牌。

（一）控制产品质量，提高科技含量

产品的使用价值关键在于产品的质量，这是消费者购买或忠于品牌产品的根本。习总书记在 2014 年中央农村工作会议上的讲话中就曾明确作出"要加强品牌建设，积极争取创名牌，用品牌保证人们对产品质量的信

心”的重要指示。

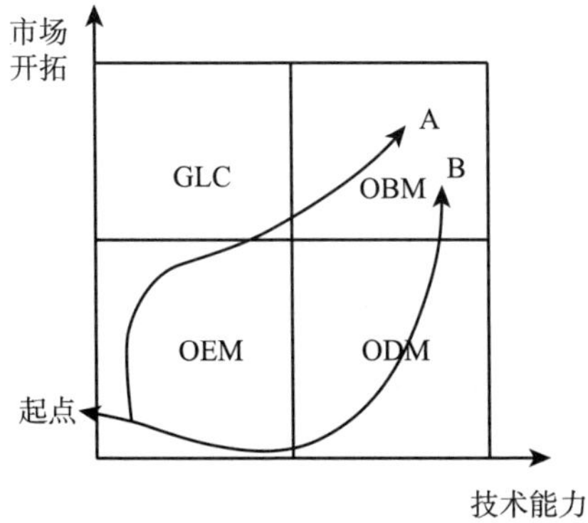

图6-1 价值链中创新的两种轨迹走向

但是由于农业特有的对土地的依赖和企业规模的限制，目前辽宁农产品出口企业中，有相当大一部分企业的产品结构是“工厂+农户”或“工厂+经纪人+农户”模式。从产品来源上来说，来源于农户的农产品在质量方面是低于规模化的大企业的产品质量的。传统农户生产，既不能在生产规模和生产效率上与现代化农业企业生产相比，又不能在产品质量上做到合理管控。这对于企业而言，如果不能控制好来源产品的质量，将会极大地增加企业生产成本，不利于企业经营。

对于辽宁农产品出口企业的产品而言，由于其商业模式主要是大批量的贸易采购和订单交易的B2B模式，角色定位于随从地位的供应商，而国外采购商对于农产品的进口通常会有较为严格的要求，如大小、色泽、含水量等一系列的指标要求。辽宁出口对象除了周边国家（日本、韩国、越南、俄罗斯等），还有中东、欧盟、美国等地。欧美发达国家通常对于产品的质量有更为严格的要求，需要增加绿色食品认证、有机食品认证等，而欠发达国家的出口产品要求则较为松懈。目前，辽宁出口示范区企业和产品的国际认证达70余项。较为常见的产品认证有ISO9001、ISO1400、ISO22000、GAP、HACCP、FDA、BRC等认证。

企业应当建立产品质量检验体系，保证产品质量。由于农产品多为储存期较短的食品，在整个质量控制过程中，企业对于产品的质量管控涉及整个生产和销售过程。不仅是原料的质量，生产过程的质量控制、产品的质量检测，以及产品运输过程的储存管控，都是企业保证产品质量的重要过程。例如，辽宁新洁安农业科技有限公司为了保证产品品质，从日本进口了世界上最先进的选蛋设备。企业内部对于品质的重视和国外采购商对于品质的严格要求，能够极大地提高产品品质。

提高产品科技含量是提高农产品品牌内在价值的重要手段。对于初级农产品而言，较低的科技含量和较低的产品差异化让品牌建设举步维艰。如山东烟台苹果和陕西洛川苹果都是驰名国内外的农产品，但由于其代表品种都为红富士、国光、黄元帅等，产品特征几乎均为个大均匀、风味香甜、酥脆多汁，但是对于普通消费者而言，除了在地域上有差别外，消费哪一个没有什么区别。较低的产品差异化使产品竞争更加激烈，很容易让企业陷入价格战。

企业可以通过一定加工工艺，提升农产品的科技含量。一块生姜，仅用作调味品，一个小家要吃完得费些时日，制作成姜糖、腌制成酱菜则会消费得很快；一扎秋葵，多为桌上菜肴，通过脱水工艺，制成干脆的秋葵条，还可当零食；大蒜经过发酵，制成酸甜可口的黑蒜，消除了爱蒜群体的顾虑……很多企业抓住这一契机，积极打造本公司的休闲食品，如君澳推出冻干苹果脆，正业推出“咱有仁儿”系列花生等。

对于农产品企业而言，需要不断提高企业整体科技水平，加大科研投入，不能自我满足于低科技水平的农业现状。而加大科研投入不仅可以通过自己成立科研团队，还可以通过企业合作、校企合作等外部合作方式，进一步提高企业的科研水平。企业应当建立健全与产前、产中、产后全过程相配套的技术服务体系，最终实现农产品品质优化，建立高品质的农产品品牌。即探索实施产学研一体化体制机制，与高校、科研院所、高科技企业实施“高位嫁接”，并建立研发中心、实验室和科技成果转化基地。

【案例6－7】

种苗是提高企业竞争力的重要手段

辽宁绿立方农业发展股份有限公司是辽宁辣椒总出口量最大的企业，最初该企业的种苗是从韩国进口的，辣椒仅出口至韩国。

后来，公司在充分认识到企业面临的单一市场和单一产品隐含的危机后，当机立断决定扩大产业链、增加产品科技含量。公司成立了自主研发团队，着力开发辣椒新品种和辣椒周边产品品牌。

农产品的生产重点在于新品种培育和配套标准化技术，因而企业需要着力突破种质优化、标准种植、适宜采收、风味保鲜、规模养殖、产地环境保护等关键技术，形成提升农产品价值的关键技术和特色产品，全面提升农产品品牌科技含量。

资料来源：根据调研资料整理。

（二）立足企业产品做好品牌定位

品牌核心价值是品牌资产的主体部分，能让消费者明确、清晰地识别并记住品牌的利益点与个性，是驱动消费者认同、喜欢乃至爱上一个品牌的主要力量。

品牌定位可以从产品的独特之处入手，如根据产品的品种特性、产地特性、技术特性等来进行品牌的差异化定位。但随着技术的发展，市场竞争的加剧，同一行业中产品的差异性越来越小，因此，品牌在基于产品差异进行定位的时候，既要关注产品在有形因素上的与众不同之处，同时也要注意产品所包含的文化特征、健康理念等无形因素的不同，以满足消费者的精神与情感上的需求。另外，在市场竞争激烈的当下，不能使得每一个品牌都成为行业或地区之中的佼佼者，这时就需要企业针对同类产品或同一地区中的其他品牌来进行竞争导向的市场定位，即采取依附于强势竞争者或填补市场空缺的策略来找准企业的定位，开拓出属于品牌独有的市场空间。

此外，还有一些企业采用的农产品品牌是区域公用品牌。在这种情况下，因为品牌的集体性所有权，不能为企业所垄断。那么企业如何做到在众多同品牌产品中脱颖而出呢？一个比较好的方法就是抢占品牌先机。龙口粉丝具有300多年的历史，是我国优质粉丝的代表。众多的生产企业共同分享一个品牌，而“龙大粉丝”则抢占先机，打出“龙口粉丝，龙大造”的口号，将龙口粉丝的品牌资源收拢到手，订单激增。现在龙大已经成为龙口粉丝的代言人及粉丝行业老大。

同时，企业要将品牌定位融入品牌VI（视觉识别系统）设计中。在品牌包装、品牌代言人选择以及品牌广告设计等方面，与品牌定位相融合，突出品牌的价值内涵。

辽宁农产品出口企业对于自身产品的品牌定位体现出较为明显的两极分化特点。对于大型内外销兼顾的企业，其产品品牌具有十分清晰的定位，多走中高端礼盒市场的品牌，价格和质量高于市场同类产品；而中小型农产品出口企业主要是以贸易采购或国外订单为生产重点，对于品牌定位较为模糊，产品特色没有得到发掘。对于农产品区域公用品牌而言，管理方为政府或行业协会，对市场的反应灵敏度略低于企业，而且同一品牌通常有多家企业负责生产，而企业生产同一品牌的产品，没有自己的独特之处，产品定位较为模糊。

【案例6-8】

“网红”牛奶成长记

近期，科迪乳业推出一款全透明袋装（透明枕）的纯牛奶，一经推出迅速在网上蹿红，成为科迪乳业的重磅产品，并引领了乳产品的新潮流。单日销量从3万件（338件为一吨）飙升至如今超过每天7万件，随着市场需求的不断扩大，仅这一单品的生产线就从6条扩增到22条，整体产能达单日200吨，仍然供不应求。面对竞争日益激烈的乳业市场，乳制品企业纷纷推陈出新，从常温奶到低温奶，从纯牛奶到高钙低脂奶再到各种调味奶。在这样的市场环境下，科迪如何独辟蹊径，打造出“网红”牛奶的？

1. 差异化路线

近年来，公司打造了多款爆品，包括鲜鲜果乳系列、生态五谷奶系列、原生奶、透明枕以及低温酸奶等。以生态五谷奶为例，五谷奶的推出是在2008年三聚氰胺事件以后，乳制品行业陷入低迷和调整期，消费者对国内乳制品普遍缺乏信心，如何打造契合消费者健康需求的产品？科迪通过工艺粗取五谷精华来丰富纯奶营养的方式，适时推出高端生态五谷奶，凭借健康的理念及美好的口感抵御行业风险，打造差异化产品理念也为科迪的跨越式发展奠定了坚实的基础。

而透明枕的推出，也并不是一时兴起。“我们只想让牛奶回归鲜奶本来的味道”。追溯“网红奶”成长记，科迪乳业董事长张清海娓娓道来：“以透明枕的设计理念来说，我们坚持大道至简，即本真的就是最好的，做到完全零添加，独特的透明袋包装可以还原鲜奶本样，让消费者喝得更放心。科迪奶品质一流，除了好喝就是新鲜，喝过科迪奶的消费者都会将它推荐给身边的朋友。‘透明枕’拥有独特的香醇口感，具有超高的性价比。从原奶到消费者手中只需要经过一至三天时间，科迪只想让普通消费者能喝上真正健康新鲜的牛奶。”

2. “互联网+便利店”

在销售渠道上，科迪乳业注重县城及乡镇市场，选择在河南东部、山东西南、安徽东北及江苏北部等远离省份市场中心的区域进行布局，与龙头企业形成错位竞争，目前公司产品覆盖300多个县城，并逐步向河北、湖北等市场拓展。区别于行业其他乳企大量的广告投入，科迪将电商和科迪便利店作为公司未来渠道建设的重磅工具。目前，公司在郑州、商丘已经有几十家个体电商销售公司。在华东地区，公司通过电商推广“网红奶”及其他明星产品，吸引经销商主动找到公司销售产品，打开全国市场。并在微信“朋友圈”展开营销攻势，利用熟人口碑打开“透明枕”牛奶市场。目前，科迪乳业净利率维持在10%~15%，远高于行业龙头个位数的利润水平，而公司销售费用在5%~9%，平均为7%的水平，远低于行业龙头10%~20%的销售费用水平。

3. 质量为先

“我们始终以品质为信条，正是对品质的无限追求成就了如今的科迪。”科迪乳业董事长张清海认为。从奶源来看，不同于其他乳企“公司+基地+农户”的生产经营模式，科迪采用“种、养、加”结合的产业链模式，实现饲草饲料种植、奶牛养殖和乳制品加工一体化，从奶源上控制食品安全。为提高奶农的积极性，公司统一外部原奶收购合约价，这有利于消除原奶价格大幅波动给整个乳业带来损失，更重要的是，通过养殖社而不是个体奶农收购、统一收购价格等方式，能够有效根除三聚氰胺的添加问题。

科迪乳业从奶源供应、辅料采购、生产过程控制、成品检验到终端销售环节，已形成完善的质量控制体系，公司对基地及小区进行统一管理，从奶源基地的建设、饲养及防疫等抓起，杜绝添加外来任何物质，避免出现危害物质如三聚氰胺、β内酰胺酶等。在挤奶过程中严格按照程序进行，抽检奶牛单体样品，检验项目包括感官、酸度、酒精试验，以及乳成分检测仪检测蛋白质、脂肪、非脂乳固体等指标。在收奶结束后，质检中心还要进行二次检测，包括感官指标、理化指标、卫生指标、微生物指标，以及三聚氰胺、β内酰胺酶专项检测和10多项掺假检验。

资料来源：根据互联网资料整理。

（三）将品牌建设融入企业文化

企业是品牌建设的主体，企业在品牌建设中要充分发挥自己的主见，真正把品牌和企业文化相融合。一个优秀品牌的建设，不仅需要企业家们的积极推动，还需要企业员工的主动作为。企业文化通常是由企业家主导的，在品牌建设中，企业家需要将个人对于企业品牌的建设思路传递给企业员工，让员工充满激情，并能够促进员工的主动作为。

企业可以通过员工手册或课程学习等方式，让员工了解企业文化，了解企业品牌所拥有的价值内涵。在促进员工主动作为上，企业并不是束手无策的。企业同样可以采取一定的措施，如设立奖金、开展品牌学习等方式，让员工自发地为企业品牌背书，积极保障、宣传品牌的内涵。先让本企业的员工信任自己的品牌，然后才能够让更多的人去认可这个品牌。品牌的建设要扎根于企业文化，得到企业员工的拥护和社会大众的认同。这就需要企业在建设品牌时，所赋予品牌的价值内涵是能够受到大众认可的正面价值观。品牌的认可，归根到底是对企业价值观的认可，是对企业文化的认可。

【案例 6 –9】

Like A Girl

宝洁公司的愿景是“我们生产和提供世界一流的产品，以美化消费者的生活”，这不仅是品牌宣传的口号，更是企业践行社会责任的行动指南。

2014 年，宝洁旗下卫生巾品牌护舒宝（Always）在美国与各行业女生进行深入沟通，发行一则纪录片“Like A Girl”，鼓励正处于青春期的女生，无惧外界对“女生”的刻板定义，改写规则，自信做最真实的自己。该广告片在 150 个国家传播，被播放 8500 万次，引起全球百万女性的共鸣。同年，在亚洲最大的创意节金投赏的颁奖典礼上，“Like A Girl”斩获第八届金投赏全场大奖。这一品牌建设行为，通过话题引发全社会的共鸣，在引导人们对社会热点问题的思考的同时，又能够推广品牌的价值观，积极建设品牌的价值内核。

资料来源：宝洁官网。

（四）拓宽品牌推广渠道

现代社会不仅需要企业把好品质关，更需要企业关注产品的营销推广。创新传播渠道，创造独特的品牌内涵，是企业扩大品牌知名度、提高销量的重要手段。

在营销方式上，企业除了参加国内外的品牌推介会、农产品博览会，投放传媒广告，在销售地区开展品牌推广和试吃试用等传统营销之外，还可以做线上网络营销。随着电子商务的发展，多种营销方式应运而生。在国内来说，淘宝网店、微博及微信公众号、大V软文推广、微电影推广越来越成为常见的新媒体传播方式。再如“舌尖上的中国”栏目，通过纪录片的形式带动了诸多地方特色农产品。企业可以抓住机会，尝试在国外利用电商推广产品，做出成功的品牌效果。企业应当积极发展电子商务、直销配送、农超对接等新型营销模式，实现线上线下结合，生产、经营、消费无缝链接。以互联网、电台、电视台、报刊为平台，以车站、港口、机场为节点，构筑品牌宣传网络，扩大企业知名度和影响力。

企业可以通过参加中国国际农产品交易会、中国绿色食品博览会、国际水产博览会，以及其他的政府或行业协会主办的一系列农产品品牌推介会，推动供销双方的交流，促进出口贸易增长。尤其是出口与内销兼顾的企业，在进行品牌推广时，还可以通过广告、网络推广等方式，向消费者推广农产品品牌。

在营销内容上，企业可以给自己的品牌赋予独特的定位，立足于绿色营销、知识营销、文化营销以及品牌体验营销等多种内涵。老干妈摆上欧美超市的货架，三只松鼠通过淘宝网店畅销中国；东阿阿胶主打保健，砀山梨以品质取胜；天猫生鲜产品热销……这些都是我国农产品出口企业可以借鉴的成功案例。随着消费者消费水平的提高，其越来越关注产品品牌的消费。在这一方面，企业更应该运用互联网思维，了解消费者的不同需求，对产品品牌进行精准定位，做好品牌的营销推广。

【案例6-10】

“三只松鼠”的“萌贱”营销术

“三只松鼠”是一家以坚果为主营业务的食品电商企业，2012年6月才正式上线，65天后就在天猫商城同类销售中排到了第一，同年“双十一”

卖出了3500多万元，2015年9月成为估值超过40亿元的松鼠帝国。谈到三个松鼠的成功，不得不承认，顺应潮流的卖萌耍贱营销是其成功的秘诀。

1. 从取名开始就萌

三只松鼠的名字取得很好，帮助它节省了相当多的营销费用，也从此开启了这个品牌的萌贱之路。为啥叫"三只松鼠"？很简单，因为是卖坚果类休闲食品，松鼠又是以坚果为主食的，很自然的就能关联到一起。松鼠的体型和体态在人的记忆和印象之中是非常可爱的，毛茸茸的大尾巴尽显萌像。

2. 视觉萌

三只松鼠在设计公司LOGO时，并没有轻易地就按照松鼠的形象来设计，而是通过拟人的手法，设计了具有萌贱特色的卡通形象。除了在形象和设计上做区分外，还给三只性格迥异的松鼠赋予了不同的人格特征和名字，分别叫小美、小酷、小贱，且都是萌萌的外表，萌化用户的心。松鼠小贱爱卖萌，代表坚果类产品；松鼠小酷是技术宅，代表干果类产品；松鼠小美则是现代女性的典型代表，代表花茶类产品。三个形象深得人心，赢得消费者喜爱的同时拉动了产品消费。

3. 打造萌贱文化

三只松鼠在各个消费环节不断强化萌系品牌形象，从线上店铺的网页介绍、动漫、广告植入，到线下的包装、赠品、快递盒等全都保持一致的卖萌风格，在消费心中不断强化萌系品牌印象，在无形中传递品牌理念，推广产品品牌。基于互联网用户群体的定位，公司将位于销售链前端的售前客服进行分组。想听高端大气上档次、奔放洋气有内涵的话题，可以找"小清新文艺骚年组"松鼠接待；而热衷各种段子，重口味、无底线和无下限的，则由"丧心病狂组"负责招待。

4. 品牌动漫化

为实行品牌动漫化战略，拉近与消费者间的距离，2014年4月，三只松鼠成立了一家全资子公司——松鼠萌工场动漫文化有限公司，其使命就是为三只松鼠的动漫形象在中国乃至世界传播为家喻户晓的动漫经典而努力。该公司已经推出了《萌贱三国》《奋斗吧！松鼠小贱》等多部以"卖萌耍贱"为主要风格的动漫作品，实现将粉丝转变成顾客，扩大品牌知名度。通过可爱的动漫形象给所有消费者带来欢乐的同时又强化品牌的互动性、沟通性、参与性与分享性，将单纯的LOGO发展成为一个有生命力的人格化品牌。

5. 借助IP剧的力量

为了传播自己的萌贱文化，除了自制剧外，三只松鼠还广泛采用IP植入的方式。几乎大多数青春偶像剧中都能看到三只松鼠的身影，除了产品外，还有就是三只松鼠的周边抱枕，甚至是台词都可以光明正大地出现，且毫无违和感。让消费者最熟悉的莫过于之前的热播剧《欢乐颂》，里面的邱莹莹简直就是三只松鼠的代言人，她的吃货属性也感染了很多不买"三只松鼠"的人，想尝尝到底是什么味道可以让邱莹莹手不离口。

资料来源：根据互联网资料整理。

不过，企业在做营销推广的时候，一定要注意与产品生产质量和数量相匹配。成功的营销推广能够帮助企业迅速打开市场，提高产品销量。与之相对应的，是企业在生产扩张的同时，还要保证产品的质量。曾有某山东酒业公司重金砸下央视广告"标王"，产品供不应求，就购买其他厂商的原酒进行勾兑，事件曝光后，企业形象遭受重创，严重影响了企业日后的发展。另外，选择电商渠道需谨慎。目前，生鲜电商市场竞争激励，资本大量涌入使得市场盲目性增大。生鲜电商平台在品控、冷链运输管控上仍旧不成熟，与传统销售渠道相比还有一定的差距。而一旦爆出产品质量丑闻，对于食品企业品牌形象的打击将是致命的。因此，企业在选择进入电商渠道时，应当选择更为成熟、稳定的平台，在线上线下的精力投入也要谨慎，避免盲目铺货。

二、政府促进品牌建设

政府带动对于提高地区农产品品牌建设具有十分重要的作用。辽宁是农产品出口大省，农产品种类繁多，但是知名的农产品品牌却不多，需要政府采取一系列的举措，引导品牌建设，建立起辽宁出口农产品的整体品牌形象。

（一）品质监管

政府要从农产品出口示范区抓起，加强农产品质量安全体系建设和品质监管，打造高品质、多种类示范区形象。

目前，辽宁农产品出口企业的生产标准主要是根据销售地区的农产品质量标准而定，其中一个原因就是国外标准的设置普遍高于国家标准或行业标准。国内在农产品的农药检测、品质分级、质量诚信、产地追溯、贮藏运输、包装标识等方面的标准，仍旧需要加以修改、完善，采用完善的现代农业生产技术规范和操作标准进行生产。

政府要建设一系列的高规格检测标准来保证出口产品的质量。同时，鼓励基层农业部门根据检测标准，制定符合当地农业生产实际的操作手册。真正建立起既符合辽宁实际又与国际标准接轨的农业标准体系，实现农业标准体系全覆盖。

在产地追溯上，可以推广实施农产品条形码制度，建立产销区一体化的农产品质量安全追溯信息网络。实现生产记录可存储、产品流向可追踪、储运信息可查询，确保农产品质量安全。

（二）品牌推广

目前，政府部门采取的一系列农产品品牌推广举措取得了显著成效，有力带动了我国农产品品牌的市场营销。要做好出口企业的农产品品牌建设，政府部门就应当清楚地认识到农产品品牌以及品牌推广的重要意义，在具体的工作执行中，做到政策发布和活动推广的连贯和高效。

制定农产品品牌目录。政府在举办农产品品牌展会、举办地方特色蔬果节、推动建立特产专卖等时，可以制定农产品品牌目录制度，按照农产品品种分类、影响层级分类，把最有影响力的品牌纳入目录定期发布、动态管理，并推送给目标客户所在地区政府、协会。

一体化宣传方案。政府应当建立系统完整的对外宣传窗口，如在机场、高铁站、公交站、超市等地，投放一系列的地区农产品品牌广告，推动地区品牌在国外的知名度。

辅以文化输出。所谓品牌产品，不仅包含物质层面，而且包含丰富的精神文化内涵。对于产地文化的推广，可以有效带动产品品牌建设。随着《来自星星的你》《太阳的后裔》等韩剧的热播，韩国的泡菜、炸鸡、服装、首饰等在中国大卖，这是文化在品牌营销上的巨大作用。一个地方的文化才是最独特的，是深入民族骨髓的东西。因此，通过文化输出进行农产品的品牌建设，品牌才容易立得住、走得远，品牌力才能经久不衰。

此外，在国际活动和对外交往中，农产品也可以像互联网产品一样，获得外交上的支持，真正走出国门，向世界知名品牌的道路上迈进。

【案例6－11】

“东港草莓”搭上互联网快车

“东港草莓”连续多年被评估为全国最具影响力的农产品区域公用品牌，现品牌价值41.67亿元。东港是农业部命名的“全国优质草莓生产基地”和“无公害农产品生产基地”，是“中国草莓第一县”。

东港深知好品牌不等于好价钱，紧紧抓住“互联网+”快速发展的有利契机，把电子商务作为一项重要战略任务，推进东港草莓产业发展。2015年10月，东港市政府与中国网库信息技术股份有限公司正式签订了“东港市草莓产业电商基地”战略合作协议，建立“草莓产业网”销售平台。目前，与草莓网合作的草莓相关产业商户累计900家，其中，本地签约草莓相关产业商户共计300余家，普通会员共计583家，网站月均点击量7000余次，百度“草莓”搜索排名位列第1。东港市政府与阿里巴巴集团联合创办了阿里巴巴农村淘宝东港服务中心，目前已在全市农村建立了64个村级电子商务服务站。2016年12月27日，东港市政府与京东集团合力打造的“东港生鲜馆”正式上线，依托京东集团强大的影响力和用户基数，助力区域农产品上行，以京东生鲜的理念和标准，倒逼源头标准化、品质化，打造区域农产品品牌。

东港市积极与国内外电商企业进行“联姻”，拓宽草莓在电商市场的销路。改变草莓主要通过线下渠道营销的思路，通过与各电商平台和微商合作，开展线上销售，进一步提升了草莓品牌与效益。依托电商平台，积极发展“互联网+”业务，使东港草莓畅销全国各地，电商销售占销售总量的60%以上。东港市被国家商务部授予“全国电子商务进农村综合示范县”，依托特色草莓产业，积极发展“互联网+”业务，销售模式以微信朋友圈营销和淘宝、京东等为主，精品草莓销往全国各地，大大拓宽了东港草莓的销售渠道，提升了东港草莓的附加值。

资料来源：根据互联网资料整理。

（三）加大政策扶持

政府要在资金等方面切实加大对农产品品牌建设的投入，充分调动农业生产经营主体创建农产品品牌的积极性，保障品牌建设工作顺利开展。

不断完善相关政策，坚持主体多元化、服务专业化、运行市场化的方向，加快构建公益性服务与经营性服务相结合、专项服务与综合服务相协调的新型农业社会化服务体系，为各类新型农业经营主体创建农产品品牌提供更多领域和更有效的服务，探索建立品牌农产品“农超对接”等新型流通方式。

建立国内外农业展会数据库。向企业推荐有价值的农业展会信息，在一定程度上对出国参展企业给予指导和财政补贴。鼓励品牌农产品更多地进入国内、国外的各类重要展会，推动品牌农产品走向海外。

降低政府相关资质认证门槛。农产品出口需要得到海关和检验检疫局等部门的相关资质认可，而辽宁在资质办理过程中，仍有较大的改进空间，存在认证手续烦琐、认证通过难等问题。要提高政府工作效率，不让政府工作成为阻碍企业进一步发展的障碍。

三、协会引导品牌建设

在西方发达国家，政府通过经济手段、行政手段和法律手段对本国经济进行宏观调控。但是在具体管理中，协会往往成为维持市场秩序、促进良性竞争的主要管理部门。辽宁充分认识到协会的重要性，已经开始着手建立农产品行业协会。在品牌建设方面，协会在区域公共品牌管理方面需做好引导作用。

企业自有品牌因其独占性而在管理和运营上具有完全的自主性，而区域公用农产品品牌更像是公共物品，具有较强的非竞用性、非排他性，在管理上也需要加以区别对待。区域公用农产品品牌的所有者通常是相关行业协会，使用者涉及该地区该行业的多个企业。例如，盖州市农业技术推广中心注册的商标“盖州苹果”，盖州市鸿鹏果品有限公司、营口富达果菜保鲜有限公司、营口金仕达果品有限公司等多家公司共同使用该商标。

对于区域公用品牌而言，由于其类公共物品的特性，很容易造成大家对公用品牌的滥用和不珍惜，透支品牌和信誉，造成“公地悲剧”。多个经营企业共同使用同一商标，那么就带来一系列经营、使用问题，需要使用企业在品牌的使用上达成共识。具体而言，企业应当在品牌使用条件、品牌包装、品牌宣传等方面，采取一致的行动，来维护共同的品牌形象。

首先，应当达成一致认可的品牌管理协议，建立企业准入和退出机制。其次，确定品牌产品标准，在产品种植、成品筛选、贮藏等方面确定明确可测的标准。再次，要加强品牌内、外部管理，对内监管使用企业的经营行为，对外防止品牌侵权行为。最后，为企业生产提供技术支持和推广渠道。

第七章

美国市场

第一节　美国农产品市场概况

一、农产品市场需求分析

美国农产品消费市场需求巨大。美国虽然是世界上主要的农产品生产国，但是作为一个世界大国，美国不仅在国土面积上名列世界前位，人口总数也达3.2亿人（2015年），位居世界前列。美国是一个世界性的农产品消费大国，农产品消费市场规模庞大，市场潜力十足。美国人民日常消费的农产品主要是种植业和畜牧业产品，具体包括谷物类产品、肉类、禽类、蛋类、乳制品、蔬菜和水果等。

根据美国农业部（USDA）发布的《2014年年度农业数据统计》，2012年美国以民用粮食为主要食物的总人数达3.12亿人左右，人均农产品消费达1670.2磅，市场需求量庞大，具体如表7－1所示。

表7－1　美国2006～2012年主要农产品人均消费量　单位：磅

农产品	2006年	2007年	2008年	2009年	2010年	2011年	2012年
红肉	109.9	110.5	106.4	105.7	102.1	97.7	98
牛肉	62.8	62.1	59.4	58.1	56.7	54.4	54.5
小牛肉	0.4	0.3	0.3	0.3	0.3	0.3	0.3

续表

农产品	2006 年	2007 年	2008 年	2009 年	2010 年	2011 年	2012 年
羊肉	0.8	0.8	0.7	0.7	0.7	0.6	0.6
猪肉	46	47.2	45.9	46.6	44.4	42.4	42.6
鱼类	16.5	16.3	15.9	15.8	15.8	14.9	14.2
罐装	3.9	3.9	3.9	3.7	3.9	3.7	3.4
新鲜和冷冻类	12.3	12	11.7	11.7	11.5	10.9	10.5
腌制类	0.3	0.3	0.3	0.3	0.3	0.3	0.3
家禽类	74.2	73.7	72.6	69.4	70.9	71	69.2
鸡肉	60.9	59.9	58.7	56.1	58	58.4	56.6
火鸡	13.3	13.8	13.9	13.3	12.9	12.6	12.6
鸡蛋	33.3	32.3	31.9	31.8	31.8	31.7	32.2
乳制品							
总乳制品	611.9	612.1	606.7	609.3	603.2	603.1	611
液态牛奶和奶油	207.5	206	203.8	205.1	206	200.9	198.8
奶酪（不包括干酪）	32.7	33.4	32.8	33	32.9	33	33.5
干酪	2.6	2.6	2.3	2.4	2.3	2.3	2.6
浓缩和淡牛奶	6.4	7.6	7.3	7.1	7	7	7.4
冰淇淋	14.8	14.2	13.7	13.3	13.5	12.8	12.9
油脂类	84.5	84.8	85	77.7	82.2	NA	NA
蔬果类	673.1	668.4	650.2	645.9	653.5	637.6	639.6
水果类	269.4	262.2	257.3	253.9	256.6	253.9	244.7
蔬菜类	403.7	406.2	392.9	392.1	396.9	383.7	394.8
谷物制品	193.9	196.9	196.1	194.5	194.7	173.1	174.7
面粉类	135.8	138.3	136.6	134.7	134.8	132.5	134.4
大米制品	20.3	20.3	20.5	20.4	20.4	NA	NA
玉米制品	31.9	32.4	33	33	33.1	34.1	33.9
燕麦制品	4.7	4.7	4.8	5.3	5.2	5.3	5.2
大麦和黑麦制品	1.2	1.2	1.2	1.2	1.1	1.1	1.1
其他							
咖啡	9.5	9.6	9.5	9.1	9.2	9.6	9.7

续表

农产品	2006年	2007年	2008年	2009年	2010年	2011年	2012年
可可	5.1	4.8	4.5	4.4	4.4	4.4	4.2
茶叶	0.9	0.9	1	1	1	1	0.9
花生	6.6	6.3	6.4	6.6	7	7	6.7
坚果	3.4	3.6	3.6	3.8	3.9	3.8	4.2

资料来源：美国农业部。

（一）水果和蔬菜类产品消费量位居第1

2012年，美国民众消费最多的农产品为果蔬类产品，人均消费量达639.6磅，其中，水果和蔬菜的人均消费量分别为244.7磅和394.8磅，占果蔬类总消费量的38.3%和61.7%。

（二）乳制品消费量位居前列

人均消费量达第2位的农产品为乳制品，平均每人每年消费611磅，其中，主要包括液态牛奶和奶油、奶酪（不包括干酪）、干酪、浓缩和淡牛奶以及冰淇淋等，液态牛奶和奶油的人均年消费量达198.8磅，在乳制品里占比最大。

（三）面粉制品为主要谷物产品消费

美国人均消费的谷物类产品为174.7磅，其中，最主要的消费品类是面粉产品（主要为白面粉、全麦面粉、小麦粉和硬质小麦粉），人均消费量为134.4磅，占所有谷物类产品消费量的76.9%；第二是玉米制品，人均消费量为33.9磅，约为19.4%；其余的燕麦制品、大麦和黑麦制品人均消费量的总和仅有6.3磅，在谷物类产品的消费里比例较小。

（四）畜牧类农产品消费种类众多

畜牧类产品的消费情况方面，红肉产品（去除骨头的净重）的人均消费量最多，达98磅，其中，最主要的消费种类是牛肉和猪肉，分别达为54.4磅和42.6磅；其次是家禽类产品，人均年度消费量为69.2磅，主要由鸡肉、火鸡以及鸡蛋组成，鸡肉的人均消费量为56.6磅，超过牛肉成为美国民众最主要消费的肉类产品，蛋类则为32.2磅，最后是火鸡，平均每人仅12.6磅；鱼类产品的人均消费量为14.2磅，以新鲜和冷冻的鱼类为主。

从2006~2012年的人均农产品消费量的总体变化趋势来看，几乎所有种类的农产品的消费量都呈现出先增长后下降的趋势，趋势的拐点出现在2008年前后，结合美国经济形势分析，有可能是2008年的经济危机对美国民众的日常消费产生了一定的消极影响，使得美国的农产品市场有了一定程度上的收缩。

二、农产品市场供给结构

美国位于北美洲中部，国土面积937万平方公里，是世界上国土面积第4大的国家。美国是世界上最大的农产品生产国之一，全国农场面积约370万平方公里，占国土面积的40%，其中，耕地面积约158万平方公里，接近国土面积的20%，是全球第二大的农耕区域。

（一）各类农场是美国农产品生产的主力军

美国约有220万个农场，每个农场平均面积约170公顷，2011年农业就业人数213万人，占整体就业人口的1.45%。美国的农业主要为大型农场经营，农业高度发达，机械化程度很高，主要有畜牧业和耕作业两大部分。美国生产的农产品占世界农产品总产量的约20%，其中，玉米、大豆、奶类的总产量在世界上连续几十年位居第1，棉花、肉类等也一般在前两位。

（二）美国农产品市场中农产品品类繁多

根据美国农业部对于农产品的定义，农产品主要指未经过深加工的种植业、畜牧业和渔业产品，其中，小麦、玉米、棉花和畜牧业产品是美国主要生产的农产品，其产值超过美国农产品总产值的一半。由于农产品种类繁多且不同的品类特性不同，无法对其市场供给情况进行简单合并，故选取粮食产品、肉类产品、乳制品、棉花和咖啡这五类农产品作为代表，以2015~2016年美国农业部数据为基础，对其市场供给结构进行分析，如表7-2所示。

表 7-2　　2015~2016 年美国农产品市场供给结构　　单位：万吨

品类	期初库存	总产量	进口量	总供给量	总计
粮食产品	6897.7	42884.9	765	50547.6	101095.2
肉类产品	52.4	2193.6	203.3	2449.3	4898.6
乳制品	62.8	10166.8	22.4	10252	20504
棉花	370	1288.8	3.5	1662.3	3324.6
咖啡	602.5	4.5	2401	3008	6016
总计	7985.4	56538.6	3395.2	67919.2	135838.4

资料来源：美国农业部。

1. 粮食产品供给结构

美国粮食产品主要包括大麦、玉米、燕麦、水稻、黑麦、秫米和小麦等，2015 年美国市场中的粮食总供给量为 50548 万吨，其中，6898 万吨为上年度留存，42885 万吨来自国内生产，占总供给的 84.84%，剩余 765 万吨为进口供给（见图 7-1）。

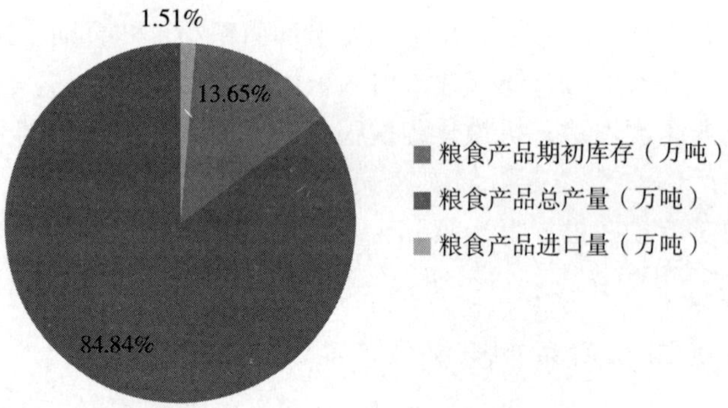

图 7-1　2015 年美国粮食供给比例

资料来源：美国农业部。

2. 肉类产品供给结构

美国市场中的肉类产品主要包括猪肉、羊肉、牛肉和家禽，2015 年美国市场中的生鲜产品的总供给量为 2449 万吨，其中，52 万吨为上年度留存，2194 万吨来自国内生产，203 万吨为进口供给，分别占总供给的 2.12%、89.59% 和 8.29%（见图 7-2）。

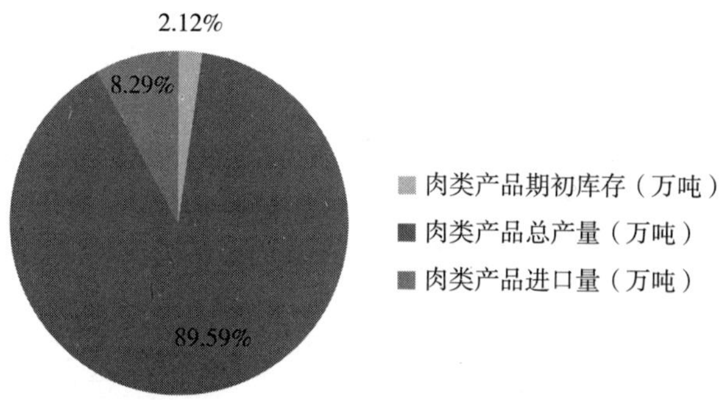

图7－2 2015年美国肉类产品供给比例

资料来源：美国农业部。

3. 乳制品供给结构

乳制品指的是使用牛乳或羊乳及其加工制品为主要原料加工制作的产品，包括液体乳、乳粉、炼乳、乳脂肪及其他乳制品等。2015年美国市场上的乳制品总供给量为10252万吨，其中，60.6万吨为上年度留存，10169万吨来自国内生产，占总供给的99.19%，剩余22.4万吨为进口供给，仅占总供给的0.2%（见图7－3）。

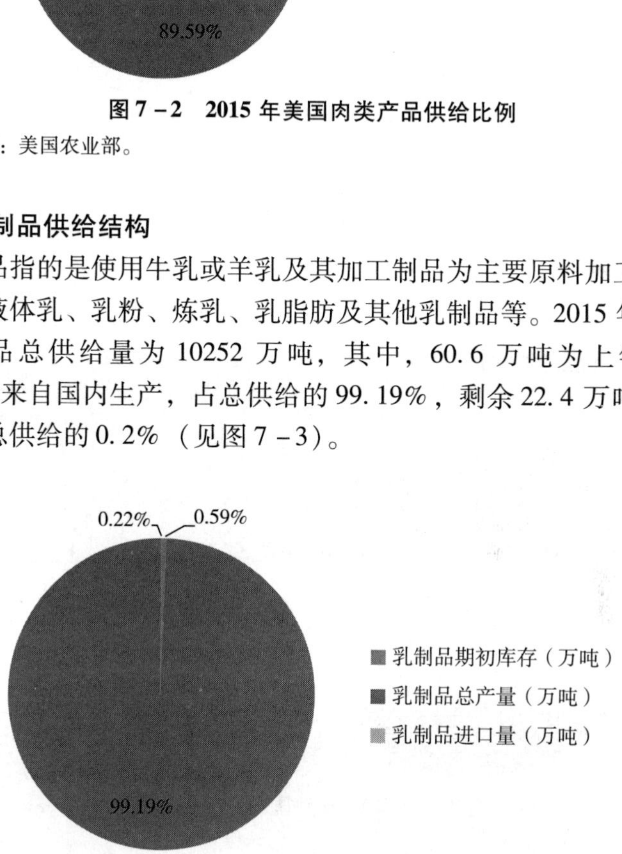

图7－3 2015年美国乳制品供给比例

资料来源：美国农业部。

4. 棉花和咖啡产品供给结构

2015年美国市场中的棉花总供给量为1662万吨，其中，370万吨为上年度留存，1289万吨来自国内生产，占总供给的77.56%，仅有3.5万吨为进口供给，占总供给的0.21%（见图7－4）。

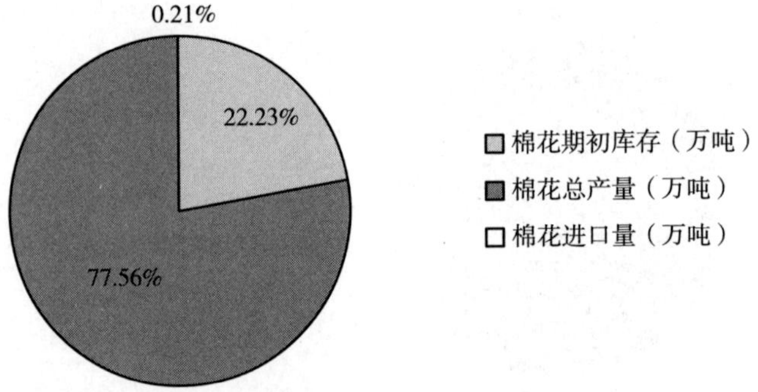

图 7-4　2015 年美国棉花供给比例

资料来源：美国农业部。

2015 年美国市场中的咖啡总供给量为 3008 万吨，其中，602.5 万吨为上年度留存，4.5 万吨来自国内生产，剩余 2401 万吨为进口供给，占总供给的 79.82%（见图 7-5）。这说明美国对于咖啡有着强烈的消费需求，是咖啡的主要进口市场。

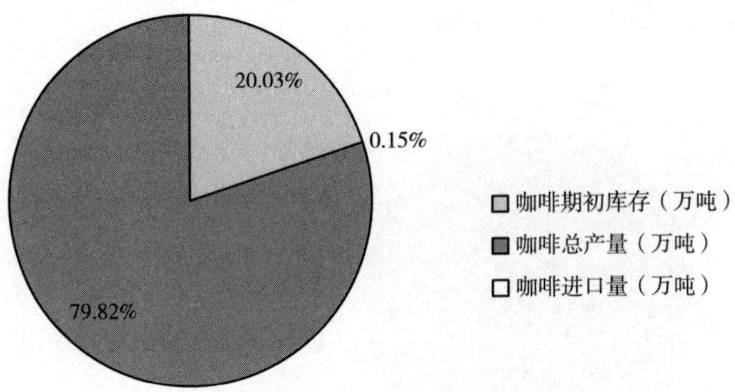

图 7-5　2015 年美国咖啡供给比例

资料来源：美国农业部。

三、农产品进口结构

在农产品贸易方面，根据联合国粮食及农业组织（FAO）2015 年的报告，美国是全球主要的农产品生产和消费国家，同时又是世界排名前两位的农产品出口和进口国家。

美国虽然是一个仅有二百多年历史的移民国家，但无论是美国本土的印第安民族，还是欧洲新移民，都是有着悠久种植业历史的民族，因此“以农立国”的传统深深嵌在美国的发展历程中。即使第一次和第二次工业革命后，工业的迅速发展使得农业在国民经济中的比例有所下降，但农业自始至终都是美国经济发展的重要支柱。

然而，随着全球化和世界经济一体化的进程不断推进，节奏不断加快，美国国内的农产品供给已不能满足市场对于农产品在数量和种类上的需求，进口农产品逐渐成为美国农产品供给结构中的一项重要组成部分。

（一）进口总值巨大，进口种类结构复杂

作为农产品进口大国，2015 年美国的农产品进口总值达 1100 亿美元。根据联合国商品贸易统计数据库的统计数据来看，在国际海关 HS 的分类方法下，2015 年美国进口的农产品品类结构较为明显：以生鲜类农产品为主，以谷物及副食品为辅。其中，生鲜类农产品主要包括鱼类、肉类以及水果蔬菜等。如表 7－3 所示，2015 年美国进口农产品的前 10 位分别为鱼类、食用水果、肉类、食用蔬菜、咖啡、蔬果制品、谷物、动植物油脂制品、可可制品以及肉制品。

表 7－3　　2015 年美国进口农产品品类结构

农产品品类	进口额（亿美元）
鱼、甲壳动物、软体动物及其他水生无脊椎动物	155.0
食用水果及坚果；柑橘属水果或甜瓜的果皮	154.2
肉及食用杂碎	93.6
食用蔬菜、根及块茎	92.6
咖啡、茶、马黛茶及调味香料	81.7
蔬菜、水果、坚果或植物其他部分的制品	76.9
谷物、粮食粉、淀粉或乳的制品；糕饼点心	62.2
动、植物油、脂及其分解产品；精制的食用油脂；动、植物蜡	60.3
可可及可可制品	49.9
肉、鱼、甲壳动物、软体动物及其他水生无脊椎动物的制品	49.6
糖及糖食	42.2
活动物	33.3

续表

农产品品类	进口额（亿美元）
乳品；蛋品；天然蜂蜜；其他食用动物产品	28.1
谷物	28.0
含油子仁及果实；杂项子仁及果实；工业用或药用植物；稻草、秸秆及饲料	26.8
活树及其他活植物；鳞茎、根及类似品；插花及装饰用簇叶	20.0
虫胶；树胶、树脂及其他植物液、汁	17.2
制粉工业产品；麦芽；淀粉；菊粉；面筋	16.6
其他动物产品	10.7
编结用植物材料；其他植物产品	1.1
总计	1100.1

资料来源：美国农业部。

（二）进口国家结构

在进口国家结构方面，从联合国商品贸易统计数据库的统计数据来看，2015 年美国主要从南美洲及亚洲国家进口农产品，如加拿大、墨西哥、中国、智利等。作为单一国家，加拿大是美国最大的农产品进口来源地，2015 年的进口额达 215.1 亿美元，其次是墨西哥，为 186.4 亿美元。这两个国家都是美国的北美自由贸易区（NAFTA）伙伴国，两国占了美国农产品进口总额的 36.4%。

如表 7－4 所示，2015 年美国农产品进口额前 10 位的国家分别是加拿大、墨西哥、中国、智利、印度、澳大利亚、印度尼西亚、越南、巴西和泰国，总计进口额达 717 亿美元，约占当年美国农产品进口总额的 65.1%。美国从中国的进口额排名第 3，但是在占比上，明显低于加拿大和墨西哥两个国家。

表 7－4　2015 年美国进口农产品国家结构

国家	进口额（亿美元）	占比（%）
加拿大	215.1	19.5
墨西哥	186.4	16.9
中国	65.2	5.9

续表

国家	进口额（亿美元）	占比（%）
智利	44.6	4.1
印度	38.9	3.5
澳大利亚	38.6	3.5
印度尼西亚	35.8	3.3
越南	32.1	2.9
巴西	30.5	2.8
泰国	29.4	2.7
总计	717	65.1

资料来源：美国农业部。

（三）农产品进口的季节性变化

纵观近五年美国农产品的月进口额，总体上有所增长，2015 年暂时达到了一个高点。而横向对比发现，每年的月度变化趋势也有一定的相似性，如每年的进口额在二月都会达到一个低点，而在三月会达到一个相对的高点（见图 7－6）。

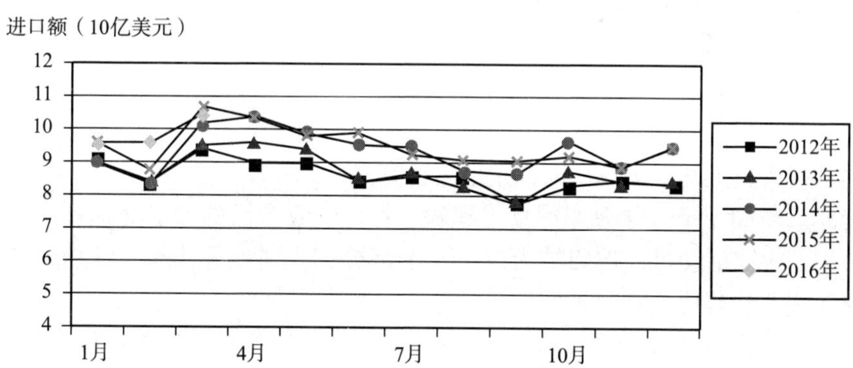

图 7－6　美国 2012～2016 年月度进口额变化

资料来源：美国农业部。

四、供应商特征

作为一个农产品生产及进口大国，美国农产品市场的供应商遍布世界各地，既有美国国内的大型企业集团和各地大大小小的农场，又有其他各国形形色色的供应商。

（一）以农场为农产品供应基础

农业是美国的主要产业，全国大大小小的农场是美国农产品生产的主力军。农场是美国农产品市场中最基本的供应单位，美国2012年的农业普查显示，美国全国有约211万个农场，总面积达370万平方公里，平均每个农场的面积为1.76平方公里。然而，中小规模的农场是美国农场的主要组成部分，面积在0.04~2平方公里的农场有159万个左右，占全国农场数的75%。这源于美国1826年制定的《宅地法》，这部法律促进了其土地私有化进程，为以家庭为单位的农场式生产奠定了基础，截至2012年的统计，美国有近183万个农场为家庭或私人所有。

（二）以巨型企业占领农产品供应市场

虽然形形色色的农场是美国农产品生产的主力，但作为工业强国，部分农场通过合并和发展逐渐成为大型农产品企业。如ADM公司、邦吉公司和嘉吉公司就同为美国农产品企业巨头，且随着企业规模的不断发展和壮大，时至今日，其业务已遍布全球，成为世界500强的跨国企业。

ADM（Archer Daniels Midland Company）公司，全称为美国阿彻丹尼尔斯米德兰公司，总部设在美国伊利诺伊州狄克多市。它现在是世界上最大的大豆、玉米、小麦和可可豆的加工机构之一，同时，它在大豆粉、酒精、玉米甜味剂和面粉方面也是世界级的生产领导企业。在世界上，ADM的从业人员大约有26000人，在全球设有工厂368家，总营业额为186亿美元。ADM公司主要从事采购、运输、存储、农产品的加工处理和销售，公司的主要活动可以被归纳为以下4个部分：含油种子处理、谷物处理、农业服务和其他。

邦吉集团（Bunge）1818年成立于荷兰阿姆斯特丹，现总部设在美国纽约州，是一家世界领先的农业和食品公司。在全球32个国家拥有450多个工厂，已发展成为世界第四大粮食出口公司。据公开报道称，邦吉目前是巴西最大的谷物出口商，美国第二大大豆产品出口商、第三大谷物出口商、第三大大豆加工商，全球第四大谷物出口商、最大油料作物加工商。除了粮食加工与出口，邦吉还将营业范围扩展到了纺织、化肥、油漆以及银行等行业，工厂和业务遍及巴西、美国。

总部设在美国明尼苏达州的嘉吉公司（Cargill）于1865年在艾奥瓦成立，是一家集食品、农业、金融和工业产品及服务为一体的多元化跨国企业集团。嘉吉的业务可以分为以下5个部分：农业服务、采购和深加工、食品原料和应用、风险和财务管理、工业。目前嘉吉公司的业务遍及68个国家，拥有员工155000多名。2015会计年度的总营业收入达1204亿美元。

美国国内三大主要农产品供应商在近百年的发展中已经成为世界级的“粮仓型企业”，在农产品行业具有压倒性的优势。以这三家企业为代表和领袖，美国农产品供应商发展迅速且全面，在美国农产品市场具有强硬的话语权。

（三）对外国供应商的考核限制

为了从源头控制食品的质量和安全，美国食品及药物管理局在2015年底公布的3项与推行《食品安全现代化法》有关的最终规则中，特别制定了第二条规则——对外国供应商的考核计划。

这项规则规定，除却少数例外情况，人类食品及动物食品进口商须核实他们输入的食品是按照《联邦食品、药品和化妆品法案》的预防措施和标准来生产的，没有掺入杂质，也没有贴上错误的食物过敏源标签。

美国食品进口商，或者外国供应商的美国代理或代表，须负责判断每种食品是否有已知或可预见的风险；根据风险分析及外国供应商的表现，评估食品会否带来风险；根据评估结果去审批供应商，以及决定适当的供应商考核活动；进行供应商考核活动；采取纠正行动。评估进口食品风险及供应商表现，必须每3年重复一次，当有关于食品风险或供应商表现的新资料出现时，也必须再作评估。

进口商必须制定并遵照书面程序，以确保他们只向认可的外国供应商进口食品。进口商还需针对每种引入美国的食品及该种食品的外国供应商制定、维持和遵守食品安全查核计划。假如，进口商从其他供应商取得某种食品，也需为每家供应商分别制定食品安全考核计划。

这无疑会促使外国农产品供应商进一步加强对出口美国的农产品的质量控制，不断提升农产品的质量和安全，无形中增加了外国供应商的出口壁垒。

第二节 中国农产品美国市场现况分析

根据中国海关的统计，2015 年美国是中国农产品出口的第三大市场，仅次于日本和欧盟。美国在中国农产品出口总额中所占份额较大。根据中方统计，2015 年达 11.9%，出口金额为 64.3 亿美元。中美农产品贸易的互补性和成本结构与水平上的差异，使得中国农产品对美国出口具有一定的比较优势，出口潜力较大。

一、中国农产品在美市场情况

市场占有率，又称市场份额，指一个企业的销售量或销售额在市场同类产品中所占的比重，是产品在市场上所占的份额，也就是企业对市场的控制能力，它在很大程度上反映了企业的竞争地位和营利能力。

根据美国商务部的数据，中国现在已经成为美国农产品的主要进口国家之一，中国农产品在美国的市场上占有重要的一席之地。

从市场占有率来看中国农产品在美国市场上的表现，2015 年美国全年农产品进口额约为 1100 亿美元，主要进口国家如图 7－7 所示。其中，进

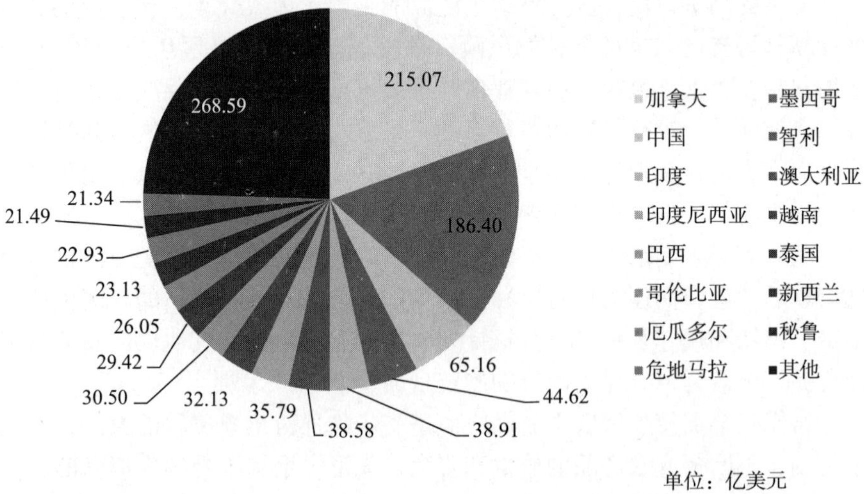

图 7－7 2015 年美国农产品进口国家结构

资料来源：美国农业部。

口额位于前两位的国家分别是加拿大和墨西哥，占美国农产品进口总额的36.4%，这两个国家同为美国的北美自由贸易区（NAFTA）伙伴国，且距离美国较近，因此，美国对其进口农产品成本低且总量大。中国则为美国第三大农产品进口市场，进口额达65.2亿美元，约占全年进口总额的6%。

二、对美出口农产品种类及结构

美国是我国主要的农产品出口市场，然而，中国对美出口的农产品主要是一些劳动密集型产品和初加工产品。例如，美国是我国苹果汁、蘑菇罐头、橘子罐头、烟花爆竹等商品的第一大出口市场；是我国肠衣、大蒜的第二大出口市场；是我茶叶的第三大出口市场。我国对美国出口排名前10位的商品分别为：其他冻鱼片、冻罗非鱼片、零售包装的狗食或猫食饲料、苹果汁、小虾及对虾、柑橘罐头、冻、干盐腌或腌渍的墨鱼及鱿鱼、制作或保藏的蟹以及填充用羽毛羽绒。

而联合国商品贸易统计数据库的统计数据显示，在目前国际海关HS的分类方法下，中国对美国的出口包括了所有类别的农产品品类，表7-5列出了2011年、2013年和2015年的美国农产品进口结构，可以看出，中国在美国市场上的主要农产品为水产品、蔬菜水果类、肉类加工产品、茶类等。

表7-5　　2011~2015年美国进口中国农产品品类及进口额　　单位：亿美元

农产品	2011年	比重（%）	2013年	比重（%）	2015年	比重（%）
鱼、甲壳动物、软体动物及其他水生无脊椎动物	21.30	34.0	20.59	30.7	19.93	30.6
蔬菜、水果、坚果或植物其他部分的制品	13.64	21.8	13.81	20.6	11.62	17.8
鱼、甲壳动物、软体动物及其他水生无脊椎动物的制品	6.28	10.0	7.36	11.0	7.04	10.8
其他动物产品	3.77	6.0	4.73	7.1	4.38	6.7
食用蔬菜、根及块茎	4.24	6.8	4.63	6.9	4.52	6.9
含油子仁及果实；杂项子仁及果实；工业用或药用植物；稻草、秸秆及饲料	2.26	3.6	3.57	5.3	3.61	5.5

续表

农产品	2011 年	比重（%）	2013 年	比重（%）	2015 年	比重（%）
咖啡、茶、马黛茶及调味香料	2.48	4.0	2.62	3.9	2.97	4.6
虫胶；树胶、树脂及其他植物液、汁	1.63	2.6	2.16	3.2	2.42	3.7
谷物、粮食粉、淀粉或乳的制品；糕饼点心	1.67	2.7	1.84	2.7	2.03	3.1
糖及糖食	1.67	2.7	1.56	2.3	1.73	2.7
食用水果及坚果；柑橘属水果或甜瓜的果皮	1.39	2.2	1.69	2.5	1.93	3.0
动、植物油、脂及其分解产品；精制的食用油脂；动、植物蜡	0.50	0.8	0.58	0.9	0.59	0.9
制粉工业产品；麦芽；淀粉；菊粉；面筋	0.30	0.5	0.55	0.8	0.61	0.9
活树及其他活植物；鳞茎、根及类似品；插花及装饰用簇叶	0.32	0.5	0.36	0.5	0.45	0.7
活动物	0.33	0.5	0.27	0.4	0.34	0.5
编结用植物材料；其他植物产品	0.24	0.4	0.25	0.4	0.30	0.5
肉及食用杂碎	0.26	0.4	0.14	0.2	0.22	0.3
乳品；蛋品；天然蜂蜜；其他食用动物产品	0.14	0.2	0.13	0.2	0.14	0.2
可可及可可制品	0.06	0.1	0.12	0.2	0.23	0.3
谷物	0.11	0.2	0.06	0.1	0.11	0.2
总计	62.58	100	67.02	100	65.16	100

资料来源：美国农业部。

水、海产品及制品，动物产品，以及水果、蔬菜、坚果及其制品是中国农产品出口美国的主要产品类别，其出口总额达美国对中农产品进口总额的70%左右。

水、海产品及其制品进口所占份额最大，占所有农产品进口总额的40%左右；而且结构以为原料型水、海产品为主，约占全部进口的30%，水产加工制品仅占10%。进口较多的产品有海产虾、冻蟾鱼、龙虾、金枪鱼、冻黄鱼、罗非鱼、冻鱼片等。

园艺产品是动植物产品中进出口贸易最大宗的产品。2015 年果蔬产品及其制品占美国对中农产品进口的比例为 30% 左右。

动物类产品进口主要以兔肉、肉类罐头、肠衣、羽毛羽绒为主。由于近年来美国对动物食品安全的高度关注和对进口产品检验检疫的加强，美国对中国动物类产品的进口比例较小。2015 年动物产品进口额仅占美国对中农产品进口的 7.7%。

谷物、油料的进口以大豆为主。2015 年美国进口中国黄大豆 3.78 万吨，进口额为 1584 万元；进口谷物（包括稻米、大麦、荞麦等）共 1275 吨，进口额为 73 万美元。

糖类、热带作物产品和烟草进口品种多、数量小。糖类产品在此类产品进口中金额最大，2015 年进口 29220 吨，金额为 6638 万美元，同比分别增长 30% 和 46.4%；同期进口蜂蜜 28264 吨，金额为 2391 万美元；饲料添加剂 15031 吨，金额为 3019 万美元。

茶、调味香料和谷物、粮食粉、淀粉或乳的制品、糕饼点心等较具有中国特色的农产品在对美农产品贸易中占有一席之地，2015 年美国对上述农产品的进口额占全部农产品进口额的 7.7%，与动物类产品持平。

三、中国农产品在美市场发展趋势

近十年间，中国农产品在美国市场的表现不断变好。图 7－8 显示了 2005～2015 年美国自中国农产品进口的变化，可以看出十年间美国自中国农产品进口整体呈现上升趋势。2005 年，美国自中国进口农产品总额为 34.24 亿美元，此后逐年迅速增长，到 2008 年达 55.7 亿美元，接着受到金融危机影响，2009 年减少了 14%，仅有 47.8 亿美元，之后又稳定上涨，到 2014 年达 67.15 亿美元，2015 年略有下降，为 65.16 亿美元。

2005～2015 年十年间，美国自中国进口农产品总额增长接近 100%。在这十年内除受金融危机影响 2008 年出现了负增长外，其余年份皆呈现稳定增长趋势。从增速分析，2005～2011 年间，除 2008 年外其余年份进口额增长均超过 10%，其中，2007 年进口额同比增长 16.7%，为近十年增速之首。而自 2011 年之后，美国自中国农产品进口额增长趋于平缓，维持在 1% 以内，而且在 2015 年出现了小幅度的负增长。这说明近五年中国农产品出口市场趋于成熟，已经到达一个瓶颈，需要中国农产品出口企业不断创新及改革，寻求对美农产出口市场新的增长点。

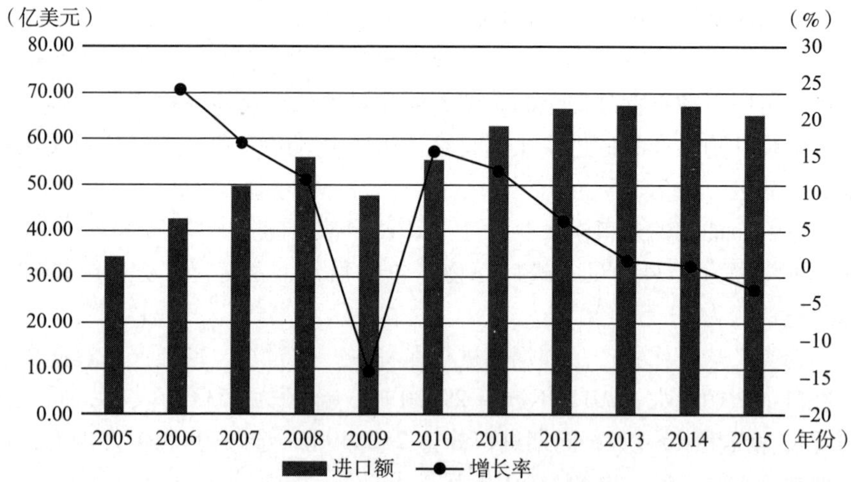

图7-8　2005~2015年美国自中国农产品进口额

资料来源：美国农业部。

四、中国农产品在美市场挑战

(一) 来自其他国家竞争者的挑战

作为一个农产品进口国，多年来，美国农产品的进口总体呈现增长趋势。2000年美国从全球进口总价值达492.8亿美元的农产品，2008年则高达884.1亿美元，8年间增加近1倍。目前，美国已成为全球进口农产品最多的国家，而且在不久的将来还可能成为一个农产品净进口国。

2015年向美国出口农产品较多的10个国家依次为：加拿大、墨西哥、中国、智利、印度、澳大利亚、印度尼西亚、越南、巴西和泰国。这些国家中，除加拿大及澳大利亚外，其余都是发展中国家。这些国家的农产品在品质、种类等方面都比较接近，主要为肉类、鱼类、蔬菜和水果等劳动密集型和初级加工产品。

因此，相对而言，中国出口的农产品的可替代性较强，竞争优势不明显，不仅难以在美国农产品市场中脱颖而出，而且存在随时被其他国家的相似农产品替代的风险。

（二）美国贸易反倾销限制

作为WTO允许的三大贸易救济措施之一，反倾销政策是美国对我国农产品经常采取的措施。美国曾经先后对我国出口到美国的12种农产品提起反倾销调查。而与其他贸易保护措施相比，反倾销具有杀伤力大、保护时间长等特点，我国对美出口的一些农产品甚至已经被征收反倾销税长达十几年。

自20世纪80年代以来，中国频频遭受国外的农产品反倾销和其他贸易争端的困扰，涉及反倾销案商品有蜂蜜、大蒜、小龙虾、浓缩苹果汁等26种，被诉案件42起，涉及金额8亿美元；反补贴案件1起，保障措施案件3起，共涉及14个国家和地区。

（三）技术性贸易壁垒限制

中国农产品出口也受到美国技术性贸易壁垒的影响。在中国受技术性壁垒限制的出口企业中，40%的企业受欧盟限制，27%受美国限制，25%受日本限制，8%受韩国等其他国家和地区限制（马文杰等，2004）。

若单独从国家来看，美国无疑是使中国出口遭遇技术壁垒最严重的国家。美国的技术壁垒体系覆盖范围广，法规体系复杂，执法体系严谨，单边主义色彩鲜明。中国农产品出口面对的美国技术性贸易壁垒，主要体现在严格的检验、检疫、认证、标准措施上，大致分为4种情况：一是食品安全、动植物检验、检疫法规；二是质量标准、食品标签和包装要求；三是环境保护和动物福利要求；四是“绿色补贴”，这对动植物检验检疫和技术标准的影响最大。

第三节　辽宁农产品美国市场现况分析

辽宁位于我国的东北部，是我国主要的农产品生产区域。此外，辽宁具有较长的海岸线，南邻黄海、渤海，区域内有大连、丹东、营口等重要港口，与日本和韩国隔海相望，具有发展农产品出口的优秀地理位置。经过多年的经营，辽宁农产品在美国市场已具有一定的竞争实力。

一、辽宁农产品在美市场情况

随着现代农业的不断发展，辽宁的农产品出口也确实得到了巨大的发展，其出口额一直位居全国前列，连续多年位居全国前五位。辽宁主要农产品出口额2010年为35.9亿美元，截至2015年，已增长到47.9亿美元，平均年增长8%，约占全国农产品出口总额的7%～8%（见表7-6）。

表7-6　　2010～2015年辽宁农产品出口与全国的对比状况

年份	2010年	2011年	2012年	2013年	2014年	2015年
辽宁农产品出口额（亿美元）	35.90	44.22	47.76	51.27	53.38	47.91
增长速度（%）	17	23	8	7	4	-10
全国农产品出口额（亿美元）	488.80	601.3	625	671	713.4	701.8
占全国农产品出口比重（%）	7	7	8	8	7	7

资料来源：中华人民共和国农业部。

辽宁农产品的出口市场遍及六大洲的100多个国家和地区，但主要出口方向为亚欧和北美洲的国家与地区，相对较集中。

其中，由于地缘因素，亚洲市场一直都是辽宁最大的农产品出口目标市场，约占全部农产品出口比重的2/3。美国作为北美洲第一大消费市场，同样是辽宁对北美洲的主要农产品出口去向，2010～2015年辽宁农产品对美出口大约占全国农产品对美出口总量的7%左右（见表7-7），结合中国农产品在美国进口市场的总体占有情况分析，辽宁在美国农产品市场的占有率约为0.4%。

表7-7　　2010～2015年辽宁农产品对美出口情况

年份	2010年	2011年	2012年	2013年	2014年	2015年
辽宁对美农产品出口额（亿美元）	4.25	4.93	5.48	5.57	5.55	5.02

续表

年份	2010 年	2011 年	2012 年	2013 年	2014 年	2015 年
全国对美农产品出口额（亿美元）	57.81	66.99	71.76	72.88	74.21	73.50
占全国农产品出口比重（%）	7.3	7.4	7.6	7.6	7.5	6.8

资料来源：中华人民共和国农业部。

二、辽宁出口农产品种类及结构

为了与美国农产品进口量保持一致的统计口径，本书从海关主要商品统计目录（HS 编码）出发，进一步结合辽宁农产品的深加工程度和要素密集度，将农产品划分为土地密集型、劳动密集型、资源密集型和深加工农产品四大类。

表 7－8 反映了辽宁分类农产品 2015 年的出口贸易状况，由表 7－8 可以看出，在 20 个出口产品种类当中，属劳动密集型的种类最多，占了 9 种；其次是土地密集型，占了 7 种；然后是深加工型和资源密集型，分别占了 3 种和 1 种。

从农产品的出口结构看，辽宁有着比较优势的土地密集型农产品，如谷物和谷粉、玉米、干豆、食用油籽和大豆等，出口数量较大。辽宁的地理优势明显，土壤、土质适合果蔬类的生长，因此，小浆果类如树莓、蓝莓、草莓和栗子等特色化产品具有比较优势。借助于临海地缘优势，辽宁的水、海产品也有着较强的出口竞争优势。相比之下，深加工农产品如烤烟、辣椒及辣椒粉、蘑菇罐头和食用植物油等出口优势薄弱，此类农产品的出口还有较大的上升空间。

表 7－8　　2015 年辽宁主要分类农产品出口情况

类别	农产品	2015 年 1～6 月出口额（亿元人民币）	比重（%）
土地密集型	谷物及谷物粉	1.0156	0.7
	稻谷和大米	0.1034	0.1
	玉米	0.0826	0.1

续表

类别	农产品	2015 年 1 ~6 月出口额（亿元人民币）	比重（%）
土地密集型	干豆	10.6287	7.6
	食用油籽	3.7159	2.6
	原棉	0.0644	0.0
	蔬菜	10.2179	7.3
劳动密集型	鲜干水果及坚果	2.5818	1.8
	鲜苹果	0.8214	0.6
	中药材	1.4902	1.1
	鲜、冻猪肉	0.0655	0.0
	鲜、冻牛肉	0.1647	0.1
	冻家禽肉	2.6326	1.9
	禽蛋	0.6814	0.5
	天然蜂蜜	0.549	0.4
	水海产品	73.1946	52.2
资源密集型	烤烟	0.349	0.2
深加工	辣椒及辣椒粉	0.0275	0.0
	蘑菇罐头	0.5959	0.4
	食用植物油	1.0736	0.8

资料来源：沈阳海关。

从出口贸易额角度出发，2015 年 1 ~6 月辽宁农产品出口额前五位的农产品均为初级产品，分别为水海产品、粮食、蔬菜、食用油籽、肉及杂碎，分别占辽宁该期农产品出口的 52.2%、8.9%、7.3%、2.7% 和 2.3%。

这种状况表明，目前辽宁出口的农产品主要为劳动密集型产品（如水海产品、肉类等）和土地密集型产品（如粮食、蔬菜等），这些初级产品的出口优势比较明显，也更具国际竞争力；相对而言，深加工产品出口所占份额过小，缺少高附加值的出口农产品。

三、辽宁农产品在美市场发展趋势

2005 年，辽宁对美国的农产品出口总额为 4. 25 亿美元，此后逐年迅速增长，到 2013 年达 5. 57 亿美元，2014 年略有下降但也达 5. 55 亿美元，而 2015 年则降至 5. 02 亿美元，同比减少了 9. 5%（见图 7 – 9）。

从增速分析，2010 ~ 2012 年间，辽宁对美国的农产品出口额增长均超过 10%，其中，2011 年出口额同比增长 16. 0%。而自 2011 年之后，辽宁对美的农产品出口增长速度逐步放缓，在 2014 年和 2015 年甚至出现了小幅度的负增长。

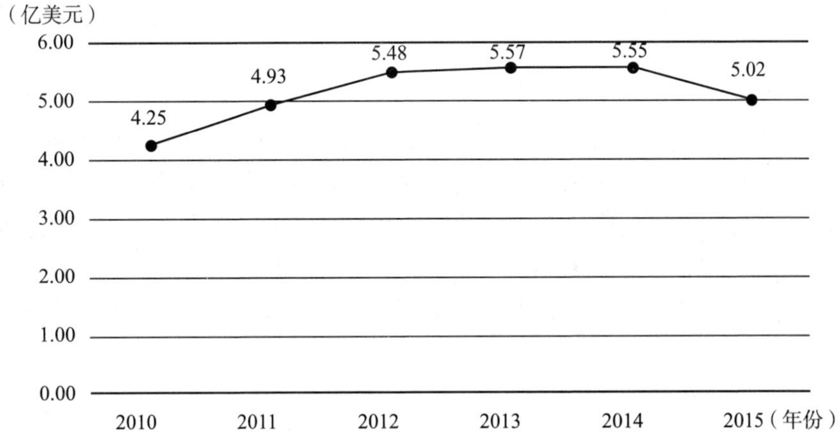

图 7 – 9　2010 ~ 2015 年辽宁农产品对美出口额

资料来源：沈阳海关。

整体而言，辽宁对美国的农产品出口额在 2010 ~ 2015 年这 6 年间呈现平缓上升的趋势，虽然在 2014 年、2015 年有略微的下滑，但考虑到 2015 年世界经济复苏乏力、消费需求不足，这种情况也实属正常。这也从侧面说明辽宁目前以初级农产品为主的农产品出口结构受宏观经济形势影响较大，抵抗风险的能力较弱，需要寻求更高的附加值，提高其不可替代性。

市场需求方面，根据美国人口普查局 2013 年的数据，美国共有 1944 万亚裔人口，占总人口的比例近 6%，是人口增长最快的族裔。在这 1944 万亚裔人口中，中国人为最大族群（452 万），其次是菲律宾人（365

万）、印度人（346 万）、越南人（191 万）、韩国人（177 万）、日本人（143 万）等。由于亚裔人群，尤其是中国人独特的饮食习惯，他们无法完全抛弃中国特色的农产品，因此，辽宁农产品在美国市场上的需求巨大，而且随着亚裔族群的迅速增长而更具发展潜力。

四、辽宁农产品在美市场的挑战

（一）来自竞争者的挑战

中国作为美国的主要农产品进口国之一，在美国市场上面临着许多其他国家的威胁和挑战。从市场占有率角度出发，中国不及加拿大和墨西哥这两个具有地缘优势的国家；就农产品种类方面而言，中国和亚洲其他国家的农产品出口结构类似，被替代的风险较大。另外，受全球经济放缓的影响，美元汇率走强，以巴西为例，去年巴西 GDP 大幅下跌，加速资本外逃，致使雷亚尔贬值。自 2010 年起，巴西雷亚尔兑换美元的汇率已经下跌约 50%，使得巴西农产品更有竞争力。同时，作为一个缺乏深加工农产品的省份，辽宁农产品在美国的农产品市场上同样面临着中国其他省份农产品出口的竞争者。

2012 年、2013 年、2014 年、2015 年辽宁农产品出口总额分别为 45.55 亿美元、47.60 亿美元、50.76 亿美元和 47.90 亿美元，2013 年和 2014 年分别同比增长 4.51%、6.64%。从图 7 - 10 可以看出，辽宁近四年农产品的出口额在第 4 位及第 5 位浮动，与浙江省相近，如 2014 年农产品出口额位于全国第 4 位，而 2015 年则被浙江省超越，排名全国第 5 位，这说明来自国内其他省份的压力也是辽宁出口农产品到美国市场的一个重要挑战。

（二）美国市场采购客户单一

辽宁的农产品生产企业的规模相对较小，生产能力有限。在辽宁实地调研的过程中发现，大部分企业的主要出口对象为日本、韩国的客户，其次是欧洲市场的客户，之后才面向美国的客户。从农产品出口规模来看，辽宁对美国的农产品出口总体数量较小，规模有限。目前，美国市场的客户需求与辽宁农产品出口企业的产能已经达成了一个均衡，从供给的角度出发，辽宁农产品对美国的出口缺乏能力和动力。

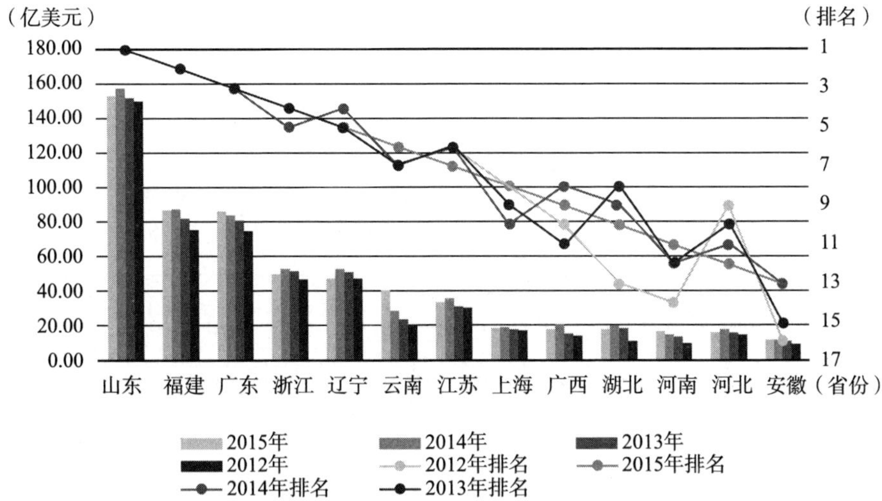

图 7－10　2012～2015 年中国农产品出口额及排名

资料来源：中国统计年鉴 2015。

从目前美国市场的客户结构来看，每个企业仅有 1～2 个固定的客户，这些客户多为美国的农产品经销商，缺少多样化的客户如大企业客户、直面消费者的卖场等。从美国客户的区位结构来看，由于客户数量的限制，难以实现对美国农产品市场的全方位覆盖，调研过程中也发现，大部分企业的美国客户多集中于美国西海岸地区。

（三）美国进口市场需求缩紧

虽然当下美国经济在普遍疲弱的发达经济体中表现仍旧突出，但全球经济金融市场波动对美国经济的影响较之以往大大增加。同时，过度依赖货币政策使美国经济复苏基础并不牢固，专家预测其新一轮衰退可能正在迫近。

美国商务部的数据显示，2015 年美国的经济增长速度大大放缓，2015 年第 4 季度美国实际国内生产总值（GDP）按年率计算的增速从前一季度的 2% 骤降至 0.7%，这表明经济衰退程度远比原先估计的严重。

受到宏观经济形势的影响，美国农产品消费市场整体增长较缓，农产品进口需求也逐渐缩紧，图 7－11 显示了 2005～2015 年十年间美国农产品进口额的变化，虽然整体呈现上升趋势，但是 2012 年以来农产品进口额的增长与 2008 年以前相比增速明显放缓。美国对于农产品进口的需求渐趋稳定，而且可能受整体经济衰退影响，出现农产品需求缩紧的情况，这无疑对辽宁农产品对美出口造成重大的影响。

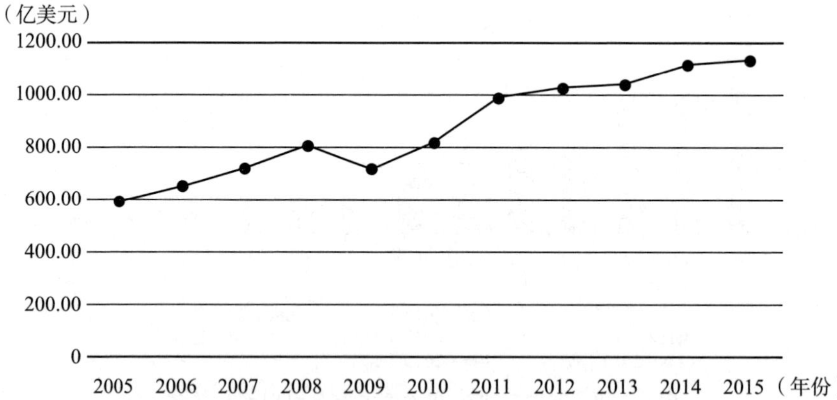

图 7－11　2005～2015 年美国农产品进口额变化情况

资料来源：美国农业部。

第四节　辽宁农产品出口美国的问题、风险与应对

通过前 3 节的分析可以总结出辽宁农产品对美出口的现实情况。第一，辽宁农产品出口贸易整体表现较好，出口额在我国位居前五位，但与第一梯队的山东省、福建省和广东省的差距较大；第二，目前辽宁出口的农产品主要为劳动密集型、资源密集型和初级加工类型，主要是依靠辽宁优越的自然地理优势，但并未体现辽宁的第二产业和第三产业优势，缺少深加工、高附加值、强品牌的农产品；第三，在对美出口市场方面，由于地缘因素，辽宁对日韩等亚洲国家出口较多，对美出口农产品占全省农产品出口额的比重较小，但美国仍然是辽宁农产品的主要出口市场之一，市场潜力较大；第四，近两年受宏观经济形势和国际农产品市场影响，辽宁对美农产品出口的增长逐渐放缓并且可能出现下滑甚至负增长的趋势；第五，在对美农产品出口的市场上，辽宁不仅面临着同类产品的竞争，同样面临着国内和国外众多强势竞争者的挑战。

从中可以看出，辽宁农产品在对美国出口的道路上不仅不能一帆风顺，更可谓是困难重重。无论是辽宁农产品生产和出口自身的问题，还是进入美国市场时的外部障碍，都是辽宁需要应对的挑战。

一、“标本兼治”——辽宁农产品对美出口的问题及应对

（一）出口农产品加工程度低，缺乏经济附加值

从深加工出口的农产品所占份额不难看出，辽宁的出口农产品加工程度和附加值都比较低，加工水平落后是影响农产品出口的重要因素。农产品生产和出口企业目前仅将经营重心放在具有辽宁地域优势的初级农产品上，普遍存在加工技术和设备条件不高、技术创新能力薄弱、科技含量较低、产品的附加值较低的问题，停留在“靠山吃山、靠水吃水”的阶段，并未真正将辽宁的人才、技术优势与农产品相结合，形成产品独特的核心能力，提升农产品的附加值和不可替代性，使出口的农产品更具市场竞争力。例如，水海产品是辽宁最主要的农产品出口项目，然而目前辽宁的水海产品出口商品品种比较单一，其中，出口超过千万美元的居前5位的商品有冻鱼片、干及盐腌制的鱼、裙带菜、鱿鱼和扇贝等初级产品，缺少精加工、深加工和附加值高的农产品。

应对措施：

优化出口农产品结构，提升产品附加值。辽宁可以结合美国市场需求及美国民众的消费习惯，按照美国市场的标准进行生产和加工，定向出口、大力发展农产品深加工产业，改变主要靠初级产品出口的不合理结构。

首先，可以从行业或产品层面建设相应的加工基地，实现资源整合与共享，大力发展农产品的加工、储藏、保鲜，实现农产品的多层次增值。所有农副产品都可以进行粗、精、深加工，分等分级，提高等级和效益，特别是具有辽宁特色和优势以及加工潜力大的农产品。其次，可以加大对国际上农业核心技术和先进农业设施的引进，加强农业高新技术的研究、开发和应用，发展高科技农业企业，提高辽宁农产品的科技含量。

（二）出口农产品品牌认知弱，缺少品牌建设

在当今的国际经济舞台上，越来越多的企业认识到，仅做一流的制造商不能真正赢得国际市场，只有拥有自主品牌才能增强出口竞争能力。

然而，目前辽宁出口的农产品很少有自己的独立品牌，贴牌较多，这意味着辽宁的农产品很难直接面对消费者，间接削弱了消费者的认知度和消费黏性。因为品牌是消费者识别农产品品质的重要标志之一，而且品牌

可以提高农产品的效益。好的品牌有自身的价值，名牌的价格一般比非名牌高 20% ~80%，有的甚至高几十倍、上百倍。

应对措施：

1. 制定农产品品牌化战略，实现农产品异质化转变

辽宁可以通过对目前美国农产品市场需求的方向和消费者心理的把握，制定农产品的品牌化战略，形成自主品牌，不断生产出“异质化”的产品，这是在美国市场上取胜的重要战略。这一方面可以提高出口农产品的质量，使国外消费者了解辽宁的农产品，拓展销售渠道，提高农产品的市场营销能力；另一方面，有利于处理农产品贸易纠纷，避免一些国家对农产品出口的全面封杀。例如，目前美国消费者对于“有机”这一概念十分追捧，许多消费者具有对有机食品的消费偏好，而辽宁可以针对这一消费热点，大力发展有机农业并建立相应的品牌进行出口。

2. 积极推动农产品“走出去”，引导消费者“走进来”

现今社会的发展和信息的爆炸，使得“酒香仍怕巷子深”，建设农产品品牌后仍然需要积极地进行市场营销，使其走向市场，面向消费者，提升消费者对其的认知度。

辽宁可以一方面充分利用各种境内外博览会、展销会、交易会、推介会，积极地“走出去”，实现企业间的国际交流与合作，进一步为本省农产品开拓市场，提升知名度，通过面对面地沟通充分展示辽宁农产品的特色，宣传辽宁农产品的优势，提高市场影响力；另一方面，可以结合目前我国迅猛发展的互联网产业，实施农产品的“互联网 +”战略。例如，可以通过推特、脸书等社交媒体引导并帮助美国进口企业主动了解辽宁农产品的最新动态，参加市场调研、参展促销、宣传推介等市场开拓活动，帮助辽宁农产品企业获取订单，结识客户，提升品牌优势，增强出口能力。

（三）农产品出口企业单打独斗，缺乏配套设施

孤木难以成林，一个企业的力量是有限的，以目前辽宁大多数农产品企业的规模来讲，单打独斗很难在美国市场上获得一席之地。所以辽宁的农产品企业如果想在美国市场上逐渐成长起来，需要形成一个完整的竞争团体。

一方面，以竞争单位来讲，目前主要是以单一的农产品企业进入美国市场，面对美国进口商。这使得辽宁的农产品出口企业需要单独面对经销商或进口商，难以形成规模效应，也难以掌握话语权，在产品标准或出口

价格等多方面受到买方的限制；而且由于质量和包装等问题，在国际市场上也无竞争力。在出口同一产品时，各个产品加工企业常常竞相杀价，低价出口，损害了整个行业利益，导致出口企业整体效益滑坡。

另一方面，从产业链来看，在农产品出口贸易中，涉及种植业与加工业、相关服务业、生产资料、包装工业等各类上下游产业，需要多方面通力合作，支持农产品的出口。

辽宁农产品支持性产业问题主要存在于相关金融业、信息服务等方面。一是同中国其他省份一样，辽宁的农业企业也存在着贷款难的现象。中国一些地方性金融机构对农产品出口企业的年贷款利率高达9% ~10%，使得企业难以承受。二是由于辽宁农产品出口企业进入国际市场的时间较短，规模较小，辽宁的农产品出口服务体系尚不完善，无法在制度政策、管理咨询、宣传推广等方面给予服务支持，在开拓国外市场和出口渠道方面缺乏人才和力度，没有建立稳定的国际市场信息渠道，缺乏统一的信息资源协调机制，导致企业无法获得及时、有效、权威的国际农产品供求、政策和质量卫生标准等方面的动态。

应对措施：

建立辽宁农产品行业协会，形成产业规模效应。在当前形势下，辽宁可以促进省内农产品行业协会的建立，借助行业协会力量，团结省内的农产品生产和出口企业，整合全部力量，形成产业规模效应。一方面，整体提升在美国市场上的话语权，有助于提升整体议价能力、解决国际贸易纠纷、应对国外各种技术壁垒、提供各类农产品信息等；另一方面，可以与国内金融机构进行协商谈判，得到金融机构的支持，促使其降低利率，为众多农产品出口企业提供相应的优惠措施，为辽宁农产品出口美国提供充足的金融支持。

二、“知彼知己”——辽宁农产品对美出口面对的风险及应对

（一）美国消费市场萎缩，汇率风险逐渐提升

金融危机使全球消费者的购买力普遍下降，造成了消费需求大幅缩水，特别是外部需求减缓，对辽宁出口造成更大的压力。美国作为此轮金融危机的起源，受到了巨大的影响，导致美国消费者对农产品的需求，尤其是进口农产品的需求大大降低，导致一些合同不得不终止、原有订单被

取消，对辽宁农产品的出口造成了一定影响。同时，经济衰退的另一个重要表现就是失业率的骤增，这最终改变了一部分美国消费者的消费观念和消费习惯，降低了对农产品质量的要求，对于农产品的价格更加敏感，所以更多的人可能会选择相对更具价格优势的国产农产品或其他农产品。

通常情况下，汇率水平的变化会改变一国对外贸易商品的价格，从而影响贸易商品的竞争力。汇率贬值会降低一国出口商品价格，相对提高进口商品的价格；汇率升值恰恰相反，会提高一国出口商品的价格，相对降低进口商品的价格。

应对措施：

合理运用金融工具，多方面削弱风险影响。为了应对汇率变动带来的影响，一方面需要辽宁农产品结构的升级，正如上文提到的，需要在目前的基础上提升农产品的加工程度，增加其经济附加值；另一方面，辽宁对于汇率这一金融风险，可以运用金融工具来削弱其负面影响。

例如，辽宁农产品出口企业应提高其风险预警意识和即时的应对能力，在美元不断贬值的情况，农产品企业可以采取锁定汇率的远期结汇方式来对冲美元贬值的风险，并通过与进口商谈判适当提高产品价格，减少贬值带来的损失，稳定农产品的出口规模。

纵观全球各国家之间的大宗农产品贸易，大多根据世界上主要期货市场价格作为定价基础，期货市场的价格对农产品现货市场的影响极大，但是中国的期货市场影响力太小，国内农产品期货价格还是离不开现货价格，一般企业只在期货市场做套保锁定利润，期货市场利用率低。然而，美国的农产品则对期货市场的依赖和利用程度非常高，所以辽宁的农产品出口可以借助国内外的期货交易市场，降低汇率风险。

（二）美国技术壁垒日趋严格，进入门槛逐步走高

加入 WTO 后，在贸易自由化的大趋势下，国际贸易中的传统的关税壁垒日益弱化，技术性壁垒已逐渐成为各国贸易保护的主要手段，而在竞争日趋激烈的农产品贸易中，技术性贸易壁垒影响尤为显著。美国凭借其拥有先进的技术，通过制定产品技术标准、技术法规及对卫生检疫的规定，甚至对商品包装和标签的规定，设置技术性贸易壁垒。然而，相对应的，辽宁农产品出口中，具有比较优势的产品，如禽肉类产品、水产品、蜂蜜、水果及制品、食用蔬菜及茶叶等都比较容易受到技术性贸易壁垒的影响而对其出口造成一定程度上的阻碍，从而影响其市场竞争力。

随着时间的推移，美国的技术和政策日趋完善和严格，横向维度上，贸易壁垒涉及的农产品范围日益扩大，由传统的大宗农产品种类到更加细分的农产品；纵向维度上，从过去只注重对进口产品本身的检验管理，到现在关注农产品的生产、加工、运输甚至回收的整个生命周期的全过程。这意味着辽宁对美国农产品的出口，需要面对更多的检测项目和更严格的检测标准，导致农产品企业生产、出口成本和检测成本大幅度增加，通关时间延长，市场竞争力下降。

应对措施：

接轨农产品国际标准，实现农产品标准化生产出口。辽宁可以从农产品现有的生产、出口出发，比照美国的规则和标准，逐步对省内甚至国内标准进行升级和改善，对省内出口农产品生产提高要求，一步步与国际接轨，减少对美国出口过程中的阻碍。

辽宁还应将标准付诸实践，可以从省、市、县农业行政主管部门的农产品质量安全监管机构入手，在注意加大抽检监管力度的同时，增加质量例行检测的密度和频率。强化农产品生产质量安全管理，依据美国的技术标准，加强省内农产品的标准化生产和出口，保证农产品质量安全。

辽宁农产品在面对美国的技术性贸易壁垒时，不能仅局限于适应其标准，更要站在战略的高度，依托中国广阔的农产品进口市场，在质量体系的关键指标方面尝试引领国际标准。

第五节　对政府推进辽宁农产品出口进程的建议

审视近年来辽宁对美农产品的出口形势可以判断，在未来一段时间内，辽宁政府部门对农产品出口的支持尚且拥有很大的改善空间。

总体来讲，辽宁政府部门应加强组织保障，进一步加强对省内农产品出口工作的组织领导，强化主管部门力量和队伍建设。具体可以通过政策措施、经济保障、服务措施三个方面来推进辽宁农产品出口工作的进程。

一、加强政策保障，形成农产品出口核心能力建设

辽宁政府作为农产品出口的管理者和服务者，应该充分发挥政府部门的能动性，站在战略高度，综合运用政策法规，保障当前农产品出口的优

势，并逐渐推进出口农产品的核心能力建设。

（一）实施农产品出口整体化战略，加强农产品出口基地建设

目前，辽宁农产品出口面临的一大问题就是大部分省内农产品企业在国际市场上都是在单打独斗，犹如蚍蜉撼树，难以在国际市场上形成影响。为了改变这种生产规模小、生产分散的劣势，辽宁应制定并实施整体化战略，提高农产品出口整体实力，整合目前已有的农产品出口企业和基地，形成鲜明的定位，以强带弱、以点带面，形成出口产品多样化、优势化和特色化格局，提升辽宁农产品的出口优势。

（二）重视行业协会的重要作用，加强对行业协会的扶持

行业协会要代表整个行业的利益，以行业利益最大化为目的，对于企业来说，协会要提供的是单个企业无法做到的服务。辽宁农副产品行业协会现今整体上还处于发展的初级阶段，不能发挥其应有的效用。政府加大对农产品行业协会的培育、扶持是当务之急、战略之策。

第一，辽宁政府可以引导省内出口企业在自愿的基础上组建行业协会，规范出口秩序，积极应对贸易纠纷，增强辽宁出口农产品抵御风险的能力。第二，政府部门可以考虑通过财政对行业协会进行一定资助，如设立专项经费、与行业协会合作举办农业展会等活动。第三，政府相关部门还需要将部分社会管理和公共服务的职能，移交给行业协会，进一步发挥市场机制、行业调节和社会自治的作用。

二、加强资金保障，实现财政、金融双向资金支持

（一）财政层面扶持，助力农产品出口

国家级层面，我国设立了众多国家级资金项目来支持我国中小企业的发展，如国家中小企业技术改造专项资金、产业集群发展奖励资金及专项补助资金、中小企业发展项目专项资金及担保机构风险补偿金等。辽宁政府部门应积极进行宣传，将相关的优惠、福利政策传达到本省农产品出口的中小企业、潜力企业。

省级层面，辽宁政府部门应设立相应的鼓励性财政支持政策。一是可以建立本省农产品出口基地建设基金，从资金方面保障农产品出口基地建

设和农产品龙头企业发展，支持农产品产业结构升级、农产品加工企业自主技术研发和农产品新品种培育等。二是可以设立农产品出口环节专项资金，支持农产品企业在国外注册产品品牌、进行信息发布、开展质量认证和进口市场准入的各项认证。三是可以通过财政设立农产品出口奖励机制，每年对农产品出口领头企业给予一定关税优惠或物质奖励。

（二）改善融资环境，有效规避汇率风险

针对当今中小企业融资难的环境，辽宁政府可以与金融机构合作，全面改善中小农产品企业的融资环境，帮助其克服融资困难、规避汇率风险。

一方面，政府部门可以与金融机构通力合作，搭建农产品出口企业快速融资交流平台，疏通农产品出口企业融资途径。与此同时，及时向企业介绍金融避险工具，帮助企业加强对人民币汇率变化趋势的分析研究，使其努力掌握新的汇率避险金融产品和工具，提高规避汇率风险的能力。

另一方面，政府牵头成立金融担保机构或增加对现有担保公司的资金投入，建立中小企业信用担保基金和再担保机构，对于符合条件的担保机构给予风险补偿专项资金支持，提升其担保能力，降低评估、登记及其他服务收费标准，以减轻中小企业负担。

三、加强服务保障，全方位构建农产品出口服务平台

政府部门在辽宁农产品出口的过程中不仅扮演着管理者和监督者的角色，更是众多企业的服务者。因此，辽宁政府应该履行其服务职能，构建一个全方位、多角度的农产品出口服务平台。

（一）及时提供信息服务

辽宁政府部门要建立统一完善、信息灵敏、覆盖面广的农业信息采集、发布系统，及时地向企业提供国际市场价格、国际市场需求、进口国家技术标准及准入要求、进出口检验检疫相关规定、海关报关规定及程序，以及国家和地方出台的进出口扶持政策，助力农产品企业及时应对瞬息万变的市场，提高快速反应能力，第一时间制定应对策略，作出合理的应对。为企业提供法律咨询服务，促进中美行业对行业、企业对企业的交流磋商，及时化解农产品出口的纠纷和争端，为本省农产品出口创造较好的对外沟通渠道和法律保障。

（二）搭建科研服务平台

当下辽宁农产品出口企业的规模较小，对于技术研发可能处于有心无力的状态。辽宁政府要加强对于省内科技资源的整合，建立辽宁农产品出口研究平台和教育平台。连接企业、农产品科研院所和省内外的高等院校，实现产、学、研的无缝对接。利用优秀的科研资源和能力，培养具有前沿知识和能力的专业化优秀人才，引进先进加工设备和工艺技术，积极开发具有自主知识产权的新产品、新技术，促进辽宁出口农产品由资源密集型向技术密集型的转变，推进产业结构升级进程，建立出口农产品的科技核心能力，从技术层面提升农产品的市场竞争力。

（三）建设辽宁农产品“海外仓”

出口过程中的漫长耗时和高昂的关税一直是辽宁农产品出口企业的最大痛点。为此，辽宁可以联合实力雄厚的农产品出口企业，在境外建立“海外仓”，即在当地注册公司、建立品牌、寻租仓库，在第一时间将农产品运输至进口国并储藏，交易达成时就可以第一时间发货。“海外仓”服务的兴起，对辽宁的农产品出口企业可以带来巨大的机遇，由于买家对当地发货的货品价格有更大的承受力，直接造成了卖家定价水平的提升；而好评的增加，则吸引了更多买家关注，进而实现销量的增长。而且“海外仓”的建立可以缩减交易时长、降低风险，使得国内卖家与国外卖家站在同一起点上，增强了辽宁农产品在美国市场的竞争力。

第八章

欧 洲 市 场

第一节 欧盟农产品市场概况

一、农产品市场需求分析

欧盟是世界上重要的农产品进口和出口地区。在 CAP 政策（共同农业政策）的支持下，欧盟的农业发展稳健，2015 年农业产值为 410 亿欧元。主要农产品如谷物类、肉类、乳制品类、糖类等产量巨大，是世界上重要的农产品出口地区。由于气候、人口等限制，欧盟的其他农产品如油类、甘蔗糖等也占据了世界上巨大的进口份额。根据欧盟农业部 2015 ~ 2016 年的数据，2015 ~ 2016 年欧盟国内农产品消费情况如表 8 - 1 所示。

表 8 - 1 欧盟 2015 ~ 2016 年主要农产品国内消费量与自给自足率 单位：千吨

	品类	国内消费	自给自足率（%）
油籽类	油籽	49917	64
	食用油	52312	56
	植物油	23079	69
	总计	125308	
谷物	普通小麦	120195	111
	大麦	48211	127
	硬粒小麦	9155	91

续表

	品类	国内消费	自给自足率（%）
谷物	玉米	73685	128
	黑麦	8105	81
	高粱	883	95
	燕麦	6933	77
	小黑麦	12177	109
	其他	4123	104
	总计	283468	
糖	糖	18400	81
牛奶和奶制品	牛奶	163	—
	奶酪	9206	107
	新鲜乳制品	46024	102
	全脂奶粉	336	218
	脱脂奶粉	737	208
	黄油	2161	108
	总计	58464	
肉类	牛肉和小牛肉	7954	102
	猪肉	20798	113
	家禽肉	13791	104
	绵羊和山羊肉	1091	88
	总计	43634	108
橄榄油	橄榄油	16664	139

资料来源：欧盟农业部。

（一）牛奶和奶制品市场需求饱和

每一个欧盟成员国都无一例外地生产牛奶。此外，牛奶是欧盟第一单产品行业，价值约占农业产值的15%。欧盟是世界乳制品市场的主要参与者，作为许多乳制品的主要出口国，欧盟最著名的出口产品是奶酪。欧盟的全脂奶粉和脱脂奶粉的自给自足率高达200%以上，地区内市场需求饱和。

（二）谷物类农产品消费巨大

小麦是欧盟消费量最大的谷物，占总量的42%，其余谷物中，玉米约占50%，大麦约占30%，其他消费数量较少的有小黑麦、硬粒小麦、燕麦等。主要谷物的自给自足率也超过100%，欧盟每年谷物约有20%出口，主要谷物地区内市场需求饱和，消费数量相对不多的谷物类，如燕麦、黑麦等进口需求反而较高。

（三）肉类农产品消费种类较集中

猪肉在肉类农产品中消费量最大，约占50%。欧盟是中国之后世界第二大猪肉生产国和最大的出口国。欧盟的自给自足率约为113%。大部分欧盟猪肉出口东亚，特别是中国。

家禽肉是仅次于猪肉的第二大肉类消费品。欧盟是世界顶级禽肉生产商和家禽产品净出口国之一，自给自足水平保持在104%。

欧盟拥有大约8700万头牛，每年生产约7500万吨牛肉，自给自足率接近102%。法国、德国、意大利和英国是主要的生产成员国，这4个成员国共同生产了欧盟总产量的58%。

欧盟在羊肉和山羊肉行业上不能自给自足，进口主要来自新西兰和澳大利亚，88%的自给自足水平，进口量约为212000吨。

（四）油籽类、糖类市场需求巨大

每年欧盟消费的大约2/3的油籽在欧盟生产，油籽类产品的1/3依靠进口，油籽、食用油、植物油的自给自足率都不足70%，欧盟内市场严重不饱和，需求巨大。

欧盟是世界上最大的甜菜糖生产国，也是甘蔗糖的主要进口国。欧盟甜菜生产占世界产量总量的50%左右，然而甜菜糖仅占世界糖产量的20%，另外80%由甘蔗生产：欧盟糖类需求巨大。

（五）橄榄油产量巨大

欧盟是领先的橄榄油生产国、消费国和出口国。欧盟生产的橄榄油占世界橄榄油产量的66%，欧盟橄榄油自给自足率高达139%，地区内需求饱和，出口量巨大。

二、农产品市场供给结构

欧盟由28个国家组成（英国脱欧还未完成），总面积437万平方公里，其中，农业用地总量（UAA）在2015年达近1.79亿公顷。欧盟实施CAP政策，大力扶植农业，CAP财政支出资金约占总预算的50%，欧盟是世界上最大的农产品生产地区之一。

（一）各类农场是欧盟农产品生产的主力军

欧盟有1100万个农场，其中，66%的农场面积小于5公顷，只有7%的农场面积大于50公顷，所以欧盟农产品机械化程度小。欧盟有2200万人从事农业，全职人员约有870万~950万人。劳动力分布多为中老年，其中，大于64岁的劳动力约占1/3。2016年，农业产值达3582亿欧元。

（二）欧盟农产品市场中农产品品类繁多

由于农产品种类繁多且不同的品类特性不同，无法对其市场供给情况进行简单合并，故选取油籽类、谷物类、糖、牛奶和奶制品、肉类产品、橄榄油这6类农产品作为代表，以2015~2016年欧盟农业部数据为基础，对其市场供给结构进行分析，如表8-2所示。

表8-2　2015~2016年欧盟农产品市场供给结构　单位：千吨

品类	期初库存	总产量	进口	总供给量
油籽类	5200	77459	51387	134046
谷物类	48512	311647	20608	380764
糖	3900	14900	2900	21700
牛奶和奶制品	—	61420	83	—
肉类	—	46768	1400	—
橄榄油	2133	23245	10809	36187

资料来源：欧盟农业部。

1. 油籽类产品供给结构

欧盟油籽类产品主要包括油籽、食用油、植物油。2015~2016年欧盟市场油籽类产品总供给为134046千吨，其中，地区总产量占57.79%，进口量占38.34%，所占比重较大（见图8－1）。油籽类产品依赖进口，可以解释欧盟地区油籽类产品关税为0的原因。

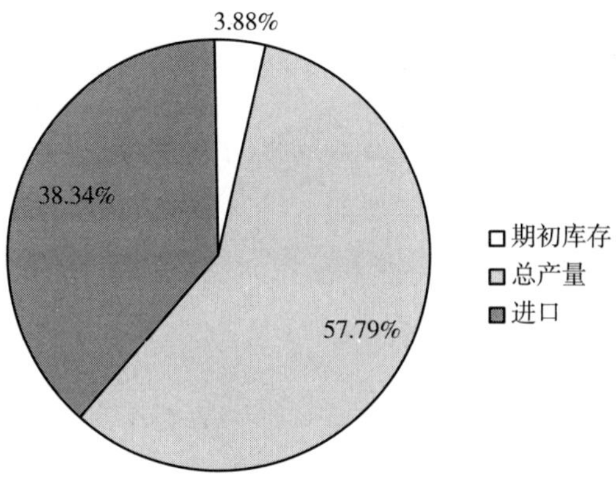

图8－1 2015～2016年欧盟油籽类产品供给比例

资料来源：欧盟农业部。

2. 谷物类产品供给结构

欧盟谷物类产品包括小麦、大麦、玉米、黑麦、燕麦等。2015～2016年欧盟市场谷物类总供给量为380764千吨，其中，期初库存有48512千吨，国内生产311647千吨，占市场供给量的81.85%，进口供给只占5.41%（见图8－2）。

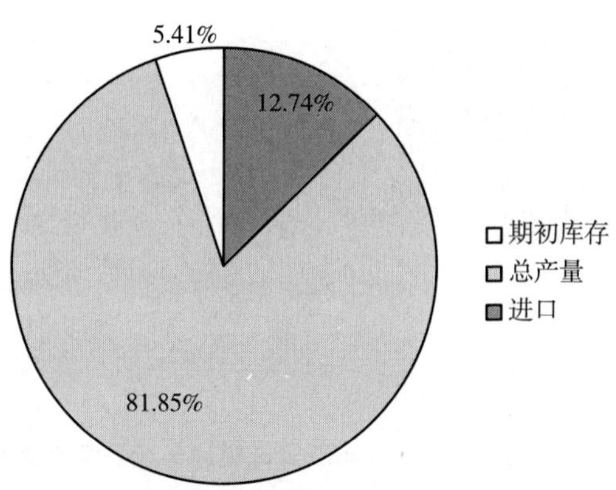

图8－2 2015～2016年欧盟谷物类产品供给比例

资料来源：欧盟农业部。

3. 糖类产品供给结构

欧盟糖类主要为甜菜糖，国内总产量为 14900 千吨，占市场供给的 68.66%，进口量 2900 千吨，上年度留存量为 3900 千吨。欧盟进口糖主要是从非洲、加勒比和太平洋国家（ACP）及最不发达国家（LDC）进口，糖类免税进入欧盟市场。

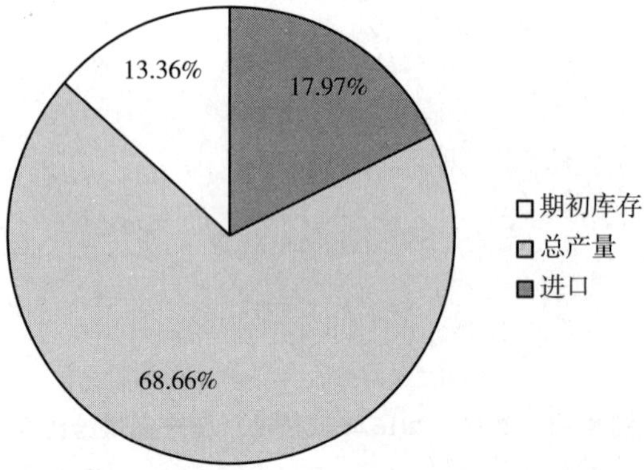

图 8-3 2015~2016 年欧盟糖类产品供给比例

资料来源：欧盟农业部。

4. 橄榄油产品供给结构

橄榄油的营养、健康得到广泛认可。2015~2016 年欧盟橄榄油产量为 23245 千吨，进口 10809 千吨，上年度留存量占总供给量的 5.89%。

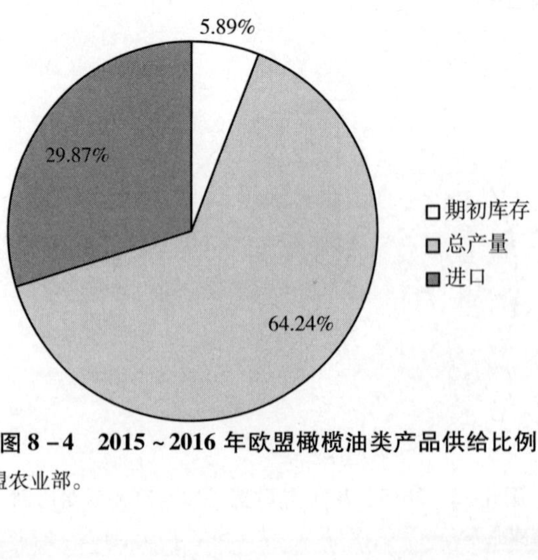

图 8-4 2015~2016 年欧盟橄榄油类产品供给比例

资料来源：欧盟农业部。

5. 牛奶和乳制品、肉类产品供给结构

牛奶和乳制品包括牛奶、奶酪、全脂奶粉、脱脂奶粉等。欧盟牛奶和乳制品进口量极少，市场供给绝大部分依靠总产量，2015～2016年欧盟牛奶和奶制品总产量为61420千吨，进口只有83千吨。

肉类产品包括牛肉和小牛肉、绵羊和山羊肉、猪肉、家禽肉。欧盟作为世界上重要的畜牧业发达地区，肉类总产量为46768千吨，进口1400千吨，市场供给也绝大部分依靠本地区生产。

三、农产品进口结构

欧盟是全球主要的农产品生产和消费国家。欧盟在第二次世界大战之后经济受到重创，西欧各国为了恢复经济、改善农产品主要依靠进口的劣势，共同建立了共同农业政策。期间经过多次改革，欧盟的农产品从大量依靠进口到出口额稳步增加，CAP政策给予的扶持是最主要的原因。

随着全球化和世界经济一体化的进程不断推进，节奏不断加快，欧盟虽然在牛奶和乳制品、谷物类、肉类、橄榄油等方面出口额巨大；但在其他农产品，如油籽类等的进口上仍然占巨大份额。欧盟的进口农产品主要为农业食品和饲料产品，约占全部进口的80%，而食品制剂和饮料仅占8%，非食用产品占11%。

（一）农产品进口种类繁多，结构复杂

2016年欧盟农产品进口总值达130亿欧元。根据欧盟农业部的统计数据来看，2016年欧盟进口的农产品品类结构较为明显：可食用水果、坚果进口量最大，咖啡、茶类居第2位，其次是油籽类和油质水果，之后是动植物油脂以及可可、可可制剂。如表8-3所示，2016年欧盟进口农产品的前10位分别为：热带水果（新鲜或干燥），坚果和香料；未焙炒的咖啡，大量的茶和伴侣；油饼；水果（新鲜或干燥，不含柑橘和热带水果）；棕榈仁和棕榈仁油；大豆；可可豆；蔬菜；预备蔬菜（水果或坚果）；油籽类（不含大豆）。

表 8-3　　　2016 年欧盟进口农产品品类结构

农产品种类	进口额（百万欧元）	百分比（%）
热带水果（新鲜或干燥），坚果和香料	13050	11.6
未焙炒的咖啡，大量的茶和伴侣	7484	6.7
油饼	7335	6.5
水果（新鲜或干燥，不含柑橘和热带水果）	5929	5.3
棕榈仁和棕榈仁油	5489	4.9
大豆	5249	4.7
可可豆	4811	4.3
蔬菜（新鲜、冷藏和干燥）	4621	4.1
预备蔬菜（水果或坚果）	3508	3.1
油籽类（不含大豆）	3389	3.0
酒（苦艾酒，苹果酒和醋）	2694	2.4
小麦和米以外的谷物	2341	2.1
棕榈油和橄榄油以外的植物油	2329	2.1
原烟	2312	2.1
果汁	2270	2.0
肉类制剂	2110	1.9
柑橘类水果	2034	1.8
可可酱和粉	1995	1.8
食物制剂（未指定）	1788	1.6
牛肉（新鲜、冷冻）	1751	1.6
剩余的农产品	29756	26.5

资料来源：欧盟农业部。

（二）进口国家结构

欧盟农产品主要从美洲国家进口，仅巴西，美国，阿根廷三国就占据欧盟农产品进口额的 25.8%。其中巴西和美国进口额高达 11940 百万欧元和 11216 百万欧元，都达到欧盟农产品进口额的 10% 以上。阿根廷份额明显低于巴西美国，仅占 5.2%，中国份额位居第四，进口额为 5076 百万欧元，占比 4.5%。其他主要进口国家主要来自中东和东南亚（见表 8-4）。

表 8-4　2016 年欧盟进口农产品国家结构

国家	进口额（百万欧元）	份额（%）
巴西	11940	10.6
美国	11216	10.0
阿根廷	5888	5.2
中国	5076	4.5
瑞士	4670	4.2
土耳其	4640	4.1
印度尼西亚	4148	3.7
乌克兰	4067	3.6
科特迪瓦	3615	3.2
印度	2781	2.5
南非	2494	2.2
越南	2420	2.2
泰国	2387	2.1
新西兰	2362	2.1
智利	2343	2.1
加拿大	2193	2.0
秘鲁	2154	1.9
哥伦比亚	2117	1.9
马来西亚	2031	1.8
澳大利亚	1970	1.8
其他	31732	27.6

资料来源：欧盟农业部。

四、供应商特征

欧盟农产品市场上的供应商遍布世界各地，既有欧盟的大型企业集团和各地大大小小的农场，又有世界各国的多种多样的供应商。

（一）以农场为农产品供应基础

欧盟自 20 世纪 90 年代起实行 CAP 政策，政府鼓励农业，农业在欧盟的地位不断提升。截至 2013 年，欧盟共有农场 1100 万个，平均每个农场占地1610平方米。其中，以小型农场为主，66%的农场土地小于500平方米，只有7%的农场土地大于5000平方米。

（二）以巨型企业占领农产品供应市场

农场是欧盟农产品生产的主力，而且欧盟境内有许多大型企业，其中，有乳制品行业如荷兰皇家菲仕兰坎皮纳公司（Royal FrieslandCampina N. V.）、德国DMK乳业，酿酒行业如比利时百威英博（AB Inbev）、英国南非米勒酿酒公司（South African - Bavaria - Miller）、荷兰喜力（Heineken Brouwerijen），还有英联食品（Associated British Foods plc），它是世界第二大的糖和面包酵母生产商。

除了这些专门性的大企业，欧洲还有综合性的食品加工企业。英国联合利华公司，是由荷兰Margarine Unie人造奶油公司和英国Lever Brothers香皂公司于1929年合并而成，其总部分别设于荷兰鹿特丹和英国伦敦，分别负责食品及洗涤用品事业的经营。在大多数欧洲国家及北美的人造黄油和涂抹酱市场，联合利华处于领先地位，特别推出了含有降低胆固醇成分的涂抹酱。在橄榄油市场，联合利华的地位仍是举足轻重，最重要的品牌莫过于Bertolli。联合利华是全球主要的冰激凌生产商和全球最大的茶包生产商。

法国达能（DANONE）集团总部设于法国巴黎，是一个业务极为多元化的跨国食品公司，集团的业务遍布六大洲，产品行销100多个国家。在法国、意大利及西班牙，达能都是最大的食品集团，达能也是当今欧洲第三大食品集团，并列全球同类行业前6名。达能是世界著名的食品集团，创建于1966年，在全球拥有超过10万名员工，业务遍及全世界120多个国家和地区。达能旗下拥有多个知名品牌，如达能、LU和EVIAN（依云）、脉动、Nutricia、Nutrilon、益力、纽迪西亚、碧悠、波多、富维克、牛栏（Cow Gate）等。

第二节　中国农产品欧盟市场现况分析

根据中国海关的统计，2016年欧盟是中国农产品出口的第二大市场，仅次于美国。2016年欧盟与中国农产品出口总额达114亿欧元，进口额达51亿欧元。欧盟在中国农产品出口总额中所占份额较大。中国与欧盟农产品贸易在结构与水平上有差异，互补性强，双方之间农产品贸易良性发展仍是主流，双方之间的农产品贸易将进一步得以扩大和深化。

一、中国农产品在欧盟市场情况

根据欧盟农业部的数据，中国现在已经成为欧盟农产品的主要进口国家之一。2016 年欧盟全年农产品进口额约为 1120 亿美元，主要进口国家如图 8－5 所示，其中，进口额位于前 3 位的国家分别是巴西、美国和阿根廷，占欧盟农产品进口总额的 1/4 以上，这三个国家同为美洲国家，地广人稀，农产品产量丰富。中国则为欧盟第 4 大农产品进口市场，欧盟从中国的进口额达 51 亿欧元，约占全年进口总额的 4. 5%。

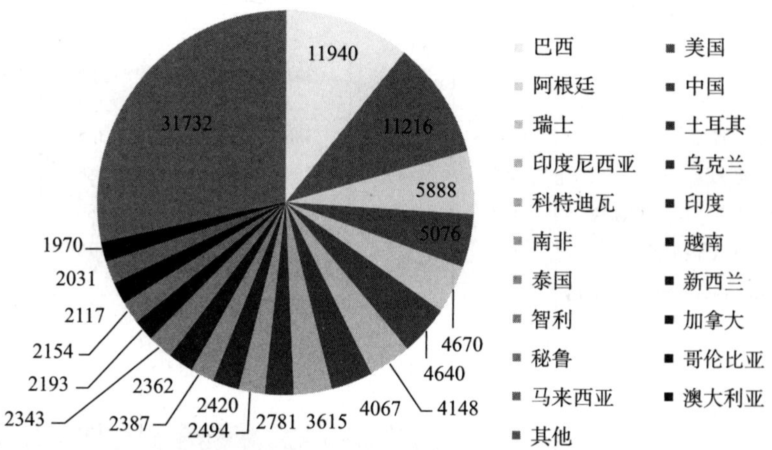

图 8－5 2016 年欧盟农产品进口国家结构

资料来源：欧盟农业部。

二、对欧盟出口农产品种类及结构

2016 年中国对欧盟出口农产品中（见表 8－5），新鲜干燥的蔬菜、蔬菜制剂、内脏、热带水果、羊毛和丝绸、不含大豆的油籽为出口额前 6 位，共占据市场总额的约 50%。

农业产品和饲料产品约占中国对欧盟出口总量的 68%，其中，日用品占 17%，初级产品占 38%，加工产品占 13%。日用品中不含大豆的油籽类占 5. 6%，树胶、树脂和植物提取物，未焙炒的咖啡，散装的茶和伴侣均占欧盟进口额的3.5%。其他初级食品中，新鲜干燥的蔬菜进口额最大，占比12.3%；动物肝脏居第2，进口额为444百万欧元；其次是热带水果，进口额为352百万欧元，占2016年欧盟进口总额的6.9%。深加工的农产品主要指蔬菜制剂，欧盟从中国进口额为474百万欧元。

表8-5　　2012~2016年欧盟进口中国农产品品类表及进口额

农产品	进口额（百万欧元）					2016年百分比（%）
	2012年	2013年	2014年	2015年	2016年	
蔬菜（新鲜、冷藏和干燥的）	505	527	514	542	623	12.3
蔬菜制剂（水果、坚果）	520	444	404	487	474	9.3
内脏、动物脂肪和其他新鲜、冷藏和冻结的肉类	564	493	482	489	444	8.7
新鲜或干燥的热带水果、坚果和香料	213	279	321	398	352	6.9
羊毛和丝绸	285	330	308	330	325	6.4
油籽（除大豆）	307	246	259	322	286	5.6
面食、糕点、饼干和面包	137	140	147	174	180	3.5
树胶、树脂和植物提取物	111	127	150	181	178	3.5
未焙炒的咖啡、散装的茶和伴侣	182	158	156	169	177	3.5
宠物食品	113	138	129	158	171	3.4
新鲜或干燥的水果（不含柑橘和热带水果）	165	181	157	165	165	3.3
杂种子和啤酒花	106	112	118	166	155	3.1
鸡蛋和蜂蜜	100	113	122	171	129	2.5
食物制剂（未指定）	83	99	99	129	127	2.5
不可食用的动物产品	79	89	129	105	119	2.3
油饼	40	67	72	93	110	2.2
球茎、根和活植物	89	90	93	98	105	2.1
生烟草	110	94	126	86	103	2.0
精油	86	88	83	103	101	2.0
肉制品	86	91	93	96	80	1.6
剩余的农产品	641	697	697	737	671	13.2

资料来源：欧盟农业部。

食物制品中，面食、糕点类进口额最大，为180百万欧元；其次是宠物食物，进口额为171百万欧元；未指定的食物制品市场份额也较大，约占欧盟进口市场的2.5%。

不可食用的农产品中，羊毛和丝绸是第一大类进口产品，2016年进口额为325百万欧元，占据欧盟进口市场的6.4%；其次，不可食用的动物制品市场份额为2.3%；球茎、根和植物，中国向欧盟出口105万欧元；而生烟草和精油欧盟进口额均达101百万欧元。

三、中国农产品在欧盟市场发展趋势

自2005~2015年，欧盟对中国农产品出口额逐年上涨，且每类产品出口额都在均匀上涨。2015年出口额比2005年增加39%；而中国对欧盟的农产品出口额增长缓慢，2011~2014年几乎没有增长。总体来看，自2011年之后，欧盟对中国农产品贸易为顺差，且差额逐年增加、涨势明显（见图8-6）。

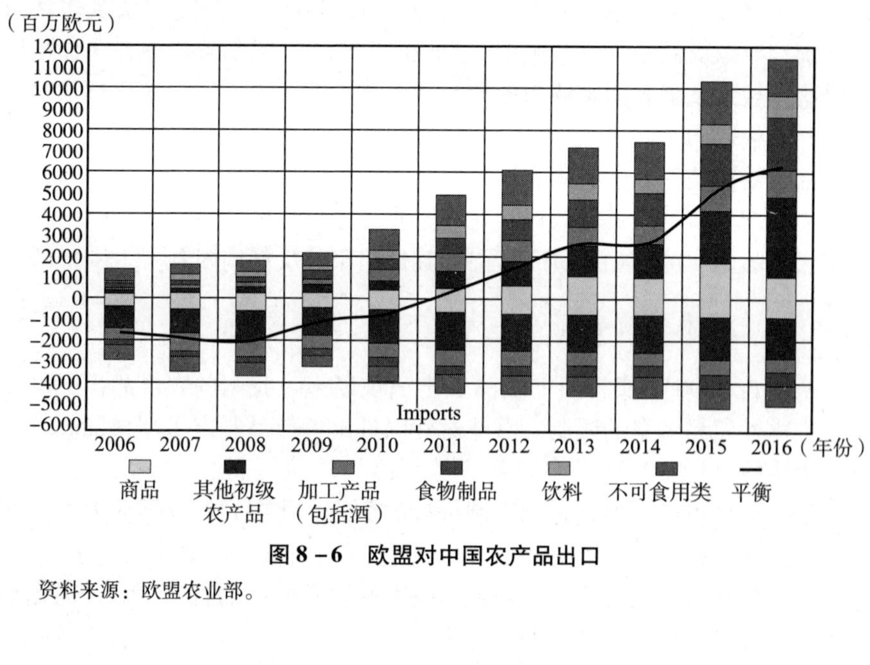

图8-6　欧盟对中国农产品出口

资料来源：欧盟农业部。

四、中国农产品在欧盟市场挑战

（一）来自其他国家竞争者的挑战

欧盟虽然从2010年之后成为农产品贸易的净出口国，且出口额总体呈现增长趋势，但中国农产品结构和欧盟成互补形势，中国向欧盟出口农产品的空间巨大。

2016年向欧盟出口农产品较多的10个国家依次为：巴西、美国、阿根廷、中国、瑞士、土耳其、印度尼西亚、乌克兰、科特迪瓦、印度。这些国家的农产品主要为肉类、鱼类、蔬菜和水果等初级加工产品。因此，相对而言，中国出口的农产品的可替代性较强，竞争优势不明显，不仅难以在欧盟农产品市场中脱颖而出，而且存在随时被其他国家的相似农产品替代的风险。

（二）欧盟贸易反倾销限制

WTO《反倾销协议》允许一国采取反倾销措施，但这一条款表述过于笼统，导致反倾销常常被滥用。“非市场经济”问题条款中并未作出明确说明，导致欧美等国家认为中国是“非市场经济国家”，随意选取对我国不利的替代国。

反倾销措施增加了我国农产品在欧盟市场的价格，降低了出口额；且反倾销措施具有贸易偏转效应，对欧盟农产品出口的减少，会导致对其他国家农产品出口的增加，进一步引起其他国家的反倾销限制。

（三）技术性贸易壁垒限制

欧盟自2006年实行新的食品安全法规以来，我国的农产品出口受到诸多技术性贸易壁垒的限制。欧盟对外国进出口产品制定了严格的技术标准、卫生检疫标准、商品包装和标签标准，从而提高进口产品的技术要求，增加进口难度，最终达到限制进口的目的。我国农产品质量安全水平低，产品质量检测体系及质量安全认证体系不完善，蔬菜产品、水产品、畜产品等优势农产品的出口不断遭遇技术性贸易壁垒的打击，农产品出口成为技术性壁垒受限最严重的产业之一。

第三节 辽宁农产品欧盟市场现况分析

辽宁拥有良好的区位优势，海岸线长且气候适宜，省内又有大连、沈阳等港口，辽宁农产品在欧盟市场上已经有一定的竞争力。

一、辽宁农产品在欧盟市场情况

随着现代农业的不断发展，辽宁的农产品出口也确实得到了巨大的发展，其出口额一直位居全国前列，连续多年位居全国前5位。辽宁农产品出口额2011年为44.22亿美元，截至2016年，已增长到45.55亿美元，2011年增长速度最快，为23.20%，此后增长速度下滑，2015年之后出现了负增长。但辽宁农产品出口约占全国农产品出口总额的6%~7%（见表8-6）。

表8-6　2011~2016年辽宁农产品出口与全国的对比状况

指标	2011年	2012年	2013年	2014年	2015年	2016年
辽宁农产品出口额（亿美元）	44.22	47.76	51.27	53.38	47.91	45.55
增长速度（%）	23.20	8.00	7.30	4.10	-10.20	-4.90
全国农产品出口额（亿美元）	601.3	625	671	713.4	701.8	726.1
增长速度（%）	23	4	7.20	6.30	-1.60	3.50
占全国农产品出口比重（%）	7.35	7.64	7.64	7.48	6.83	6.27

资料来源：中国商务部对外贸易司。

辽宁农产品的出口市场遍及六大洲的100多个国家和地区，但主要出口方向为亚欧和北美洲的国家与地区，相对较集中。

其中由于地缘因素，亚洲市场一直都是辽宁最大的农产品出口目标市场，约占全部农产品出口比重的2/3。欧盟作为欧洲最大的消费市场，是辽宁对欧洲的主要农产品出口去向。2015年，在全国农产品向欧盟的出口大幅下滑的情况下，辽宁农产品出口额虽略有下降，但占全国农产品出口的比例上升至9%，2016年占全国农产品出口额的7%，趋于平稳。2013~2016年，辽宁农产品对欧盟出口额大约占全国农产品对欧盟出口总量的7%左右。结合中国农产品在欧盟进口市场的总体占有情况分析，辽宁在欧盟农产品市场的占有率约为0.3%（见表8-7）。

表8-7　　2013~2016年辽宁农产品对欧盟出口情况

指标	2013年	2014年	2015年	2016年
辽宁对欧盟农产品出口额（亿美元）	7.77	8.0	7.75	6.04
全国对欧盟农产品出口额（亿美元）	102.1	109.54	81.46	81.81
占全国农产品出口比重	0.0761	0.07303	0.09514	0.07383

资料来源：辽宁农委。

二、辽宁出口农产品种类及结构

表8-8是辽宁分类农产品2016年的出口贸易状况，可以看出，水产品出口额最多，占比超过总出口额的50%；其次是种植业与林果产品，几乎占总出口额的1/3；畜产品的出口额只有38097.4万美元。由此可见，辽宁出口产品主要集中在水产和种植业与林果产品。

从辽宁农产品的出口结构上看，由于良好的临海地缘优势，辽宁水产品有极强的出口竞争优势。其中，鱼类出口额达185377.3万美元，贝类出口额为43600.3万美元，蛤类为27104.2万美元；藻类中，裙带菜出口额为10301.9万美元。主要以初级水产品为主，缺少深加工产品。

种植业中，粮油类产品出口额较大，油料产品出口额达19839.9万美元，其中，主要产品是花生类。蔬菜、水果、坚果类产品出口额分别为21512.7万美元、10191.4万美元、10501.8万美元。

畜产品中，禽产品所占比重最大，出口额为17439.4万美元。其他畜产品出口额都不足1亿美元。

表8-8　　2016年辽宁主要分类农产品出口情况

出口品类	出口额（万美元）	同比增长（%）
合计	455334	-4.95
水产品	268733.7	-1.26
鱼	185377.3	2.83
冻鱼	129037	2.63

续表

出口品类	出口额（万美元）	同比增长（%）
活鱼	1195. 8	-35. 82
软体鱼	22670. 4	7. 56
其他	32205. 3	1. 93
虾	8755. 1	5. 19
贝	43600. 3	-13. 25
杂色蛤（带蛤类）	27104. 2	-1. 34
其他	16496	-27. 61
蟹	13672. 4	-18. 57
藻类	10512. 7	24. 24
裙带菜	10301. 9	25. 29
其他	210. 8	-11. 93
其他	6815. 9	-15. 41
种植业与林果产品	141983. 4	-10. 19
粮油	74142. 5	3. 36
粮食	36315. 4	17. 56
油料	19839. 9	-8. 65
其他	17987. 2	-5. 94
蔬菜	21512. 7	-25. 44
水果及干坚果	26910. 4	-25. 33
水果	10191. 4	-16. 54
干坚果	10501. 8	-34. 37
其他	6217. 2	-20. 6
花卉	33. 4	-28. 34
食用菌	5188. 2	-13. 39
植物药材	2304. 1	-19. 48
其他	1892. 1	-5. 31

续表

出口品类	出口额（万美元）	同比增长（%）
畜产品	38097.4	-4.8
禽产品	17439.4	1.24
牛产品	1075.5	-0.69
羊产品	157	-74.7
猪产品	1712.7	-9.1
乳品	166.6	8.15
蛋产品	3829	-21.72
蜂产品	2755.2	-15.82
动物药材	1299.6	-1.36
动物皮毛	938.6	-6.89
其他	8723.8	1.91
其他	6519.4	-25.79

资料来源：沈阳海关。

从增长率来看，2016 年农产品中除了裙带菜、粮食、乳品等少数几类产品外，其余大部分呈现负增长。其中，粮食同比增长 17.56%，裙带菜增长 25.29%，乳品增长 8.15%，但乳品的出口额很低，只有 0.017 亿美元。辽宁 2016 年农产品出口面临严峻的形势，出口农产品以初级产品为主，且农产品出口额总体下降 4.95%，一方面在于辽宁自身农产品出口结构单一，可替代性高；另一方面，由于全球总体经济衰退，世界农产品贸易需求萎缩。

三、辽宁农产品在欧盟市场发展趋势

2013 年，辽宁对欧盟的农产品出口总额为 7.77 亿美元，2014 年略有增长，达 8 亿美元，2015 年稍下降至 7.75 亿美元，2016 年下降幅度较大，对欧盟出口额只有 6.04 亿美元（见图 8-7）。

整体而言，辽宁对欧盟的农产品出口额从 2014 年开始下滑，2015 年下滑幅度不大，但在 2016 年下滑幅度较大，降幅 22%。这一方面是因为世界经济形势不乐观，另一方面也从说明辽宁农产品受宏观经济形势影响较大，农产品结构竞争力差。只有寻求更合理的出口结构，增加经济附加值，才能提升辽宁农产品在欧盟市场的竞争力。

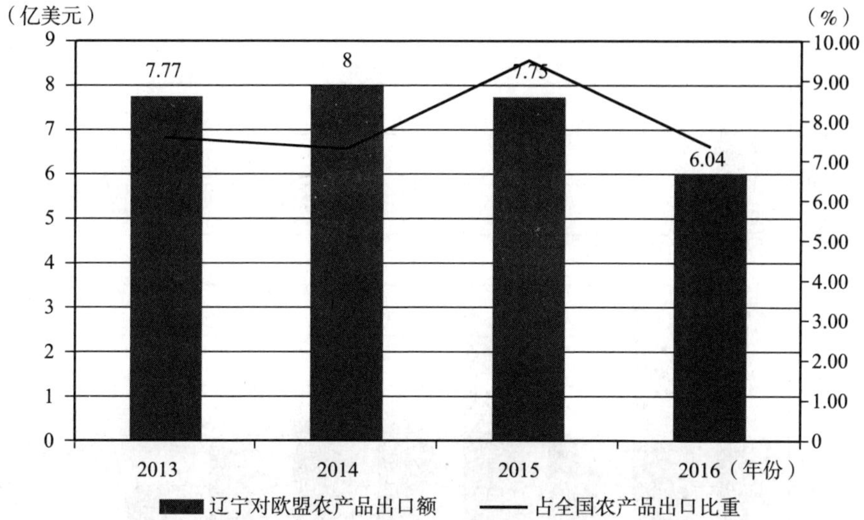

图 8－7 2013～2016 年辽宁农产品对欧盟出口额

资料来源：沈阳海关。

四、辽宁农产品在欧盟市场的挑战

（一）来自竞争者的挑战

中国作为欧盟的主要农产品进口国之一，在欧盟市场上面临着许多其他国家的威胁和挑战。从市场占有率角度出发，中国不及巴西、美国和阿根廷。这三个国家都位于美洲，地广人稀，产量占优。就农产品种类方面而言，中国和亚洲其他国家的农产品出口结构类似，被替代的风险较大。且作为一个缺乏深加工农产品的省份，辽宁农产品在欧盟的农产品市场上同样面临着中国其他兄弟省份的农产品竞争者。

2013 年、2014 年、2015 年、2016 年辽宁农产品出口总额分别为 51. 27 亿美元、53. 38 亿美元、47. 91 亿美元和 45. 55 亿美元，2013 年和 2014 年分别同比增长 7. 30%、4. 10%。2015 年和 2016 年同比下降 10. 20%、4. 90%。

图 8－8 显示了 2012～2015 年中国农产品出口额前 8 位的省份，从中

可以发现，辽宁近四年农产品的出口额在第 4 位及第 5 位浮动，与浙江省相近。这说明来自国内其他省份的压力是辽宁出口农产品在欧盟市场上的一个重要挑战。

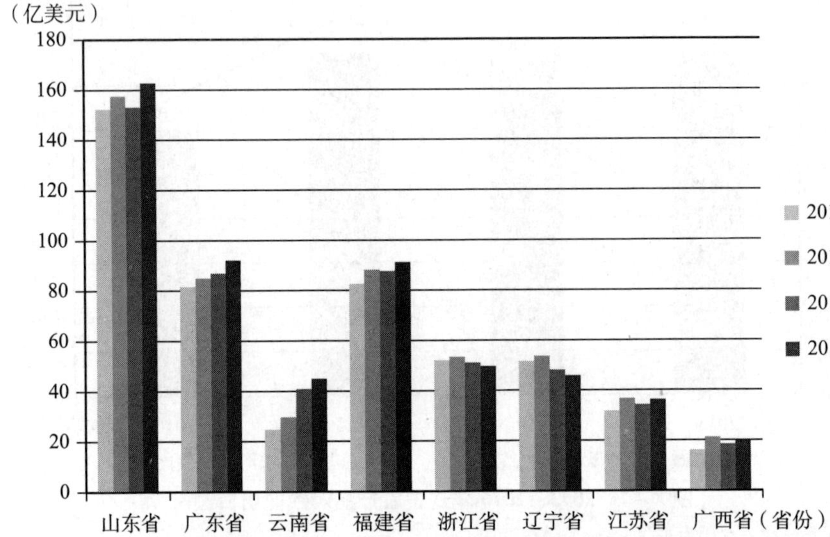

图 8-8　2013~2016 年中国农产品出口额及排名

资料来源：中国统计年鉴 2016。

(二) 欧盟市场采购客户单一

欧盟市场客户主要是大的农产品供货商，缺少大的农产品企业或直接面对消费者的卖场等，这让辽宁的农产品无法在欧盟市场打响知名度。且采购客户单一，增加了农产品出口的风险，若客户毁约与其他地区公司合作，辽宁农产品出口面临的压力更难以预计。另外，辽宁的产品许多经过俄罗斯转口，经荷兰再到欧盟市场，更增加了成本。

(三) 欧盟进口市场需求缩紧

受到宏观经济形势的影响，欧盟农产品消费市场整体增长较缓，农产品进口需求也逐渐缩紧，图 8-9 显示了 1995~2015 年间欧盟农产品进口额的变化，虽然整体呈现上升趋势，但是 2011 年之后欧盟对于农产品进口的需求渐趋稳定，这无疑对辽宁农产品出口造成重大的影响。

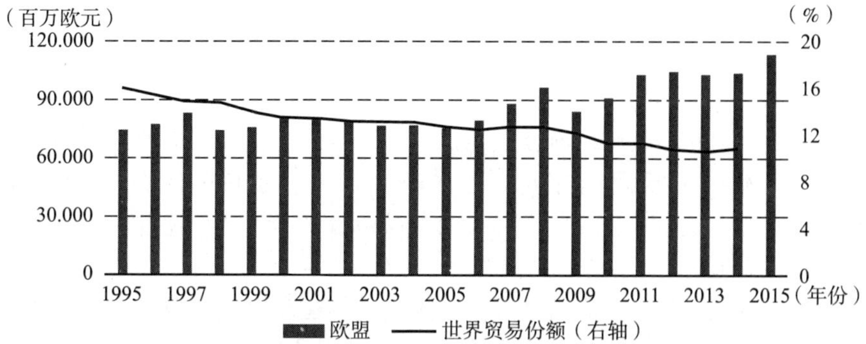

图 8－9 1995～2015 年欧盟农产品进口额变化情况

资料来源：欧盟农业部。

第四节 辽宁农产品出口欧盟的问题、风险与应对

一、“标本兼治”——辽宁农产品对欧盟出口的问题及应对

（一）出口农产品加工程度低，缺乏经济附加值

辽宁谷物、玉米、干豆、食用油籽和大豆等出口数量较大，出口比较优势明显，这些产品属于土地密集型农产品。劳动密集型产品，如鲜干水果及坚果、肉类等，出口缺乏比较优势。资源密集型的水海产品也有着较强的出口竞争优势，但这些农产品属于初级农产品，附加值低。深加工农产品如烤烟、辣椒粉等出口额较低。辽宁农产品加工技术比较初级，缺乏高科技含量的深加工农产品。

应对措施：

辽宁农业部门要积极鼓励科技创新，加大科技投入力度，引进人才，建立农业研发中心；鼓励企业与高校、研究院合作，产学研联合，加快成果转化；建立一条深加工的产品线，大力推广农产品的加工保鲜技术，提高农产品附加值，提升农产品出口的竞争力。另外，应引进国际上的农业核心技术，通过博览会、会议等方式，提升辽宁农产品的国际化水平。

辽宁可以根据欧盟进口产品的结构，有针对性地建立深加工食品的结构体系，分层级进行精细加工，建立具有辽宁特色的农产品体系，提升辽宁农产品在欧盟市场上的竞争力。

（二）出口农产品品牌认知弱，缺少品牌建设

品牌作为产品的名片，具有极佳的营销影响力。辽宁农产品多为贴牌生产，缺少独立的品牌。而欧盟在进口产品时，会在众多口碑好的品牌中选择，这无形中削弱了辽宁农产品的竞争力。自主品牌的价值，会提高农产品的价格，也会减少一些不必要的贸易纠纷，形成品牌效应。

应对措施：

辽宁应积极强化品牌营销策略，提高品牌建设力度。现在欧美等发达国家消费者十分重视品牌，重视产品质量。建设品牌要以高质量为核心，通过互联网、推介会、展销会等，积极营销，提升辽宁自主品牌的名气，制定合适的品牌战略，拓宽产品销售渠道。欧美消费者十分重视有机品牌，辽宁可利用天然的地理优势，全面发展有机农业，建立优质有机品牌吸引欧美消费者。

（三）农产品出口缺少龙头企业，支持政策不完善

辽宁农产品出口企业虽然较多，但规模偏小，知名品牌少，缺少带头的龙头企业。在出口产品时，各企业互相竞争，损害了行业的整体效益。且企业规模小，难以掌握话语权，容易受到更多的贸易限制。

企业规模小，产业链也不完善。农户、生产基地、市场未形成产业化发展，行业的生产标准、规范也未形成。辽宁农产品产业链上游企业集聚效应不明显，下游企业营销、服务体系尚未健全。

辽宁对农产品的支持在财政、信息系统上并不完善。农业企业存在贷款难、利率高的问题。辽宁农产品进入国际市场，对国际市场的信息了解不足，关于贸易壁垒、国际市场需求等都缺少快速有效的信息来源。

应对措施：

农业企业应联合起来，以规模较大的企业牵头，形成自己的行业协会，在政府扶持下，整合资源，形成规模效应。其一，行业协会可以完善整个农业行业的产业链，上中下游企业共同协作，各司其职；协会制定统一的农业生产规范和标准，减少同行业恶性竞争。其二，协会与金融机构谈判，有更大的话语权，再加上政府扶持，缓解农业企业融资问题。其三，协会可成立信息服务平台，关注国际市场的农业标准、市场需求等，完善信息服务渠道。

二、“知彼知己”——辽宁农产品对欧盟出口面对的风险及应对

（一）欧盟市场需求萎缩

欧债危机之后，欧盟地区国家更多的会把目光移向地区内部，重新建设内部经济，对内部产业进行保护。相应的，对进口的产品控制会更加严格。另外，欧债危机导致欧盟整体经济下滑，对进口产品的需求也会进一步降低。目前，美元在贬值，各国减少对美元的持有；相对应的，对欧元的持有在增加。而欧元升值，在贸易上，会客观导致我国农产品出口价格较高，这给了欧盟实施贸易保护的机会，又会降低农产品出口的积极性。

应对措施：

稳定人民币币值，减缓人民币升值的速度，一定程度上可以提升农产品在欧盟市场上的竞争力。另外，辽宁农产品要进行产业升级，提高深加工水平，增加产品附加值，提供在欧盟市场上替代性低的产品，抓住欧盟地区对辽宁农产品的需求点，提高辽宁农产品出口优势。

（二）欧盟绿色壁垒日趋严格，进入门槛逐步走高

2006 年欧盟出台了《食品安全法》，提高了检测标准，对辽宁出口的农产品造成重大影响。之后从 2010 年起欧盟又实施了新法规，规定向欧盟出口以海捕为原料的水产品时，必须随附书面材料，证明其原料的合法性。这对辽宁的水产品出口产生了极大的冲击。欧盟的绿色贸易壁垒涵盖农产品出口的整个周期，从农产品的生长环境，到生长过程中农药等化学物质的使用、残留，再到农产品报废后对环境的污染，甚至到产品包装这些方面，都制定了极其严苛的标准。欧盟绿色壁垒日渐严苛，增加了辽宁农产品出口的成本，降低了农产品出口额，增加了市场拓展难度，降低了农产品的市场竞争力。

应对措施：

绿色贸易壁垒在农产品的整个生命周期中都有严格的标准，与之对应的，辽宁在农产品的整个生产过程中，都需要严格遵循欧盟绿色壁垒的标准，并且实时关注欧盟的标准更新情况，从源头上减少绿色壁垒的风险。

另外，应对绿色壁垒要求有很高的科技实力，在农产品的培育、检测、包装等方面，都需要有较高的技术水平。辽宁要加强科技创新力度，

不仅将科研关注点放在农产品生产过程中，还要关注产前、产后的技术创新。

自身的检疫实力增强，也可以降低在对外贸易中的风险。辽宁口岸检疫和内地检疫分立，协调不够，缺乏一套统一的检疫标准。面对欧盟越来越严格的检疫标准，应该尽快建立一套符合国际惯例的检验检疫标准，早日与国际接轨，提升农产品的竞争力。

第五节　对政府推进辽宁农产品出口进程的建议

辽宁农产品对欧盟出口近几年呈现负增长，政府的支持力度对改善农产品出口形势起到关键作用。政府部门应该通过政策措施、经济措施、服务保障三个方面来支持辽宁农产品出口工作。

一、加强政策保障，形成农产品出口核心能力建设

辽宁政府应该高屋建瓴，充分发挥政府部门的能动性，综合运用政策法规，保障本省农产品出口的优势，并逐渐推进出口农产品的核心能力建设。

（一）实施农产品出口整体化战略，建设农产品产业集群

辽宁农业产业分散、规模小，难以形成大规模效应。政府应该对辽宁整个农业的分布情况进行一次全面摸查，对地域集中、产品相似的企业进行整合，通过相应的标准、规范来统筹，形成特色鲜明的农业产业集群，实现一村一品、一乡一品、一县一品。

产业集群要依据主导品牌，制定发展规划，形成特色品牌。通过营销、广告、互联网等方式，建立品牌效应。通过品牌效应，发展相关辅助性产业，进行产业链的延伸，吸引更多优势企业的加入。

（二）加强对龙头企业和行业协会的扶持

政府要培育优势龙头企业，发挥辐射拉动作用，带动周围企业发展。龙头企业可以增强主导品牌的影响力，增加企业的市场竞争力。政府在对龙头企业的扶持方面，要从政策上进行税收减免、贷款低息、成立专项资金等尝试，大力发挥政府的引导扶持作用。

行业协会以行业利益最大化为目的，能发挥单个企业难以发挥的作用。目前，辽宁的农产品行业协会还处于初级阶段，未发挥应有的作用。政府可从三个方面扶植：第一，引导龙头企业发挥带头作用，团结其他小企业，成为行业协会的发声人；规范协会秩序，提升在贸易纠纷中的话语权。第二，政府加大在财政政策上的支持，如成立专项经费等。第三，政府将一定的公共服务能力转移给行业协会，提升行业协会的服务作用。

二、加强资金保障，实现财政、金融双向资金支持

（一）财政层面扶持，助力农产品出口

我国设立了许多国家级资金项目支持中小企业的发展，如国家中小企业技术改造专项资金、产业集群发展奖励资金及专项补助资金、中小企业发展项目专项资金及担保机构风险补偿金等。辽宁政府部门应该积极宣传这些政策，鼓励、支持企业申请相关资金。

辽宁政府部门也应设立相应的财政支持政策，响应国家的号召。第一，可以建立出口基地基金，鼓励企业出口，支持深加工、产业升级，支持农业科研。第二，建立品牌专项资金，辽宁农产品在国外知名度不高，没有自己的品牌，品牌对于市场竞争力的作用不可忽视，品牌资金也可以支持质量认证、市场准入认证等。第三，设立农产品出口奖励机制，对于出口企业在关税等方面给予一定优惠。

（二）改善融资环境，有效规避汇率风险

目前，中小企业融资困难，辽宁可与银行等金融机构合作，改善中小企业融资环境。政府和金融机构合作，及时向企业介绍金融避险工具，使其努力掌握新的汇率避险金融产品和工具，提高规避汇率风险的能力。

政府部门可以搭建农产品出口企业快速融资交流平台，疏通农产品出口企业融资途径。另外，还可以牵头建立中小企业信用担保机构，开发新的担保体系，除了退税方面可以作为担保，还可以降低中小企业的担保评估标准，政府给予担保资金支持，以减轻企业负担。

三、加强服务保障，全方位构建农产品出口服务平台

政府在农产品出口过程中不仅是监督者，更是一个服务者。政府在辽

宁农产品出口中应发挥其职能作用，构建服务平台以保障农产品出口。

（一）及时提供信息服务

辽宁在出口国际化的道路上刚刚起步，信息系统极其不完善，对于国际市场价格、市场需求、进口国家技术标准、检疫检验项目、市场准入要求等了解都不够。政府要建立完善的信息平台，及时搜集相关信息，提高辽宁农产品出口企业的快速反应能力。政府还可为企业提供法律咨询服务，解决农产品出口的问题和争端，提升企业在贸易纠纷中的法律保障，创造较好的对外沟通渠道。

建设信息服务平台为出口企业提供信息支持。通过对数据信息的分析，辽宁政府可以更加了解国际动态，指导企业调整出口的产品结构和国家结构，更加智能化地利用信息服务平台。

（二）搭建科研服务平台

辽宁农产品以初级产品为主，深加工产品种类少。提高辽宁农业科技创新能力，为生产中高端农产品提供高效的技术服务，有利于辽宁农产品结构改革。加强省内科研资源的整合，对农业科研单位和高等院校科研大力支持，并建立一支长期稳定的科研队伍，综合多学科开展一体化研究，提高农产品的科技含量。

另外，培育农产品研发的优秀人才，引进国际上先进的加工设备和加工工艺，积极提高自主研发水平，实现产学研一体化，建立自己的核心竞争力，促进辽宁农产品结构升级，提升市场竞争力。

（三）建设辽宁农产品“海外仓”

跨境贸易耗时长，出入关手续烦琐。辽宁农产品建立海外仓有诸多优势，海外仓更接近终端用户，客户下单后，在最短时间内货物可以交付，且客户退换货更加方便快捷。将传统贸易升级为海外仓贸易，能缩短贸易流程和周期。小批量的 B2B 订单是跨境贸易盲点，建立海外仓更有利于小额订单的达成，也有利于降低物流成本。买家对当地发货的货品价格有更高的承受力，也提高了辽宁农产品在欧盟等地的竞争力。建立海外仓，能增加品牌的曝光率、提升品牌效应，更有利于建设辽宁农产品的国际品牌。

第四篇

企业成长策略

第九章

辽宁农产品企业成长策略

现代农业的微观基础是企业，在一定程度上可以说，企业成长是提升现代农业竞争力的关键所在。长期以来，我国农产品出口的优势主要在于低成本、低价格，出口产品的附加值较低，出口时的话语权较弱。随着我国农业发展面临的资源环境约束加大，劳动力、土地和投入品成本的快速上升以及人民币升值压力，农产品出口传统的价格竞争优势将不断受到削弱。从外部因素看，海外市场经济不景气导致对农产品消费需求增长缓慢，越南、泰国等发展中国家在我国主要出口农产品方面发展迅速，对我国农产品出口形成强大的竞争压力，这些因素也将影响海外市场对我国出口农产品的需求。

就辽宁而言，虽然在农产品出口贸易领域形成了特色鲜明的优势，但这些优势都还有进一步发挥的空间；同时，与优势并存的挑战也不容小觑。例如，地理区位、自然条件等外在优势明显，但企业内部管理、技术研发等内在优势羸弱；农业资源丰富，但农产品出口企业仅作为原料供应商的处境与地位尴尬；主要出口市场面临日、俄市场需求持续下降的双重压力；劳动力资源丰富，但人力成本不断攀升。利好政策转化为企业的生产力也还有很长的路要走……

特别是与近邻山东省相比，辽宁在农产品出口竞争力方面仍存在不小的差距。辽东半岛与山东半岛隔海相望，地缘相近，人缘相亲，所处纬度、地理环境、气候条件、农业资源及产业特征都有相似之处；在农产品品种、质量上也没有本质区别。但辽宁与山东省在农产品出口方面相比，主要的差距表现在：

（1）农产品出口企业实力较弱。山东省农产品出口企业数量多、规模大，出口企业数量是辽宁的2.9倍；山东全省有规模以上农产品龙头企业

8080 家，是辽宁的 1.9 倍；出口额超 1000 万美元的企业数量是辽宁的 6.4 倍；产值超百亿元企业 4 家，而辽宁尚没有超百亿元的农产品加工企业。山东的实践证明，只有充分发挥龙头企业的辐射带动作用，形成完整产业链，大力提高农产品附加值，才能实现农产品出口又快又好发展。

（2）农产品加工转化程度低。辽宁工业基础雄厚，人才、技术和装备都具备领先优势，但没能很好地转化为农产品加工及出口优势；地域特色、农业资源优势，也没有充分转化成出口加工优势。

（3）农产品质量监控力度弱。山东省出口企业不仅质量意识不断增强，而且还建立起了科学有效的质量监控体系；而辽宁虽然在严厉打击违法违规经营农业化学投入品、建立健全农产品质量安全可追溯体系等方面做了大量的工作，但仍存在一些有待改进的问题，农产品质量安全水平亟待提高。

（4）农产品出口优势尚未形成。山东省出口的水产品、蔬菜、花生等五大类优势农产品，在全国同类出口产品中占有主导地位；而辽宁还不多。近年来，辽宁水产品、畜产品和蔬菜、水果市场占有率逐步提升，但真正形成规模的农产品出口品种还较少，规模效益不明显。

（5）组织化程度低。山东省的合作社等中介组织，在促进农产品出口方面发挥了桥梁纽带作用；而辽宁大部分农产品仍以农户生产经营为主，组织化程度低，抵御出口市场风险和突破技术壁垒能力较弱。

（6）出口农产品技术含量低。辽宁出口传统产品多，新品种研发和创新能力弱，不适应国际市场多样化需求。

在瞬息万变的市场格局下，辽宁的农产品出口要想实现逆势上扬，农产品出口企业进一步成长与提升的紧迫性前所未有，如若不调整，既有的优势也会很快丧失殆尽。辽宁农产品出口企业的成长要利用、发挥好传统优势，不仅在企业个体层面各显神通，还要形成辽宁的整体优势，做大做强相关产业，形成辽宁特色地域品牌。坚持有所为、有所不为，立足辽宁优势，把辽宁重要的农业产业做大做强；同时，注意控制与分散其中的关键风险，培育企业的核心能力，强化企业主产业链的核心环节，立足国内、国外两个市场，进口、出口两条路径，实现企业健康成长。对于企业家而言，要站在辽宁的层面看问题，放眼全球，以全球化视野配置资源；同时又不能忽略在国内的资源整合，立足转变出口增长方式，培育农产品出口新的竞争优势，推进出口市场多元化战略，培育深加工农产品等新的出口增长点。长期来看，能够提升辽宁农产品出口企业竞争优势的举措主要有如下几方面。

一、满足客户需求，培育企业核心能力

当前，辽宁多数农产品出口企业仍以中小企业为主（见表9－1），并且多数处在出口初级农产品的阶段，许多企业呈现低质、低价的粗放式增长模式，往往自身缺乏核心能力，处于附加值不高的价值链底端。以往凭借低廉的劳动力成本及具有竞争力的产品价格优势，这类企业也能在需求多元化的国际市场占据一席之地；但随着国内劳动力、土地等生产要素成本攀升，农产品价格优势逐渐丧失，农产品贸易逆差逐年增加。在这种形势下，加之客户对产品质量要求日益严苛，再指望靠价、靠量取胜已是困难重重，下一步要扩大农产品出口，占领国际竞争的制高点，唯有通过不断满足客户需求、培育企业核心能力方能实现。

表9－1　　2014年辽宁农产品出口企业出口额规模情况

企业出口规模	数量（个）	占比（%）
100万美元及以下	761	53.71
100万~200万美元	188	13.27
200万~500万美元	197	13.90
500万~1000万美元	149	10.52
1000万~3000万美元	93	6.56
3000万~5000万美元	17	1.20
5000万~1亿美元	9	0.64
1亿美元以上	3	0.21
合计	1417	

资料来源：辽宁省农委。

所谓核心能力，就是创业者及团队凭借个人眼光、能力和独特资源优势，通过内外协作，形成的企业赖以生存和发展的关键能力，包括硬能力和软能力。其中，硬能力包括产品能力、加工能力、研发能力、资本能力、配送能力；软能力包括服务能力、组织能力、信息能力、品牌能力、文化能力（如图9－1所示）。另外，对于创业型企业，“活下来”成为企

业此时的重中之重，因此，企业需要将有限的资源投入在企业信息能力、产品能力、研发能力、服务能力的建设上；对于成长型企业，企业求发展的基本能力已形成了一定的积累，但面对激烈的市场竞争机遇与挑战，企业在该阶段应将资源聚焦于加工能力、配送能力、组织能力、资本能力的培育；对于成熟型企业，企业已形成了一定的企业核心能力，在市场上已具有了很大的影响，此时，企业不能懈怠，必须积极寻求转型发展、实现成长突破，因此，信息能力、研发能力、服务能力、品牌能力、文化能力成为支撑企业转型发展的重要力量。

服务能力、组织能力、信息能力、品牌能力、文化能力 } 核心能力 { 产品能力、加工能力、研发能力、资本能力、配送能力

图9-1 企业核心能力

从前文的一系列调研案例中不难看出，成功的企业并非样样精通，但在多年的企业经营过程中，总会培育起特长，即企业核心能力。有的侧重硬能力，有的则侧重软能力；而那些“小老树”企业，看似均衡发展，实则样样都过于平庸，只能在价值链的底端苦苦挣扎。

“一流的企业定标准，二流的企业做品牌，三流的企业卖技术，四流企业做产品”是企业发展的普遍规律。对标这项定律，企业不难找准自身目前所处的层次以及未来前进的方向，要想企业在激烈的竞争中生存下去，首先要找准自身核心能力，如若尚不具备，就要在分析自身现状的基础上培育最具潜力的模块，增强企业在市场上的不可替代性。

二、挖掘客户需求，打造核心产业链

不少企业在羽翼尚未丰满之际就盲目多元化扩张，既没有基于多年经营的熟悉行业，也没有考虑企业具备的关键资源，而是什么赚钱就做什么，最终导致企业被拖垮。其实，每一个行业都有进入的门槛，只不过有的是显性门槛，有的是隐形门槛，企业家最忌讳这山望着那山高，而应该立足主业，打造自身的核心产业链。

无论是单链条，还是多链条，企业都应依据自身资源禀赋，选定主产业链，在此基础上培育企业核心能力，进而实现不断延伸产业链，最终实

现“全产业链经营”。

同时，企业在打造核心产业链的过程中，应基于价值链，从低附加值的生产环节转向高附加值的营销环节和研发环节。在研产销的价值排序上，大多行业都符合微笑曲线的规律。生产环节的附加值最低，营销环节和研发环节的附加值比较高。企业为了获得对产品或行业更大的掌控力，并且保持和实现自身利润的增长，在制造环节积累了一定的经营管理经验和资金等实力以后，通常会沿着微笑曲线向上转移（如图 9-2 所示）。

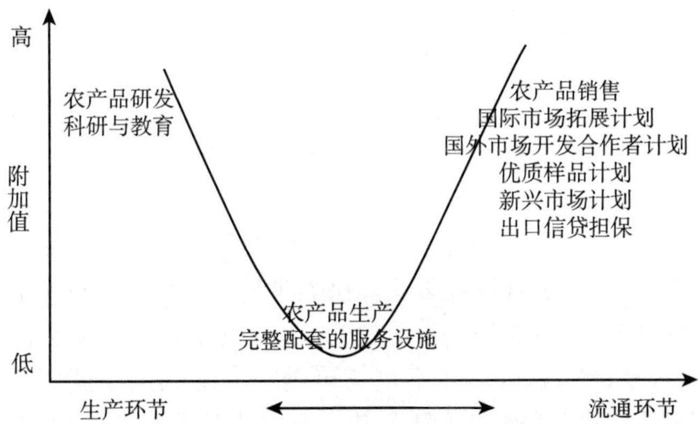

图 9-2 农产品价值链微笑曲线

三、形成产业链上“核心能力×”的战略，适度多元拓展

辽宁农产品出口企业要在找准自身核心能力的基础上，首先下大力气发展、巩固核心能力，维系住优质客户资源，在现有产业链上做大做强。同时，为了进一步拓展生存空间，可以向产业链上下游拓展，不断提高产品附加值；也可以借助主产业链的资源优势和实际需求，向相关产业拓展延伸，不仅服务好主产业链，也为企业的进一步发展打造新名片，走产业链上“核心能力×”的发展路径。

但适度多元拓展也一定要紧密围绕在核心产业链周围，一则可以利用核心产业链积累的基地、技术、客户、品牌等资源优势；二则可以借助企业在核心产业链积累的经验尽快打开局面，减小失败的风险。例如，良运集团有限公司以“粮食全供应链服务及供应商+食品产业链多元化产品和服务供应商+品质生活服务商”为企业战略，形成了原产业链上的多产业链发展；辽宁禾丰牧业股份有限公司则形成了以饲料产业为中心的多产业链的发展模式。这些企业以核心产业链为主轴，围绕核心产业链适度多元拓展，不仅为企业的发展谋得了新的空间，也为企业健康持续成长提供了新的土壤。

四、尊重企业成长规律，步步为营

企业成长有其自身规律，通过外力帮扶企业发展只能起到一时之效，是“治标”之策，而当企业从“要我发展”自觉转化为“我要发展”时，企业的发展就会一步一个台阶，实现稳步成长，此为“治本”之策。当前一段时期，受多方面因素共同影响，造成国内出口形势整体不容乐观，辽宁农产品出口企业也不可避免地受到波及。然而，这时正是出口企业强化自身内部管理、加强人员培训提升、改进技术设备、研发新品的好时机，也是一直在“埋头干活”的企业认真“抬头看路”的好时机。

固然，多数农产品出口企业都有快速提升硬能力和软能力的迫切需求，也会千方百计通过资源配置实现扩大再生产，但企业的成长规律告诫我们，企业的成长不可能是一蹴而就的，“不积跬步，无以至千里”，企业发展有其自身规律和速度，切不可拔苗助长，要依据企业所处的发展阶段，谋划企业的发展战略，量身定制企业的成长路径与策略（如图9－3所示），尊重企业成长规律，从基础抓起，确保产品的高品质，实现“从田园到餐桌”的全程绿色无污染，进而实现企业的稳步健康成长。

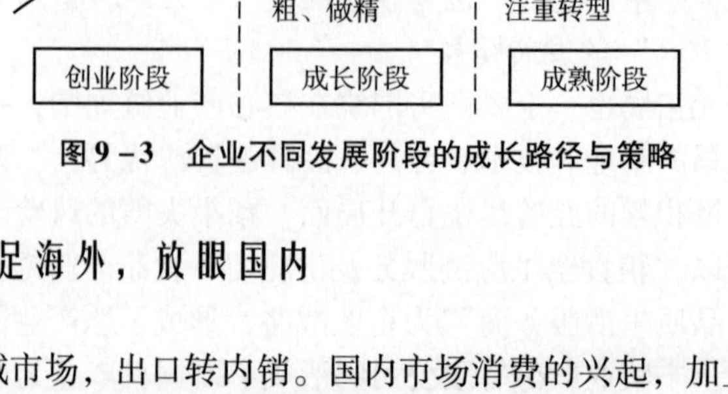

图9－3　企业不同发展阶段的成长路径与策略

五、立足海外，放眼国内

基于区域市场，出口转内销。国内市场消费的兴起，加上汇率波动的因素，许多为国外企业代工起家的企业，在积累了一定实力之后会开始探索出口转内销的发展道路。这样的企业与同行业其他企业相比，往往产品的质量和设计更优，甚至可以与外国最好的产品相媲美。但这些企业由于长期产品销往国外（以原料或初级加工品为主），多数没有自身的品牌，在国内消费者中几乎没有认知度。而国内市场环境又不同于国外，销售模式、渠道构成与分布等方面都有显著差异。企业从上到下所积累的生产制造经验，以及与国际市场下游企业或渠道之间合作的经验，对于在国内市场开拓销售市场并没有明显的借鉴意义，甚至在一定程度上因为路径依赖反而会起阻碍作用。在渠道为王、品牌为王的市场现实面前，企业面临的是整个组织能力转型的命题。

调研中，我们发现不少农产品出口企业都希望立足过硬的产品品质，敲开国内市场的大门，然而无论是从品牌、渠道还是对国内消费者需求认知等方面都还有很长的路要走。而以旺旺食品为代表的台资企业则早已走在前列，旺旺集团主要以大陆市场为主，1992 年从湖南开始进入大陆，以扩大经济规模的策略，一方面极力压低成本，另一方面以低价逼退跟进者，最后不但稳住了战局，也以高达85%的市场占有率称霸中国大陆。目前，旺旺集团的营运重心及主要获利来源皆在中国，仅中国大陆就开设有 40 家以上的分公司、110 家以上的工厂。

国内市场消费者对于农产品品质越来越高的要求，对于产品质量过硬的出口贸易起家的农业企业而言无疑是有利条件，但对于习惯了大宗商品贸易的出口企业，转到内销尚需下大力气研究国内的消费市场，把握国内消费者的需求，善于向在国内市场打拼多年的同行企业学习，尽快适应国内市场开拓的套路。

六、稳住出口，尝试进口

在国内整体经济下行、出口低迷、贸易形势日趋严峻的形势下，辽宁农产品出口也面临着前所未有的挑战，如图 9 -4 所示。

面对困境，辽宁农产品出口企业首先要稳住传统的出口目的国。例如，尽管俄罗斯由于卢布贬值带来的汇率风险，导致出口企业的亏损，但长期看，俄罗斯市场不能丢，毕竟俄罗斯拥有中方需要的庞大市场，而俄罗斯远东地区地广人稀、资源丰富，但这一地区属于俄罗斯农业发展落后地区，人均农产品产量低于全国平均水平，粮食、蔬菜、肉、奶等农产品不能自给，相当一部分一直靠从外地或外国运进来满足当地居民的需求。因此，俄罗斯市场需要稳定的农产品供应，对俄农产品贸易实际上是提供给他们刚需产品。同时，日韩市场也要维持，并且要认真考虑如何将对日本出口的产品品质优势更进一步地发挥出来，为拓展其他出口市场奠定基础。

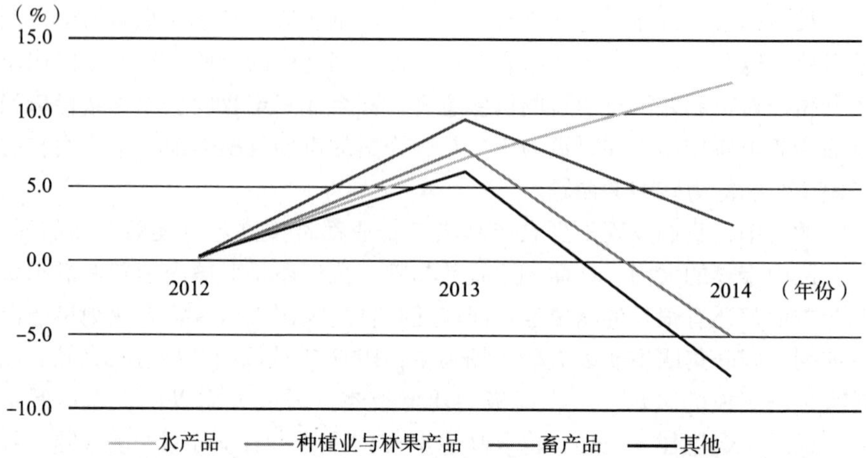

图 9-4 2012~2014 年辽宁主要农产品额增长率变化情况

资料来源：沈阳海关。

辽宁农产品出口企业为更好应对汇率风险，应在稳定出口规模的前提下，做好国内市场调研，争取相关农产品的进口配额，特别是土地密集型农产品的进口。从国外进口一些初级农产品用于深加工或直接销往国内市场，平抑汇率风险及由于国内农业成本上升带来的原料价格上涨。

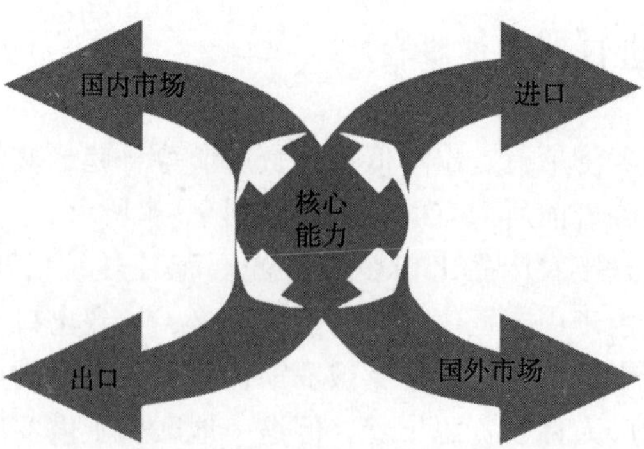

图 9-5 产业链上"核心能力×"战略模型

综合以上六点，我们提出了如图 9－5 所示的农产品出口企业发展产业链上“核心能力×”战略模型，该模型清楚地展示出，企业要在培育核心能力的基础上，沿着产业链向外延伸拓展，提升企业竞争优势，平抑企业经营风险，实现企业效益最大化。

参考文献

[1] 赖晓璐. 推进辽宁农业供给侧结构性改革的对策建议 [J]. 辽宁农业科学, 2016 (5): 76 - 78.

[2] 袁素华. 杂粮产业发展现状分析及建议 [J]. 农业技术与装备, 2016 (1): 58 - 60.

[3] 彭海容. 我国果蔬深加工的发展趋势 [J]. 中国食品, 2015 (7): 76 - 78.

[4] 王静, 王芳, 刘雁南. 中国小杂粮出口的比较优势分析 [J]. 世界农业, 2014 (7): 107 - 110.

[5] 刘淑梅. 中国农业竞争力评价与提升对策研究 [D]. 吉林大学, 2013.

[6] 高宏华, 李言, 范高俊. 农业示范基地建设与管理 [J]. 热带农业工程, 2013, 37 (4): 30 - 32.

[7] 李响. 浅谈辽宁水果生产现状 [J]. 品牌与标准化, 2012 (4): 62 - 63.

[8] 李玉申. 辽宁农业特色产业基地相关问题研究 [J]. 农业经济, 2012 (6): 21 - 22.

[9] 陈振武. 辽宁杂粮基地建设的现状和建议 [J]. 新农业, 2011 (1): 16 - 17.

[10] 迟燕平, 王勇, 南喜平. 我国杂粮深加工的现状与发展趋势 [J]. 农产食品科技, 2010 (1): 52 - 56.

[11] 林坚, 霍尚一. 中国水果出口贸易影响因素的实证分析 [J]. 农业技术经济, 2008 (4): 95 - 101.

[12] 山丽杰. 基于绿色壁垒制度框架下的中国蔬菜出口贸易研究 [D]. 江南大学, 2008.

[13] 朱信凯, 刘刚, 赵昕. 技术性贸易壁垒的企业差异化分析与国际贸易对策 [J]. 管理世界, 2008 (06): 30 - 39.

[14] 江凌. 技术性贸易壁垒对我国农产品出口影响分析及应对策略研究 [D]. 西南大学，2012.

[15] 李秀梅. 中国—欧盟农产品贸易结构分析 [J]. 国际贸易问题，2005 (8): 35 - 40.

[16] 孙致陆，李先德. 中国与欧盟农产品贸易的比较优势和增长前景研究 [J]. 2015, 36 (4): 531 - 537.

[17] 周应恒，彭云，周德. 中国农业发展困境与农业支持政策改革转型——基于欧盟共同农业支持政策改革的启示 [J]. 江苏农业科学，2017, 45 (11): 289 - 293.

[18] 周朋朋，陈晓明. 中国花生出口现状、问题及对策研究 [J]. 农村经济与科技，2017, 28 (13): 150 - 151.

[19] 王慧新，于洪波. 辽宁省花生品种种植结构的历史现状与展望 [J]. 河北农业科学，2008, 12 (12): 1 - 2.

[20] 刘博闻，刘晓庚. 浅谈中国花生产业发展的优势与策略 [J]. 粮食科技与经济，2011 (1): 9 - 11.

[21] 王艳. 中国花生主产区比较优势研究 [D]. 南京农业大学，2013.

[22] 张姮. 日本“品牌农业”的农产品品牌建设研究 [J]. 江苏商论，2012 (7): 98 - 99.

[23] 李敏. 发达国家农产品品牌战略经验 [J]. 当代广西，2015 (20): 39 - 39.

[24] 农业部农产品贸易办公室，农业部农业贸易促进中心. 中国农产品贸易发展报告 [D]. 中国农业出版社，2015.

[25] 焦万慧. 农产品区域品牌建设中的博弈困境及应对策略研究 [D]. 江西农业大学，2012.

[26] 朱信凯，徐星美. 一二三产业融合发展的问题与对策研究 [J]. 华中农业大学学报 (社会科学版)，2017 (04): 9 - 12 + 145.

[27] 姜长云，杜志雄. 关于推进农业供给侧结构性改革的思考 [J]. 南京农业大学学报 (社会科学版)，2017 (01): 1 - 10 + 144.

[28] 罗必良. 农业供给侧改革的关键、难点与方向 [J]. 农村经济，2017 (01): 1 - 10.

[29] 李崇光，宋长鸣. 蔬菜水果产品价格波动与调控政策 [J]. 农业经济问题，2016 (02): 17 - 24 + 110.

[30] 姜长云．完善农村一二三产业融合发展的利益联结机制要拓宽视野 [J]．中国发展观察，2016 (02)：42 -43 +45.

[31] 姜长云．创新驱动视野的农业发展方式转变 [J]．改革，2015 (12)：83 -93.

[32] 张晓山．新常态下农业和农村发展面临的机遇和挑战 [J]．学习与探索，2015 (03)：1 -9.

[33] 姜长云．关于构建新型农业经营体系的思考——如何实现中国农业产业链、价值链的转型升级 [J]．人民论坛·学术前沿，2014 (01)：70 -78.

[34] 黄季焜．新时期我国农业发展的战略选择 [N]．经济日报，2013 -10 -18 (014).

[35] 黄季焜．新时期的中国农业发展：机遇、挑战和战略选择 [J]．中国科学院院刊，2013 (03)：295 -300.

[36] 黄季焜，牛先芳，智华勇，董晓霞．蔬菜生产和种植结构调整的影响因素分析 [J]．农业经济问题，2007 (07)：4 -10 +110.

[37] 张晓山．创新农业基本经营制度　发展现代农业 [J]．农业经济问题，2006 (08)：4 -9 +79.

[38] 李崇光，于爱芝．论农产品比较优势与对外贸易结构整合 [J]．理论月刊，2005 (07)：5 -10.

[39] 胡必亮．究竟应该如何认识中国的农业、农村、农民问题 [J]．中国农村经济，2003 (08)：4 -11 +72.

[40] 李崇光，邹进泰．国际经济一体化：中国农产品营销的问题与思考 [J]．江汉论坛，2002 (02)：31 -34.

[41] 陈文科．论绿色经济 [J]．江汉论坛，2001 (01)：20 -25.

[42] 农业部农业贸易促进中心．农产品出口企业经理人培训手册 [D]．北京：中国农业出版社，2015.